Die fünf Säulen der Selbstorganisation

Bernhard Eickenberg

Die fünf Säulen der Selbstorganisation

Den Unternehmenserfolg durch mehr Freiräume für Mitarbeitende steigern

1. Auflage

Haufe

Bibliografische Information der Deutschen Nationalbibliothek

Die Deutsche Nationalbibliothek verzeichnet diese Publikation in der Deutschen Nationalbibliografie; detaillierte bibliografische Daten sind im Internet über http://dnb.dnb.de/ abrufbar.

Print:	ISBN 978-3-648-18325-0	Bestell-Nr. 12167-0001
ePub:	ISBN 978-3-648-18326-7	Bestell-Nr. 12167-0100
ePDF:	ISBN 978-3-648-18327-4	Bestell-Nr. 12167-0150

Bernhard Eickenberg
Die fünf Säulen der Selbstorganisation
1. Auflage, Mai 2025

Munzinger Str. 9, 79111 Freiburg
www.haufe.de | info@haufe.de

Bildnachweis (Cover): Stoffers Grafik-Design, Leipzig, KI-generiert mit Midjourney

Produktmanagement: Kerstin Erlich
Lektorat: Juliane Sowah

Inhaltsverzeichnis

Abbildungsverzeichnis

Vorwort

Als ich vor über 16 Jahren begann, mich intensiv mit Organisationsentwicklung und modernen Führungsansätzen in Unternehmen zu beschäftigen, hätte ich nicht gedacht, wie sehr mich dieses Thema begleiten würde. In meinen Rollen als Führungskraft, Berater und Coach habe ich Unternehmen dabei unterstützt, Veränderungsprozesse aktiv zu gestalten. Dabei bin ich immer wieder auf ähnliche Fragen gestoßen: Wie schaffen wir Strukturen, die gute Zusammenarbeit und Innovation ermöglichen, statt sie zu blockieren? Wie fördern wir Verantwortung und Eigeninitiative, ohne ins Chaos abzurutschen? Und vor allem: Wie gelingt es, dass Menschen in Organisationen nicht nur funktionieren, sondern ihr Potenzial wirklich entfalten?

Genau diesen Fragen widmet sich Bernhard Eickenberg in diesem Buch. »Die fünf Säulen der Selbstorganisation« liefert keine theoretischen Wunschvorstellungen, sondern praxisnahe Antworten darauf, wie Unternehmen eine Balance zwischen Autonomie, Klarheit und VERTRAUEN finden können. Es zeigt auf, warum SELBSTORGANISATION kein Selbstzweck ist, sondern ein Schlüssel für Anpassungsfähigkeit und nachhaltigen Erfolg. Häufig vernachlässigt und besonders relevant erscheinen mir die Säulen ALIGNMENT und KOMPETENZ – denn ohne eine gemeinsame Ausrichtung und die kontinuierliche Entwicklung von Fähigkeiten wird SELBSTORGANISATION in Unternehmen nicht die Kraft entwickeln, die man sich davon verspricht.

Ich habe in unterschiedlichen Unternehmen erlebt, wie herausfordernd, aber auch lohnend dieser Weg ist. Auch wenn es so klingt, ist SELBSTORGANISATION kein Selbstläufer. In unserem gewohnten System – von der Schule bis hin zu den üblichen Strukturen in Organisationen und Gesellschaft – sind klare Hierarchien tief verankert. In selbstorganisierten Teams zu arbeiten, bedeutet nicht nur mehr Freiraum, sondern damit einhergehend auch mehr Verantwortung. Die Konsequenzen daraus werden oft unterschätzt. Solange Unternehmen in einer Wachstumsphase sind, lassen sich selbstorganisierte Strukturen einfach umsetzen, weil der Fokus auf Aufbau und Weiterentwicklung liegt und Schwierigkeiten durch Wachstum gelöst werden können. Erst in Krisen und herausfordernden Zeiten zeigt sich, wie verantwortlich SELBSTORGANISATION wirklich gelebt wird.

Genau dann wird deutlich, dass selbstorganisierte Teams eine große Stärke haben: Sie können schnell reagieren und flexibel mit Veränderungen umgehen. Wenn sie gut laufen, bringen sie eine hohe Leistungsbereitschaft und MOTIVATION mit. Gleichzeitig erfordern solche Strukturen von jedem Einzelnen viel mehr KOMPETENZen – in Führung, Kooperation, Kommunikation und Entscheidungsfindung allein und in Gruppen. Selbstorganisiertes Arbeiten ist also ein langer Lernprozess, der nie ganz abgeschlossen sein wird.

Mein Rat: Stellen Sie sich auf eine lange Entwicklung ein. SELBSTORGANISATION ist nichts, das man einmal einführt und was dann für immer passt. Es geht um ein ständiges Justieren und Nachjustieren sowohl auf Team- als auch auf Unternehmensebene. Strukturen müssen so gestaltet sein, dass Organisationen immer handlungsfähig bleiben. Es muss also Mechanismen geben, um passfähige Entscheidungen schnell zu treffen – und das auch, wenn diese in selbstorganisierten Teams nicht (immer direkt) zustande kommen. Dass dies nicht nur etwas für kleine Unternehmen, sondern auch in großen Unternehmen mit mehreren Tausend Mitarbeitenden möglich ist, zeigt meine Arbeitgeberin. Sie hat sich über viele Jahre in eine Netzwerkorganisation mit mehreren hundert Teams transformiert.

Dieses Buch liefert wertvolle Impulse und Werkzeuge, um SELBSTORGANISATION in der eigenen Organisation wirksam zu machen. Es fokussiert wichtige Säulen, auf die es ankommt, und es zeigt, dass es sich lohnt, diesen Weg zu gehen. Ich wünsche Ihnen viel Freude beim Lesen – und noch mehr Inspiration für Ihre eigene Transformation!

Daniel Dubbel
Experte für moderne Zusammenarbeit und Transformation
Agility Master einer Einheit der DB Systel GmbH (Die DB Systel ist die Digitalisierungswegbereiterin der Deutschen Bahn)
www.inspectandadapt.de

1 Warum SELBSTORGANISATION?

Stelle dir vor, du kommst an einem Montagmorgen nach einem zweiwöchigen, ungestörten Urlaub zurück an deinen Arbeitsplatz. 14 Tage lang klingelte weder das Diensthandy, noch musstest du auf berufliche E-Mails antworten. Am Arbeitsplatz angekommen entdeckst du zu deiner Überraschung, dass es Probleme gab. Ein Dienstleister[1] für das anstehende Event ist abgesprungen, eine Entscheidung für einen Ersatz musste kurzfristig gefällt werden.

Früher wäre das deine Aufgabe gewesen, den entspannten Urlaub hättest du dir abschminken können. Heute ist das anders. Heute haben deine Mitarbeitenden die Initiative ergriffen und das Problem gelöst, bevor du überhaupt davon erfahren hast. Sie sind vielleicht nicht genau so vorgegangen wie du, aber sie *haben* es gelöst – schnell und entschieden.

Auf deinem Schreibtisch haben sich während deiner Abwesenheit keine unbearbeiteten Aufgaben gestapelt, denn wie vereinbart haben andere deine Aufgaben übernommen. Ohnehin hast du die meisten operativen Aufgaben an dein Team übergeben können. Die langfristigen strategischen Weichenstellungen konnten ohne Probleme auf deine Rückkehr warten.

Klingt utopisch? Nur dann, wenn du deine Mitarbeitenden als Führungskraft von dir abhängig gemacht hast.

Auf den Punkt

SELBSTORGANISATION zielt auf den Zustand ab, in dem deine Mitarbeitenden aufkommende Fragestellungen selbstständig lösen – und dabei genau wissen, wie sie vorgehen müssen. Auf den fünf Säulen SELBSTBESTIMMUNG, ALIGNMENT, TRANSPARENZ, MOTIVATION und KOMPETENZ sowie dem Fundament VERTRAUEN basierend liefert dir mein Framework die Mittel, um SELBSTORGANISATION in deinem Unternehmen zu fördern.

Bitte verstehe SELBSTORGANISATION als Spektrum. Den idealen Grad müssen du und deine Mitarbeitenden gemeinsam finden.

Mir als Autor geht es nicht darum, deinen nächsten Urlaub zu sichern. Mir geht es darum, dich zu unterstützen, dein Unternehmen robuster und erfolgreicher zu gestalten, denn unsere Zeit ist heute deutlich schnelllebiger als früher. Unternehmen entstehen und vergehen schneller als je zuvor, neue Technologie wird in noch nie zuvor gesehe-

1 Genderhinweis: Im Buch wird je Hauptkapitel abwechselnd die männliche oder die weibliche Form verwendet. Es sind immer alle Geschlechter gemeint.

ner Geschwindigkeit entwickelt, während geopolitische und klimatische Veränderungen einen weltweiten Einfluss auf die Märkte haben.

Um unter diesen Bedingungen erfolgreich zu sein, müssen Unternehmen flexibler und reaktionsfähiger werden. Es muss ihnen gelingen, ihre Antwortzeiten auf Veränderungen deutlich zu verkürzen. Projekte und Produktentwicklungszyklen müssen deutlich beschleunigt werden.

Letztlich gibt es dazu nur einen Weg: die Entscheidungsgeschwindigkeit innerhalb des Unternehmens zu steigern. Die Zeit, Informationen die Hierarchieleiter hinauf- und Entscheidungen hinabzuschicken, ist zu lang geworden, um mit dem Markt mitzuhalten. Unternehmen müssen funktionierende Wege finden, Mitarbeitenden Verantwortung zu übergeben und sie in die Lage zu versetzen, schnelle Entscheidungen im Sinne des Unternehmens zu treffen.

Genau darum geht es mir mit den fünf Säulen der SELBSTORGANISATION.

Es geht darum, ein System zu bauen, in dem sich Mitarbeitende selbst organisieren und genau verstehen, was das Unternehmen von ihnen braucht – und dieses dann leisten. Es geht darum, Verantwortung abzugeben und diejenigen, die sie übernehmen, in die Lage zu versetzen, die Wertschöpfung des Unternehmens zu steigern. Es geht darum, ein Arbeitsumfeld zu schaffen, das für die Arbeitenden lebendig und ermächtigend ist, sodass Arbeit Energie gibt, anstatt sie zu rauben.

1.1 Welchen Vorteil ziehst du aus SELBSTORGANISATION?

Größere Attraktivität als Arbeitgeber? Zufriedenere und gesündere Mitarbeitende? Stressreduktion auf der Ebene der Unternehmensführung? Worum geht es bei SELBSTORGANISATION eigentlich?

Für mich geht es vor allem um eins: Geschwindigkeit.

Unsere Welt wird schneller und schneller. Technologiezyklen werden kürzer und das Tempo, in dem sich eine Technologie im Markt breitmacht, steigt stetig. Der Weg zum Massenprodukt (Abdeckung von 25% des verfügbaren Marktes) dauerte für das Fernsehen noch 22 Jahre. Das Internet hat sieben gebraucht, das iPhone nur noch knapp zwei Jahre und neun Monate. Pokémon GO schaffte es in 19 Tagen (Tabelle 1).

Technologie/Produkt	**Zeit bis 25 % Marktzugang**
Flugzeug	68 Jahre
Telefon	50 Jahre
Radio	38 Jahre
Fernsehen	22 Jahre
PC	14 Jahre
Internet	7 Jahre
iPod	3 Jahre
iPhone	2,75 Jahre
Facebook	2 Jahre
Twitter	9 Monate
Angry Birds	35 Tage
Pokémon GO	19 Tage

Tab. 1: Zeit, die bestimmte Technologien/Produkte brauchten, bis sie Zugang zu 25% des verfügbaren Marktes hatten (Anderson 2017).

Diese Geschwindigkeit beschleunigt auch andere Bereiche, zum Beispiel die Gesetzgebung oder die Wünsche und Bedürfnisse der Kundschaft.

Für Unternehmen, die in diesem Umfeld bestehen wollen, bedeutet das, dass sie die Geschwindigkeit, in der sie sich selbst verändern, erhöhen müssen. Sie müssen Schritt halten können. Und in vielen Fällen müssen sie – gerade in Deutschland – erst einmal aufholen. Und das heißt bekanntlich, vorübergehend schneller zu laufen als der Erste.

Für mich ist SELBSTORGANISATION der Schlüssel zu dieser erhöhten Anpassungsfähigkeit. Denn wenn ich versuche, weiterhin jede wichtige Entscheidung durch Führungskräfte treffen zu lassen, erzeuge ich automatisch Verzögerungen. Informationen müssen die Hierarchieleiter hinauf- und wieder hinablaufen, dazwischen werden Entscheidungen in Gremienmeetings getroffen. Ist das effizient?

Das »Simple Sabotage Field Manual« des Office of Strategic Services (Sorene 2016), welches die USA 1944 als Anleitung zur heimlichen Sabotage von Produktionsstätten herausbrachte, empfahl im Grunde bereits vor 60 Jahren, was wir heute – leider – vielerorts leben:

> *»Wenn möglich, verweisen Sie alle Angelegenheiten an Ausschüsse zur ›weiteren Untersuchung und Prüfung‹. Versuchen Sie, die Ausschüsse so groß wie möglich zu machen – niemals weniger als fünf. […] Bringen Sie irrelevante Themen so häufig wie möglich zur Sprache. […] Seien Sie besorgt über die Angemessenheit*

jeder Entscheidung – werfen Sie die Frage auf, ob die in Betracht gezogene Maßnahme in die Zuständigkeit der Gruppe fällt oder ob sie mit der Politik einer höheren Ebene in Konflikt geraten könnte. [...] Verlangen Sie schriftliche Anweisungen. [...] Steigern Sie die Zahl von Verfahren und Genehmigungen, die mit der Erteilung von Anweisungen, Gehaltsschecks usw. verbunden sind. Sorgen Sie dafür, dass drei Personen absegnen müssen, was eine Einzige erledigen könnte. Wenden Sie alle Vorschriften bis auf den letzten Buchstaben an. [...] Halten Sie Konferenzen ab, wenn kritischere Arbeit zu erledigen ist.«

Sabotieren wir also unsere eigenen Unternehmen mit der Art, wie wir sie aktuell führen? Meiner Ansicht nach ja.

Im Versuch, perfekte Entscheidungen zu treffen,[2] übersehen wir die Notwendigkeit von Flexibilität und Geschwindigkeit im Unternehmen. Wir müssen lernen, Verantwortung nach unten abzugeben. Wir müssen ein System schaffen, das sich selbst organisiert und korrigiert. Wenn wir Entscheidungen nicht mehr in Gremien, sondern als Einzelentscheide fällen lassen, steigt unsere Geschwindigkeit. Wenn marktnahe Teile unseres Unternehmens – die »Peripherie«, wie Niels Pfläging es nennt (Pfläging 2014) – Veränderungen einleiten dürfen, sobald sie einen Wandel im Markt wahrnehmen, steigt unsere Geschwindigkeit. Wenn Unternehmensabteilungen selbstständig Taskforces bilden können, die sich um Probleme an den Schnittstellen kümmern, steigt unsere Geschwindigkeit.

Aber Geschwindigkeit ist nicht der einzige Vorteil, den SELBSTORGANISATION einem Unternehmen und seinen Führungskräften/Unternehmern bietet:

- **Skalierung**: Wer als Führungskraft oder Unternehmer Verantwortung nicht abgibt, sondern auf seine Person konzentriert, wird zur Grenze des eigenen Wachstums. Eine Skalierung des Unternehmens oder Teams ist nur dann möglich, wenn die eigene Arbeitszeit keine Barriere für die von Mitarbeitenden erledigte Arbeit darstellt. SELBSTORGANISATION entkoppelt beides und ermöglicht dadurch weiteres Wachstum.
- **Mehr Zeit für Führungsthemen**: Viele Führungskräfte verbringen einen größeren Teil ihrer Zeit mit operativen Themen. Für die eigentliche Führungsarbeit wie die Erarbeitung langfristiger Strategien oder die Mitarbeiterführung bleibt dann oftmals wenig Zeit. SELBSTORGANISATION entlastet Führungskräfte, da die operativen Aufgaben in die Hände selbstorganisierter Mitarbeitender gegeben werden.

2 Hier ließe sich vortrefflich darüber streiten, ob Entscheidungen von Geschäftsführungen wirklich »perfekter« ausfallen als solche, die von den Mitarbeitenden getroffen werden. Es gibt gute Argumente für beide Seiten. Mein Eindruck ist aber: Es wird seitens der Geschäftsführung häufig nicht ausreichend abgewogen, was es kostet, eine bestimmte Entscheidung in den oberen Ebenen der Hierarchiepyramide treffen zu lassen.

- **Entscheidungen werden dort getroffen, wo die Informationen sind:** Ein Grund für langfristige Mängel in Prozessen, Abläufen, Ausstattung und weiteren zentralen Aspekten eines Unternehmens ist, dass Führungskräfte, die die Arbeit nicht selbst durchführen, wesentliche Entscheidungen für ihre Mitarbeitenden treffen – ohne genau zu verstehen oder zu erleben, welche Auswirkungen diese Entscheidungen haben. In SELBSTORGANISATION werden viele dieser Aufgaben den Mitarbeitenden übergeben, die ihre eigenen Bedürfnisse und die Rahmenbedingungen ihrer Arbeit deutlich besser kennen. Das verbessert die Qualität der Entscheidungen und damit auch die Wertschöpfung – wenn die Mitarbeitenden die MOTIVATION haben, sich für den Erfolg des Unternehmens einzusetzen.
- **Weniger Abhängigkeit von der Führungskraft:** Auch Führungskräfte werden krank, sind im Urlaub oder verlassen das Unternehmen. Wenn das operative Geschäft im Unternehmen jedoch so aufgesetzt ist, dass die Führungskraft ein wesentliches Glied der Kette ist, kommt es zu Unterbrechungen und Störungen. Selbstorganisierte Mitarbeitende können dagegen auch bei Abwesenheit der Führungskraft wertschöpfend arbeiten. Der große Vorteil für die Führungskraft: Sie kann auch mal verreisen, ohne Laptop und Handy mit in den Koffer zu packen.

Von Leader-Follower zu Leader-Leader

David Marquet, ehemaliger Kapitän des US-Navy-U-Boots »Santa Fe«, sah in der Abhängigkeit einer Organisation von ihrer Führungskraft noch ein weiteres Risiko: Er unterscheidet in seinem Buch »Turn This Ship Around« (Marquet 2012) zwischen **Leader-Follower-** und **Leader-Leader-Strukturen**. Erstere bestehen aus der klassischen Zweiteilung in Führungskraft und Mitarbeitende. Zweitere verlagern Leadership-Aufgaben auf die Mitarbeitenden – auch unter dem Begriff »Leadership on All Levels« bekannt. Marquet sah ein hohes Risiko in Leader-Follower-Strukturen, da sie die Fähigkeiten der Organisation stark mit denen des Leaders verknüpfen – was bedeutet, dass die Schwächen des Leaders die Schwächen der Organisation werden. Kurzfristig mag dies im Falle eines kompetenten Leaders großartige Erfolge bringen, diese sind aber nicht nachhaltig. Eine Leader-Follower-Struktur steht und fällt mit der Führungskraft. Läuft die Führungskraft in die falsche Richtung, folgen die Follower ihr wie Lemminge in den Abgrund. Eine Leader-Leader-Struktur dagegen ist sehr viel unabhängiger von ihrer Führungskraft, da jedes Teammitglied einen Teil der Leadership-Aufgaben übernimmt und die Erfolgsfaktoren so in die Kultur des Systems integriert werden. Sie ist auch Jahre nach Weggang des Leaders noch erfolgreich, da eine einmal geprägte Kultur länger erhalten bleibt als die prägenden Personen. Genau das zeigte sich bei Marquets Arbeit auf der Santa Fe, die noch Jahre nach seinem Abtritt überdurchschnittliche Ergebnisse erbrachte.

Die Leader-Follower-Struktur hat einen weiteren Nachteil: Marquet schreibt sie einer Zeit zu, in der es vor allem darum ging, körperliche Arbeit erledigen zu lassen. Die kognitive Arbeit der heutigen Zeit erfordere jedoch eine andere Form der Führung, denn als Follower behandelt, haben Mitarbeitende wenig Anreize, ihren Intellekt, ihre Kreativität und ihre Energie voll einzubringen.

- **Bessere Unternehmensergebnisse**: Eine Studie (Baard et al. 2004) konnte zeigen, dass Kleinbetriebe, die ihre Mitarbeitenden selbstbestimmt arbeiten ließen, viermal höhere Wachstumsraten hatten als kontrolliertere Firmen und ein Drittel mehr Umsatz erwirtschafteten.
- **Zufriedenere Mitarbeitende**: Mitarbeitende, die im selbstständigen Arbeiten unterstützt werden, sind zufriedener und erbringen bessere Leistungen (Baard et al. 2004). Oder mit den Worten Fred Reichhelds: »Du kannst keine loyalen Kunden bekommen, wenn du nicht vorher loyale Angestellte hast.« (Reichheld & Markey 2011)
- **Reduktion des Management Overhead**: Wenn Mitarbeitende mehr Entscheidungen eigenständig treffen und sich selbst organisieren, fallen weniger operative Aufgaben auf (der teuren) Managementebene an. Das heißt nicht, dass ein Unternehmen mit SELBSTORGANISATION keine Führungskräfte mehr braucht. Eher ist es so, dass viele (operative) Aufgaben einer Führungskraft nun von den (kostengünstigeren) unteren Ebenen der Hierarchiepyramide übernommen werden, sodass auf Managementebene Kapazitäten frei werden für wichtigere Führungsaufgaben.
- **Bessere Prozesse und Abläufe**: Mitarbeitende bemerken recht schnell, wo Prozesse und Abläufe, aber auch Strategien ineffizient oder fehlerhaft sind – schließlich arbeiten sie jeden Tag in diesen Prozessen und im Kontakt mit Kunden. Vineet Nayar, Vice Chairman von HCL Technologies Ltd., formuliert es so: »Die meisten Mitarbeiter eines Unternehmens wissen recht gut, was dort falsch läuft, mitunter noch bevor das Management es weiß beziehungsweise bereit ist, es zuzugeben.« (Nayar 2013). Wenn du diesen Menschen die Werkzeuge in die Hand gibst, um die Probleme selbst zu lösen, können Ineffizienzen schnell behoben werden und dein Unternehmen läuft reibungsfreier.

SELBSTORGANISATION bei allsafe

Als geschäftsführender Gesellschafter der allsafe GmbH & Co. KG setzt Detlef Lohmann in seinem Unternehmen stark auf SELBSTORGANISATION und Eigenverantwortung der Mitarbeitenden. Bereits in den 2000er-Jahren hat allsafe begonnen, Abteilungen aufzulösen und sich als Prozessorganisation aufzustellen – unter Abbau von Silogrenzen und Führungsstrukturen (Kapitel 8, »Der Weg zum Unternehmen in SELBSTORGANISATION«). Lohmann wollte erreichen, dass das Unternehmen weniger vom Kopf und mehr von den Mitarbeitenden gelenkt und damit auch schneller und anpassungsfähiger wird (Lohmann 2012).

Er baute dabei stark auf SELBSTORGANISATION und radikale Kundenorientierung und veränderte den Aufbau seines Unternehmens so, dass er diese Aspekte optimal unterstützt. Zum Beispiel gibt es bei allsafe keine getrennten Abteilungen für Logistik, Produktion und Qualitätskontrolle mehr – stattdessen sieben parallele, crossfunktionale Teams, welche die gesamte Wertschöpfungskette vom Materialabladen über die Produktion und Kontrolle bis zum Verladen abbilden. Innerhalb der Teams gibt es zwar weitere Spezialisierungen, aber auch die sind aufgeweicht – wenn in der Logistik Leute fehlen, hilft jemand aus der Produktion aus. Das ermöglicht es Lohmann, den Erfolg der Teams an einfachen und klaren Metriken abzulesen, wie fertiggestellte Stückzahl und Kundenzufriedenheit. Innerhalb der Teams können sich die Mitarbeitenden selbst organisieren.

Das Prinzip macht sich bezahlt: Durch die höhere Effektivität und den geringeren Management Overhead ist allsafe deutlich profitabler als vergleichbare Unternehmen in Deutschland.[3]

Doch SELBSTORGANISATION funktioniert nicht nur in Produktionsunternehmen mit einigen Hundert Angestellten. Ein niederländisches Pflegeunternehmen zeigte, dass es auch mit über 15.000 Mitarbeitenden funktioniert.

Buurtzorg: SELBSTORGANISATION in der Pflege

2007 gründete Jos de Blok das niederländische Pflegeunternehmen Buurtzorg (sprich: bürtsorch) mit einem radikal anderen Organisationsansatz. Anstatt in einer Pyramidenstruktur organisiert zu sein, besteht Buurtzorg komplett aus selbstorganisierten Teams. Es gibt weder Team- noch Regionalleiter, die die Teams managen. Was es dagegen gibt, sind (regionale) Berater, die den Teams helfen, wenn sie Unterstützung benötigen. Es gibt auch keine zentrale Personalverwaltung – die Teams stellen ihre Mitglieder selbst ein. 2021 bestand Buurtzorg aus rund 900 Teams, unterstützt durch eine Firmenzentrale mit nur 50 Mitarbeitenden (0,4% der Angestellten). Dazu kommen 20 Coaches und zwei Geschäftsführer (Corporate Rebels 2021).

Das Modell geht auf: Verglichen mit anderen niederländischen Pflegeunternehmen konnte Buurtzorg zu diesem Zeitpunkt stolz auf eine 30% höhere Kundenzufriedenheit, 33% geringere Abwesenheitszeiten der Angestellten, eine 50% geringere Personalfluktuation und 67% weniger Overhead-Kosten verweisen. Heute hat das gemeinnützige Unternehmen über 15.000 Pflegekräfte in 1000 Teams, bereits fünfmal den »Arbeitgeber-des-Jahres«-Award erhalten und die Pflegebranche revolutioniert: Nicht nur, dass mittlerweile ALLE niederländischen Pflegeunternehmen nach dem Buurtzorg-Modell arbeiten, das Prinzip wurde auch in 23 Länder exportiert (Buurtzorg 2023).

3 In einem Podcast-Interview mit mir sprach Detlef Lohmann von einer zwei- bis dreimal höheren Profitabilität.

1.2 Symptome fehlender SELBSTORGANISATION

Wichtig ist auch, einen Blick auf die Folgen fehlender SELBSTORGANISATION zu werfen. Was passiert mit einem Unternehmen, wenn es Mitarbeitenden diesen Freiraum nicht bietet? Denn eine Transformation hin zu SELBSTORGANISATION ist weder einfach noch billig. Sie erfordert strukturelle Änderungen, wie wir im Laufe der weiteren Kapitel sehen werden. Abgesehen von den erwähnten Vorteilen bietet sie einen weiteren Wert: die Behebung zahlreicher Probleme, die sich in Unternehmen mit geringer SELBSTORGANISATION einstellen.

Wo Freiräume zur SELBSTORGANISATION fehlen, finden wir unter anderem häufig folgende Symptome:

- **Dienst nach Vorschrift statt Übernahme von Verantwortung**: Wo SELBSTORGANISATION nicht gefördert wird, ist es für die Mitarbeitenden selten lohnend, Verantwortung zu übernehmen. In der Regel findet man in entsprechenden Unternehmen eine destruktive Fehlerkultur, die auf ein hohes Maß an Perfektion in allen Abläufen abzielt. Die Folge: Für Mitarbeitende wird Eigeninitiative zum Risiko. Dadurch sinkt die Bereitschaft, eine Extrameile zu gehen. Stattdessen wird nur gemacht, was in der Jobbeschreibung steht.
- **Führungskräfte müssen viel intervenieren**: Wenn Mitarbeitende ein geringes Mitbestimmungsrecht im Unternehmen gewohnt sind, sparen sie sich häufig das Mitdenken. Die Strategie des Hauses wird schulterzuckend akzeptiert, gearbeitet wird aber so, dass es das eigene Umfeld (insbesondere die Führungskraft) zufriedenstellt – egal ob das zur Strategie passt oder nicht. Gerade an Schnittstellen zu anderen Abteilungen entsteht dadurch schnell Reibung, da diese bei lokalen Optimierungen nicht immer berücksichtigt werden. Führungskräfte (eventuell höherer Ebene) müssen eingreifen, um die Probleme zu beheben. Für Prozessverbesserungen fühlen sich die Mitarbeitenden ebenfalls selten verantwortlich, sodass auch hier Führungskräfte in das operative Geschäft eingebunden werden müssen.
- **Niemand will Entscheidungen treffen**: Wo Eigeninitiative und Verantwortung aufgrund einer destruktiven Fehlerkultur zum Risiko werden, finden sich immer wieder Anzeichen einer Nichtentscheidungskultur. Hier wird jede Entscheidungsverantwortung weitergereicht oder die Entscheidung möglichst lang aufgeschoben in der Hoffnung, dass eine andere Person die Wahl trifft. Falls diese sich als falsch erweist, kann auf jemand anderen gezeigt werden. Eine solche Kultur findet sich häufig in Unternehmen, die SELBSTORGANISATION nur scheinbar fördern, zum Beispiel indem sie Problemlösungen von ihren Mitarbeitenden erwarten, sie aber nicht mit den Mitteln ausstatten, die sie dafür brauchen.[4]

4 Ein befreundeter Consultant erzählte mir, dass er seinen Kontakt auf Unternehmensseite gefragt habe, was denn passiere, wenn dieser seinen Chef frage: »Wir haben fünf Projekte, schaffen aber nur vier. Wie sollen wir priorisieren?« Die Antwort des Kontakts: »Dann fragt er mich, warum ich mein Problem zu seinem Problem mache. Sieh halt zu, wie du alle fünf schaffst!«

- **Ständige Rückdelegation an die Führungskraft**: Ein sehr ähnliches Symptom ist, dass Mitarbeitende nur so weit arbeiten, bis sie auf ein Problem stoßen. Anstatt sich selbst Gedanken zur Problemlösung zu machen, delegieren sie die aufkommende Frage an ihre Führungskraft zurück.
- **Eskalation von Problemen**: Analog zur Rückdelegation werden auch Probleme mit Nachbarabteilungen nicht zwischen den Mitarbeitenden gelöst, sondern regelmäßig über die Führungskräfte eskaliert.[5]
- **Schwierigkeiten, Führungskräfte aus dem eigenen Kader zu gewinnen**: In selbstorganisierten Unternehmen müssen Mitarbeitende gelegentlich denken wie eine Führungskraft, weil sie selbst wichtige Entscheidungen treffen müssen. In fremdorganisierten Unternehmen müssen Mitarbeitende, die auf Führungsebene befördert werden, das erst einmal lernen. Das verzögert die Ausbildung von Nachfolge-Führungskräften und macht es schwerer, potenziell geeignete Kandidaten zu erkennen – schließlich hat man sie nie bei der Erledigung von Führungsaufgaben erlebt.
- **Geringe Lieferqualität**: Wo Mitarbeitende fremdorganisiert werden, fühlen sie sich seltener verantwortlich für das Ergebnis. Es ist leicht, die Verantwortung auf jemand anderen zu schieben, wenn man in seiner Handlungsfreiheit eingeschränkt ist. So fühlt sich auch niemand für Fehler verantwortlich, was die Produktqualität mindert.
- **Langsame Anpassung an Veränderungen (inklusive Fehlentscheidungen)**: Niels Pfläging (2014) unterscheidet in Unternehmen die marktnahen Rollen (»Peripherie«) und die marktfernen Rollen (»Zentrum«). Er beobachtet, dass die Peripherie Marktveränderungen wesentlich schneller spürt als das Zentrum. Wenn aber in fremdgesteuerten Unternehmen Entscheidungen vor allem im Zentrum getroffen werden, wird die Anpassung an die Veränderungen stark verlangsamt – denn hier muss die Peripherie das Zentrum zunächst überzeugen, das Zentrum muss sich ein Bild der Lage machen und – wenn es dieses Bild jemals wirklich erhält – Entscheidungen treffen. Da das Zentrum oftmals aus Menschen besteht, die ehemals in der Peripherie gearbeitet und noch immer das Bild der alten Welt im Kopf haben, gelingt es nicht immer, Entscheidungen zu treffen, die zur neuen Welt passen.
- **Hohe Abhängigkeit von Führungskräften**: Wo Führungskräfte selbst noch tief im Operativen mitarbeiten und viel für Mitarbeitende entscheiden, sind und bleiben sie wichtige Wissensträger. Sowohl das Team als auch das Unternehmen selbst geraten in eine starke Abhängigkeit von der Kompetenz dieser Personen. Das kann dazu führen, dass Projekte ins Stocken geraten, wenn diese Führungskräfte überlastet sind oder aufgrund von Überlastungserscheinungen ausfallen.

---

5 Das Wort »Eskalation« ist hier manchmal wörtlich zu nehmen. Ich habe einen Fall erlebt, bei dem Team A eine Zuarbeit von Team B erbeten hat, aber durch ein schlechtes Briefing dafür gesorgt hat, dass Team B diese Arbeit zweimal machen musste. Anstatt dieses Problem direkt mit den Mitarbeitenden aus Team A zu besprechen, entschied Team B sich dazu, dies über die Führungsebene zu eskalieren. Es kam zu einem Treffen, bei dem Teamleiter B den Teamleiter A in der Unternehmens-Cafeteria anschrie – höchst emotional und eindeutig vermeidbar.

Vom Engpass zu SELBSTORGANISATION: Fallbeispiel einer Marketingagentur

Ein Beitrag von Innovation Facilitator Bianca Prommer

Die Geschäftsführerin und Gründerin einer Marketingagentur mit 15 Mitarbeitenden stand vor einer für sie komplexen Herausforderung. Obwohl das Unternehmen gut lief, war sie der Dreh- und Angelpunkt für alle Vertriebsaktivitäten, die Kundenakquise und die wichtigsten Entscheidungen. Ihre Tage waren von operativen Aufgaben geprägt, für Privates blieb kaum Raum. Der Wunsch war eindeutig: mehr Zeit für die Familie und strategische Aufgaben. Die Organisation sollte eigenständiger und Verantwortung auf mehrere Schultern verteilt werden. Sie wünschte sich einen Wandel in Richtung SELBSTORGANISATION.

Schritt 1: Status-quo-Analyse
Im Einzelcoaching starteten wir mit dem Meddlers Game aus Management 3.0[6], um die aktuelle Organisationsstruktur sichtbar zu machen. Die Analyse zeigte eine klassische hierarchische Struktur mit der Geschäftsführerin an der Spitze. Die Aufgaben und Zuständigkeiten wurden metaphorisch als »Hüte« dargestellt. Sie selbst trug die meisten Hüte – ein klarer Hinweis darauf, dass sie der Engpass in der Organisation war.

Schritt 2: Zielbild definieren
Gemeinsam entwickelten wir ein Zielbild: Wie sollte die Organisation in Zukunft aussehen? Verschiedene Szenarien wurden mithilfe des Meddlers Game visualisiert und deren Vor- und Nachteile diskutiert. Im Zentrum stand der Wunsch, Verantwortung innerhalb des Teams klarer zu definieren und die operative Last zu reduzieren.

Schritt 3: Hypothesen ableiten
Aus der Analyse ergab sich die Hypothese, dass unklare Verantwortlichkeiten dazu führten, dass alle wichtigen Entscheidungen bei der Geschäftsführerin landeten. Dies führte nicht nur zu einer hohen Belastung, sondern auch dazu, dass das Team in seiner Eigenverantwortung eingeschränkt war.

Schritt 4: Konkrete Experimente starten
Um diese Hypothese zu testen, setzten wir ein Experiment mit Delegation Poker (Anm.: siehe »SELBSTBESTIMMUNGs-Poker« in Kapitel 2.6).

6 Das Meddlers Game ist ein spielerisches Modell, das Führungskräfte dabei unterstützt, die Organisationsstruktur des Unternehmens oder ihrer Abteilungen und die verschiedenen Vernetzungen zu visualisieren. Es nutzt kombinierbare Spielfiguren, um Rollen, Verantwortlichkeiten und Interaktionen innerhalb eines Systems zu analysieren und neu zu entwerfen. Siehe https://management30.com/practice/meddlers/ (Abrufdatum: 26.02.2025).

1.3 Was wird benötigt, damit SELBSTORGANISATION funktioniert?

Hast du schon einmal einen dieser alten Holzöfen bedient, in denen du das Feuer am Laufen hältst, indem du langsam Scheit für Scheit nachlegst? Vielleicht auf einer Wandertour oder beim Aufenthalt auf einer Skihütte? Dann wirst du bemerkt haben, dass es nicht einfach ist, die Temperatur zu halten. Schnell legt man zu viele Scheite auf einmal ein und die Temperatur im Raum schießt hoch. Schwitzend öffnet man die Fenster und entlässt die warme Luft aus dem Raum oder legt Pullover und Jacken ab. Oder man wartet zu lang mit dem Nachlegen, bis man friert, um dann festzustellen, dass es eine ganze Weile dauert, die Temperatur durch Einwerfen neuer Scheite nach oben zu treiben. Im Endeffekt pendelt die Temperatur mal mehr, mal weniger stark um die Wunschtemperatur. Manuelles Eingreifen ist regelmäßig erforderlich.

Wie viel angenehmer ist eine Heizung, die nach modernem Standard funktioniert. Hier haben wir einen Temperatursensor im Raum und ein Panel an der Wand, an dem wir die Wunschtemperatur einstellen – die Heizung erledigt den Rest. Wir müssen weder eingreifen noch häufig checken, wie es um die Temperatur steht. Wenn uns doch einmal auffällt, dass zwischen Wunsch- und Realtemperatur eine größere Abweichung besteht, rufen wir den Reparaturdienst.

Gute SELBSTORGANISATION ist wie diese selbstregulierende moderne Heizung. Wir einigen uns mit unseren Mitarbeitenden auf sinnvolle Ziele, anstatt ständig selbst einzugreifen und Arbeitspakete zu delegieren. Unsere Mitarbeitenden wissen, was zu tun ist, und regulieren ihre eigene Arbeit entlang der Arbeitsziele. Ist mal etwas »kaputt«, dann sorgen wir für eine »Reparatur« (zum Beispiel, indem wir jemanden zum Coaching in das Team schicken).

Damit das funktioniert, müssen sowohl für die Heizung als auch für unser Team einige Rahmenbedingungen gestellt werden – die fünf Säulen der SELBSTORGANISATION.

- **Säule 1 – SELBSTBESTIMMUNG**: Die Heizung muss selbstständig entscheiden können, ob sie heizt oder nicht. Wenn sie jedes Mal mit einem Bing-Ton um Erlaubnis fragen müsste, bevor sie einen Heizzyklus fährt, würde die Temperatur aus dem Gleichgewicht geraten, wenn wir für eine Zeit verhindert sind. Genauso ist es mit unserem Team. Darf es keine Entscheidungen fällen, wird es zu Verzögerungen kommen – so verschwenden wir die Arbeitskraft des Teams durch Wartezeiten und gefährden damit die Zielerreichung.

- **Säule 2 – ALIGNMENT**[7]: Damit die Heizung ihren Dienst erfüllen kann, benötigt sie die Eingabe eines Zielwertes. Nur dann hat sie etwas, auf das sie hinregulieren kann. Genauso ist es mit unserem Team. Wenn du kein gemeinsames Zielverständnis mit deinem Team erreichst, musst du dich nicht wundern, wenn es etwas völlig anderes tut, als du wolltest. Wenn du dann wieder manuell in Entscheidungen eingreifst, hast du selbst den Rückschritt von der thermostatregulierten Heizung zum Holzofen eingeleitet.
- **Säule 3 – TRANSPARENZ**: Ohne einen Temperaturfühler kann eine moderne Heizung nicht funktionieren. Wenn sie nicht zu jedem Zeitpunkt weiß, welche Temperatur im Raum herrscht, kann sie nicht auf den Zielwert hinsteuern. Auch dein Team kann ein Ziel nur erreichen, wenn es weiß, wie es in Bezug auf das Ziel steht. Daher braucht es TRANSPARENZ hinsichtlich wichtiger Kennzahlen, die regelmäßig beim Team eintreffen sollten.
- **Säule 4 – MOTIVATION**: Hier lässt uns unser Heizungsvergleich im Stich, denn Heizungen haben keinen eigenen Willen – Mitarbeitende schon. Dieser Wille ist entscheidend dafür, ob SELBSTORGANISATION funktioniert, denn autonome Mitarbeitende tragen viel Verantwortung und entscheiden selbst darüber, wie hoch ihre Arbeitslast ist. Leider kannst du als Führungskraft nur begrenzt (positiven) Einfluss auf die MOTIVATION deiner Mitarbeitenden nehmen. Dein bestes Werkzeug besteht darin, durch gutes Zuhören und Fragen Frustrationspunkte zu finden und gemeinsam zu eliminieren. Glücklicherweise tragen außerdem die übrigen Säulen viel dazu bei, MOTIVATION zu steigern.
- **Säule 5 – KOMPETENZ**: Eine Heizung muss korrekt programmiert und gebaut sein, um die Zieltemperatur zu halten. Analog müssen Mitarbeitende ausreichend KOMPETENZen besitzen, um ihre Arbeit so zu erledigen, dass die Ziele erreicht werden. Das betrifft sowohl KOMPETENZen in der inhaltlichen Arbeit als auch jene im Bereich der SELBSTORGANISATION. Diese KOMPETENZen mögen zu Beginn nicht im nötigen Maße vorhanden sein und müssen entsprechend geschult werden.

Mit diesen fünf Säulen schaffen wir ein System, das sich selbst regulieren kann – im Rahmen der von uns vorgegebenen Ziele. Doch dieses System wird nur rundlaufen, wenn es ein solides Fundament hat: VERTRAUEN.

Fundament – VERTRAUEN: Die Heizung kann nur funktionieren, wenn die gelieferten Daten zu Soll- und Ist-Temperatur korrekt sind. Der zentrale Rechner braucht diese Daten, um die Heizleistung zu errechnen. Stimmen die Werte nicht, kommt es zu Fehlern. Genauso ist es mit SELBSTORGANISATION: Wir müssen darauf vertrauen, dass wir einander die Wahrheit sagen. Um den Übergang zu und den Betrieb von SELBST-

7 Der englische Begriff »alignment« bezeichnet die gezielte Ausrichtung von Teams, Abteilungen oder gesamten Unternehmen auf gemeinsame Ziele, Strategien und Vorgehensweisen. Es stellt sicher, dass alle Beteiligten in dieselbe Richtung arbeiten, Prioritäten klar sind und Entscheidungen auf einer abgestimmten Basis getroffen werden.

ORGANISATION zu schaffen, benötigen wir ein VERTRAUENsverhältnis zwischen Führungskraft und Mitarbeitenden – in beide Richtungen! Dabei geht es mehr um das moralische VERTRAUEN als um das VERTRAUEN in die KOMPETENZ. Als Führungskraft musst du dir sicher sein können, dass deine Mitarbeitenden ihr Bestes geben und du davon erfährst, wenn etwas schiefläuft. Die Mitarbeitenden wiederum müssen sicher sein, dass du Fehler nicht per se sanktionierst, damit sie diese offenlegen. Und sie müssen das Gefühl haben, dich und andere Mitarbeitende konstruktiv kritisieren zu dürfen und ihrerseits bereit für offene Worte sein, damit das System sich beständig weiterentwickeln und verbessern kann. Dieses Fundament gilt es zu Beginn zu legen, denn eine Transformation kann nur gelingen, wenn dieses VERTRAUEN zu einem Mindestmaß vorhanden ist.

Mit diesem Buch über die fünf Säulen der SELBSTORGANISATION und ihr Fundament möchte ich dir ein Werkzeug an die Hand geben, um dein Unternehmen oder Team so selbstregulierend zu bauen, wie es dein Heizungsbauer mit deiner Wand- und Fußbodenheizung gemacht hat. Es geht mir darum, dir und deinen Mitarbeitenden zu ermöglichen, einen individuellen, aber strukturierten Weg in Richtung (gesteigerter) SELBSTORGANISATION zu gehen.

Zunächst einmal ist da das Schema der sechs Bauelemente selbst, welches dir als eine Art Raster dienen wird, mit dem du die aktuelle Situation untersuchen kannst. Die wichtigste Frage: Welches Bauelement müssten wir ein Stück stabiler bauen, um SELBSTORGANISATION stärker zu stützen? Wenn du Problemen in der SELBSTORGANISATION in deinem Unternehmen begegnest, gehe gedanklich durch die Bauelemente und frage dich: Wenn dieses Element stabiler wäre, würde dann SELBSTORGANISATION besser laufen?

Zum Zweiten findest du am Ende jedes Kapitels, das einem der Bauelemente gewidmet ist, eine Übersicht über Methoden, die helfen können, die Säule beziehungsweise das Fundament zu stabilisieren oder ein Stück höher zu bauen. Diese Methoden sind oft nicht in voller Tiefe beschrieben – das kann dieses Buches nicht leisten. Sie sollen dir vielmehr Handlungsoptionen aufzeigen. Mir ist wichtig, dass du auf einer strategisch hohen Flughöhe erkennen kannst, was dein Unternehmen oder Team gerade braucht, und du Optionen kennst, mit denen du das Gebrauchte liefern kannst. Anschließend wirst entweder du oder jemand, den du damit beauftragst (möglicherweise unternehmensinterne Agile Coaches oder Unternehmensentwickler) sich mit den Details der entsprechenden Methoden beschäftigen müssen, um diese nachhaltig erfolgreich einzusetzen.

1.4 Wie weit sollte SELBSTORGANISATION gehen?

Vielleicht enttäusche ich jetzt deine Hoffnungen in dieses Buch, aber SELBSTORGANISATION ist kein Allheilmittel für alle Probleme in einem Unternehmen oder Team. Die in Kapitel 1.1 genannten Vorteile sind vielfältig, gehen aber auch mit erheblichen Kosten einher, nämlich dem Aufwand, die in Kapitel 1.3 genannten Säulen zu bauen und aufrechtzuerhalten – was in den meisten Fällen einen nachhaltigen Kulturwandel voraussetzt.

In der Praxis bedeutet dies, dass völlige SELBSTORGANISATION nicht für jedes Unternehmen das richtige Ziel sein muss. Aber SELBSTORGANISATION ist ein Spektrum, auf dem es für jedes Unternehmen eine optimale Position gibt. Mit dem Bild des Säulenmodells will ich genau das vermitteln: Wie hoch das Dach der SELBSTORGANISATION über dem Boden schweben soll, ist eine individuelle Wahl. Damit es aber gerade und stabil aufliegt, braucht es eine Gemeinsamkeit aus den fünf Säulen, die gleich hoch und stabil gebaut sind, sowie ein stabiles Fundament. Je höher das Dach, desto mehr Höhe und Stabilität sind gefragt.

Ich will dir mit diesem Buch nicht vermitteln, dass völlige SELBSTORGANISATION das erstrebenswerteste Ziel für dein Unternehmen oder Team ist. Das musst du auch nicht jetzt entscheiden. Gebäude werden Stein für Stein gebaut. Ebenso sieht es mit dem Konstrukt der SELBSTORGANISATION aus. Der Bauprozess wird sich über mehrere Jahre ziehen – und auf diesem Weg ist Reflexion entscheidend: Wo stehen wir? Wo sind Spannungen entstanden? Wo müssen wir innehalten? Solange du sicherstellst, dass du stets an dem Bauteil arbeitest, das gerade am instabilsten ist, wird das Dach immer stabil sein. Solange du das Gefühl hast, dass eine weitere Steigerung von SELBSTORGANISATION deinem Unternehmen oder Team guttut, baust du weiter. Diese Reise braucht kein Ziel. Ihr könnt aufhören, wenn sich der Zustand gut und richtig anfühlt. An der einen oder anderen Stelle werdet ihr vielleicht auch einmal zurückbauen, wenn ihr merkt, dass ihr die Steine zu hoch oder auf die falsche Säule gelegt habt. Findet dabei eine Baugeschwindigkeit, die für euch funktioniert.

In der Praxis wird oft unterschätzt, wie tiefgreifend ein Wandel hin zu mehr SELBSTORGANISATION sein muss und welche Spannungen dabei entstehen können. Unternehmen führen flächendeckend Methoden wie Scrum oder SAFe ein und denken, nach einem Jahr Eingewöhnungsphase würden die Mitarbeitenden selbstorganisiert arbeiten können. Dabei wird oft übersehen, dass nicht alle Säulen gleichzeitig hochgezogen werden, sondern einige über die anderen hinausschießen (meist die Säule SELBSTBESTIMMUNG), was eben keine stabile Auflagefläche für das Dach liefert. Achte auf eine gleichmäßige Bauhöhe aller Säulen und evaluiere stetig – gemeinsam mit deinen Mitarbeitenden –, welche Säule aktuell die Dachhöhe beschränkt.

1.5 Wann ist SELBSTORGANISATION nichts für dich und dein Team/Unternehmen?

In vielen Seminaren rund um SELBSTORGANISATION, New Work[8] und Agilität[9] begegnet mir immer wieder die Einstellung, dass diese »Utopie« gut und schön, aber mit den eigenen Mitarbeitenden nicht umsetzbar sei. Meistens damit begründet, dass die Mitarbeitenden keine Verantwortung übernehmen und keine Initiative leben möchten. Oder dass die KOMPETENZ fehle, sich selbst zu organisieren und selbst zu entscheiden.

Ja, das ist möglicherweise in deinem Umfeld so, zumindest aktuell. Es ist ein Symptom eines fremdgesteuerten Systems. Aber dieselben Mitarbeitenden können in einem selbstorganisierten System aufblühen und zeigen, dass sie sehr wohl MOTIVATION und Initiative mitbringen – wenn sie selbstbestimmt entscheiden dürfen und die Zeit bekommen, sich in das neue System einzugewöhnen.

Das bedeutet aber auch, dass ein Wandel nicht von heute auf morgen geschehen wird. Als Führungskraft kannst du keinen Schalter umlegen, der von Zustand F(remdorganisiert) in Zustand S(elbstorganisiert) schaltet. Es ist, wie in Kapitel 1.4 beschrieben, ein Prozess, der mehrere Jahre dauern wird, denn deine Mitarbeitenden müssen sich langsam mitverändern. Nicht jeder mag diese Reise mitgehen, aber letztlich wird es immer jene geben, die sich der neuen Idee anschließen – und die ziehen weitere Kollegen an. Meiner Erfahrung nach sind es letztlich immer mehr Personen, als die Führungskräfte ursprünglich erwartet haben.

Wann also ist SELBSTORGANISATION das falsche Mittel für dich?

Erstens, wenn die in Kapitel 1.1 genannten Veränderungen an dir und deinem Business vorbeiziehen, ohne es zu betreffen. Wenn dein Unternehmensumfeld sich seit Jahren nicht verändert, du keine der in Kapitel 1.2 genannten Symptome von Fremdsteuerung in deinem Unternehmen wiederfindest und generell keinen Bedarf an den Vorteilen von SELBSTORGANISATION hast, solltest du dein Unternehmen so lassen, wie es ist. »Never change a running system.«

Zweitens, wenn du als Persönlichkeit nicht eine gewisse positive Einstellung zu deinen Mitarbeitenden mitbringst. Zum einen brauchst du das, was Psychologin und Autorin Carol S. Dweck (2016) ein »**Growth Mindset**« nennt – den Glauben daran, dass du und

8 New Work bezeichnet moderne Arbeitskonzepte, die auf SELBSTBESTIMMUNG, Sinnstiftung und flexible Strukturen setzen, um den Wandel der Arbeitswelt im digitalen Zeitalter zu gestalten. Im Mittelpunkt stehen meist flache Hierarchien, agile Methoden und eine Balance zwischen individueller Entfaltung und unternehmerischen Zielen.

9 Agilität beschreibt die Fähigkeit von Organisationen oder Teams, sich flexibel und proaktiv auf Veränderungen einzustellen. Sie basiert auf kurzen Entscheidungszyklen, iterativen Prozessen, klarer Fokussierung und einer offenen Fehler- und Lernkultur.

andere sich positiv verändern können. Zum anderen baut SELBSTORGANISATION auf dem Fundament von gegenseitigem VERTRAUEN auf. Hier musst du als Führungskraft in Vorleistung gehen. Wenn dir das nicht gelingt, kannst du es lernen. Wenn du das nicht willst, solltest du die Finger von SELBSTORGANISATION lassen. Ich habe Führungskräfte erlebt, die ohne Zweifel der (heute medial überstrapazierten) Gruppe der Narzissten zuzuordnen sind und die bei jeder Gelegenheit predigten, wie groß ihr VERTRAUEN in ihre Mitarbeitenden doch sei – weil das modisch ist und gut klingt. Diese Führungskräfte haben aber in ihrem Verhalten stets bewiesen, dass sie zutiefst misstrauisch auf ihre Mitarbeitenden blicken und ihren Kontrollzwang nicht im Griff haben. Ihre narzisstische Persönlichkeitsstruktur musste Fehler in anderen finden, damit sie sich selbst davon abgrenzen konnten – ein Anlass zur persönlichen Veränderung wurde nicht gesehen. Auf diesem Boden kann SELBSTORGANISATION nicht keimen.

Da du aber dieses Buch in den Händen hältst und es vielleicht auch aufgrund seines Titels gewählt hast, nehme ich an, dass du nicht in diese Gruppe fällst. Was ich mit diesem Kapitel sagen möchte: Sorge dich nicht darum, dass deine Mitarbeitenden aktuell nicht zu SELBSTORGANISATION fähig sind. Genau das ist das Ziel dieses Buches: euch einen gemeinsamen Weg aufzuzeigen, wie ihr schrittweise über einen längeren Zeitraum dorthin kommt. Auf der gemeinsamen Reise werden dich viele deiner Mitarbeitenden überraschen. Einigen wirst du Lebewohl sagen. Dafür steigen andere an Bord, gute Leute, um die andere Unternehmer und Führungskräfte dich beneiden werden.

1.6 Was, wenn die Säulen nicht gleichmäßig gebaut sind?

Wie in Kapitel 1.4 angesprochen, kommt es bei zahlreichen Unternehmenstransformationen, die SELBSTORGANISATION fördern wollen (z. B. agile Transformationen wie die Einführung von Scrum oder SAFe), zu Situationen, in denen einige Säulen ungleich höher gebaut werden als andere. Häufig wird dabei die Säule der SELBSTBESTIMMUNG rapide nach oben bewegt, indem crossfunktionale Teams eine hohe Entscheidungsfreiheit bezüglich der eigenen Zusammenarbeit erhalten. Gleichzeitig wird aber nicht berücksichtigt, dass diese Teams auch mehr strategisches ALIGNMENT brauchen, um die Freiheit zu nutzen (Kapitel 3), das Team nur langsam KOMPETENZ in Teamwork und Feedback aufbaut (Kapitel 6.2) und es mangels passender Reportings häufig an TRANSPARENZ mangelt, die das Team braucht, um die eigene Arbeitsqualität beurteilen zu können (Kapitel 4.1).

Es gibt weitere Situationen, die typischerweise entstehen, wenn Säulen und Fundament keine ausgewogene Stabilität besitzen. Das Resultat ist eigentlich immer ein schiefes Dach, also Probleme in der SELBSTORGANISATION. Das kann zum Beispiel so aussehen:

- **Harmoniesucht**: Die Mitarbeitenden kommen scheinbar sehr gut miteinander klar, es herrscht gute Stimmung. Aber diese Stimmung ist oberflächlich, denn darunter fehlt das nötige VERTRAUEN. Was wie ein positives Miteinander wirkt, ist in Wirklichkeit nur die Vermeidung offener Kritik. Die Mitarbeitenden umgehen es, sich gegenseitig auf Probleme hinzuweisen, weil sie persönliche Differenzen fürchten. Das führt dazu, dass Konflikte nicht konstruktiv ausgetragen, sondern unter den Teppich gekehrt werden, bis sie eskalieren. Neben VERTRAUEN würde KOMPETENZ im Geben und Nehmen von Feedback helfen, diese Situation zu lösen (Kapitel 6.2).

- **Ergebnisblindheit**: Die Mitarbeitenden arbeiten stark selbstbestimmt und motiviert, aber die Unternehmensergebnisse werden eher schlechter als besser. Die getane Arbeit zahlt nicht wesentlich auf die strategischen Ziele ein, Prozesse werden nicht verbessert, sondern bleiben ineffizient. Hier mangelt es vermutlich sowohl an ALIGNMENT bezüglich der Ziele, welche das Unternehmen/Team erreichen will, als auch an TRANSPARENZ, dass diese Ziele aktuell nicht erreicht werden. Mitarbeitende nehmen nicht wahr, dass sie Anforderungen aktuell nicht erfüllen, sodass sie aus einer Haltung der unbekümmerten Bequemlichkeit heraus so weiterarbeiten wie bisher.
- **Agile Frustration**: In dem Unternehmen wird nach agilen Methoden (z. B. Scrum oder Kanban) gearbeitet, doch die Mitarbeitenden zeigen wenig Begeisterung dafür, würden die Veränderung sogar gern rückgängig machen. Dafür kann es viele Gründe geben. Zwei, die mir häufig begegnen, sind die Folgenden:
  - A) Die Methoden wurden eingeführt, aber die Teams haben nicht die dafür nötige SELBSTBESTIMMUNG erhalten. Nun wird anders gearbeitet, aber nicht anders entschieden – noch immer kommen Freigaben von Gremien oder aus der Geschäftsführungsebene, mit entsprechenden Zeitverzögerungen. Das für Agilität übliche motivierende Gefühl, in kurzer Zeit viel zu schaffen, stellt sich nicht ein. Mitarbeitende erkennen Verbesserungspotenziale, erhalten aber nicht die Erlaubnis, diese zu heben. Das frustriert. Hier gilt es, SELBSTBESTIMMUNG zu fördern.
  - B) Die Methoden wurden eingeführt, die notwendige Umstrukturierung zu einem Team, welches die gesamte Wertstromkette abdeckt und verantwortet (end-to-end), wurde jedoch unterlassen (Kapitel 8). So wurde aus der bereits effizienten Arbeit innerhalb des Abteilungssilos eine agile, ineffizientere Arbeit innerhalb desselben Silos – nur mit mehr Meetings. Hier hätte es Mut gebraucht, auch die Organisationsstruktur zu verändern, um die Säulen SELBSTBESTIMMUNG und TRANSPARENZ bezüglich des gesamten Wertstroms zu optimieren. So wurde den Mitarbeitenden eine Transformation aufgezwungen, was das Gefühl der SELBSTBESTIMMUNG und die MOTIVATION senkte.

Dies sind nur drei von vielen weiteren möglichen Beispielen, wie das Dach der SELBSTORGANISATION auf instabilen Säulen beziehungsweise einem schwachen Fundament schief hängen kann. Der Gedanke hinter meinem Säulenmodell ist, mit seiner Hilfe die Situation zu analysieren und zu identifizieren, in welchem Baustein das Problem liegt. Hast du dazu eine Hypothese entwickelt, kannst du durch systemische Veränderungen versuchen, das Problem zu beheben (siehe dazu insbesondere die Methode des Lean Change Management in Kapitel 8.4).

1.7 Systemdesign, nicht Personalentwicklung

Dieser Weg in Richtung der SELBSTORGANISATION ist kein Weg der Personalentwicklung. Es geht nicht darum, einzelne Personen mit individuellen Maßnahmen in ihren Fähigkeiten zu entwickeln und in ihrem Verhalten zu beeinflussen. Ja, gelegentlich wird es Schulungsmaßnahmen brauchen, vielleicht auch individueller Natur. Aber im Großen und Ganzen geht es darum, ein System zu kreieren, das durch seinen Aufbau positive Verhaltensweisen fördert. Ein System, in dem Mitarbeitende gleichzeitig transparente Freiräume und alignende Leitplanken bekommen, in denen sie sich bewegen können. Ein System, in dem Mitarbeitende die Tätigkeit und das Umfeld finden, in denen sie wirksam und glücklich sind und die sie sich selbst ausgesucht haben. Ein System, das zur Verantwortungsübernahme einlädt und diese belohnt.

Das Verhalten von Menschen ist stark durch das System geprägt, in dem sie sich befinden. Und genau darauf will ich deinen Fokus lenken. Anstatt das Verhalten einzelner Personen durch Personalgespräche und Fortbildungen zu beeinflussen,[10] entwickelst du ein Umfeld, in dem Menschen ihren Platz finden können und ihr Verhalten so anpassen, dass das gemeinsame Ziel (Unternehmenserfolg) erreicht wird.

Der Vorteil dieses Ansatzes: Er erspart dir als Führungskraft/Unternehmer viel Arbeit, denn individuelle Personalentwicklung ist mühselig, »drückt« sie doch meistens gegen die Interessen der Person. (Wären die Interessen der Person nicht widersächlich, müsste das Verhalten nicht verändert werden.) Meine Version der SELBSTORGANISATION zielt darauf ab, einen Zustand zu schaffen, in dem die Interessen der Person und des Unternehmens alignt sind, also in Einklang miteinander. Das ist wirkungsvoller, weil es auf einer höheren Ebene angreift als ein Anpassen des Verhaltens. Mit anderen Worten: Wir laden in dem System dazu ein, individuelle Stärken zu nutzen und dafür die richtigen Positionen zu finden, anstatt die Positionen zuzuweisen und Schwächen abzubauen.

Das bedeutet, dass Mitarbeitende in SELBSTORGANISATION in der Verantwortung stehen, ihren eigenen Platz im System zu finden. Das überfordert viele zunächst, da sie es nicht gewohnt sind, ihren Bedürfnissen im Unternehmen so viel Raum geben zu können und die Verantwortung selbst zu schultern – ein weiterer Grund, warum der Weg zu SELBSTORGANISATION kein kurzer ist. Aber er ist lohnenswert. Und meiner Ansicht nach ist er auch menschlicher.

---

10 Ich habe das Verständnis der meisten Personalentwicklungen in Unternehmen schon immer als übergriffig empfunden. Meistens geht es nicht darum, Menschen in ihrem Potenzial zu entwickeln, sondern darum, das Verhalten dieser Menschen möglichst perfekt auf die Bedürfnisse des Unternehmens anzupassen – im Zweifel durch Formen und Verbiegen. Die »Potenzialbeurteilung« beinhaltet häufig nicht primär eine sachlich-konstruktive Beurteilung, sondern ein großes Maß an destruktiver Verurteilung.

Ich schätze, dass sich meiner Erfahrung nach die meisten Probleme und die meisten Möglichkeiten zur Verbesserung in etwa auf diese Größenordnung summieren: 94 % liegen im System (Verantwortung des Managements), 6 % sind speziell.

W. Edwards Deming (2000)

1.8 Werden Führungskräfte in SELBSTORGANISATION arbeitslos?

Nein, Führung braucht es weiterhin. Allerdings ist es so, dass in SELBSTORGANISATION Führung nun auf allen Ebenen stattfindet. Aufgrund des hohen Grades an SELBSTBESTIMMUNG wirst du sehen, dass viele Mitarbeitende, die bisher schweigsam ihren Job gemacht haben, in ihren Schwerpunktthemen nun in die inhaltliche Führung gehen.

Und was ist dann noch der Job von Führungskräften? Nun, erstens gibt es die **menschliche Führungsebene**. Auch weiterhin braucht es Personen, die im Sinne von Coaching und Mentoring den selbstorganisierten Mitarbeitenden zur Seite stehen, damit diese sich persönlich entwickeln können. Zweitens bleiben die **strategischen Aufgaben**, die in den meisten fremdgesteuerten Organisationen ohnehin zu wenig Aufmerksamkeit erhalten, da Führungskräfte in operativen Aufgaben gebunden sind. Drittens braucht es vor allem auch **Systementwickler**: Personen, die das System an sich gestalten und es stetig verbessern. Oder mit den Worten des Poetry Slammers Sven Stickling: »Es kann nicht jeder gegen den Strom schwimmen. Irgendjemand muss auch die Schleusen bedienen.«

1.9 Reflexion

- Wie könntest du persönlich profitieren, wenn deine Mitarbeitenden selbstorganisierter arbeiten und mehr Verantwortung übernehmen? Wie sähe dein Arbeitsalltag aus?
- Wie könnte dein Unternehmen profitieren, wenn die Angestellten selbstorganisierter arbeiten und mehr Verantwortung übernehmen? Welche konkreten wirtschaftlichen Vorteile würden sich daraus ergeben?
- Auf welchem Niveau von SELBSTORGANISATION sähest du dein Team/Unternehmen gern?
- Bist du bereit, Zeit, Ressourcen und Nerven zu investieren, um SELBSTORGANISATION zu fördern?

2 SELBSTBESTIMMUNG

Unsere thermostatgesteuerte Heizung braucht die Möglichkeit, Entscheidungen bezüglich des Heizens schnell und ohne Rückfrage an die Nutzerin zu treffen. Sonst wird es der Heizung nicht gelingen, eine konstante Temperatur zu halten.

Genauso brauchen deine Mitarbeitenden die Möglichkeit, Entscheidungen bezüglich ihrer Aufgaben zu treffen, also selbstbestimmt zu arbeiten.

Auf den Punkt

SELBSTBESTIMMUNG bedeutet, dass Mitarbeitende die Freiheit und Autonomie besitzen, um weite Teile ihrer Arbeit selbst zu gestalten. Nicht nur wo, wann und wie sie arbeiten, sondern – in gewissem Rahmen – auch, woran sie arbeiten.

Der Schlüssel zu einem anpassungsfähigen Unternehmen ist, dass Aufgaben schnellstmöglich abgeschlossen werden und nicht in Warteschleifen auf den Schreibtischen oder in den Laptops der Mitarbeitenden hängen. Wenn eine Zwei-Stunden-Aufgabe montagmorgens bei einer Mitarbeiterin ankommt, sie aber erst am Freitagabend vor Feierabend zum Abschluss einer 40-Stunden-Woche erledigt wird, ist das zwar in vielen Betrieben normal – bedeutet aber, dass 95% der benötigten Zeit aus Wartezeit bestand. Was für eine Verschwendung!

Wenn wir ein Unternehmen erschaffen wollen, das reaktionsfähig ist, muss es in der Lage sein, Aufgaben und Projekte schnell umzusetzen. Es muss sich in kurzer Zeit an Veränderungen anpassen können. Je träger das Unternehmen ist, desto mehr Opportunitätskosten bezahlt es.

Doch was macht ein Unternehmen reaktionsschnell? Zum einen eine ausreichend hohe Personalkapazität. Warteschlangen entstehen dort, wo Menschen oder Maschinen ausgelastet oder überlastet sind.[11] Aber sie entstehen auch dort, wo Schnittstellen existieren, wo es Abhängigkeiten von anderen Personen oder Abteilungen gibt. Hier gilt es zu optimieren, um die Reaktionsgeschwindigkeit zu erhalten oder zu steigern.

11 Wichtig ist zu verstehen, dass auch bereits bei 95 bis 100% Auslastung eine Warteschlange entsteht, da Arbeit nie perfekt getaktet ankommt. Wenn Führungskräfte also auf 100% Auslastung ihrer Mitarbeitenden optimieren (»Die Frau Kluge hat gerade nichts zu tun, dann gebe ich ihr mal eine Aufgabe«), erzeugen sie Warteschlangen im Unternehmen. Das führt zu einem Stau der Arbeit – ähnlich wie bei einer Autobahn, die zu 100% ausgelastet ist. Die Symptome sind Projekte und Initiativen, die nur sehr langsam umgesetzt werden, und volle Terminkalender, die Meetings von maximal zwei Stunden Länge erlauben – nicht genug, um ein Projekt wirklich voranzubringen.

Beispiel: Verzögerungen durch Genehmigungsprozesse

In einem Unternehmen, das Systeme für den Bausektor entwickelt, musste eine wichtige Zertifizierung eines neuen Systems durchgeführt werden. Für die Prüfung fehlte jedoch ein Dichtungsteil, das wenige Hundert Euro gekostet hätte. Das Team konnte die Bestellung aufgrund der internen Richtlinien nicht selbst freigeben, sondern nur mit Bestätigung einer Führungskraft. Das erzeugte aufgrund der Abwesenheit der Führungskraft eine Projektverzögerung von zwei Wochen. Die entstandenen Kosten dürften um ein 10- oder gar 100-Faches über den Kosten des Bauteils gelegen haben.

Einige Schnittstellen sind schwer vermeidbar, vor allem, wenn wir die fachliche KOMPETENZ einer anderen Person benötigen.[12] Aber viele Schnittstellen bestehen aus Genehmigungen und Freigaben. Diese Schnittstellen können wir reduzieren. Und genau darum geht es uns mit SELBSTBESTIMMUNG.

In vielen Unternehmen werden Entscheidungen von Führungskräften getroffen, nicht selten mehrere Stufen über den Mitarbeitenden. Im schlimmsten Fall sogar von Gremien, die nur selten zusammenkommen und eine Entscheidung häufig auf ein späteres Meeting vertagen, weil sie sich nicht einigen können oder meinen, für die Entscheidung mehr Informationen zu benötigen. Das kostet Zeit und verursacht Opportunitätskosten. Es zwingt außerdem zu Multitasking (weil eine Mitarbeiterin an mehreren Themen gleichzeitig arbeiten muss, da sie regelmäßig in ihrer Arbeit unterbrochen wird).

Das Gegenteil davon ist der **konsultative Einzelentscheid**: Eine Einzelperson trifft eine Entscheidung, nachdem sie wesentliche Stakeholderinnen[13] der Entscheidung befragt hat. Der konsultative Einzelentscheid führt nicht immer zur bestmöglichen Entscheidung – dafür ist er aber sehr viel schneller. Und er ist bei Weitem nicht so schlecht, wie viele meinen. Insbesondere, wenn es um mutige Entscheidungen geht. Hier tendieren gerade Gremien dazu, ein Ergebnis zu produzieren, das eher der kleinste gemeinsame Nenner ist – was selten Mut oder Innovation beinhaltet.[14]

---

12 Agile Methoden versuchen, diese Schnittstellen zu optimieren, indem zum Beispiel alle Personen, deren fachliche KOMPETENZ für die Umsetzung eines Projekts/die Gestaltung eines Produkts nötig ist, in einem Team zusammenkommen.

13 In diesem Buch verwende ich den Begriff »Stakeholderin« wie folgt: jede Person, die ein Interesse am Ergebnis der Arbeit hat. In vielen deutschen Unternehmen wird der Begriff nahezu ausschließlich für das obere Management genutzt – dabei war er nie so gemeint.

14 Interessanterweise gehen viele Unternehmen, welche die SELBSTBESTIMMUNG der Mitarbeitenden fördern wollen, einen Weg, der eher demokratisch ist und den Mitarbeitenden erlaubt, in Gruppen per Konsens zu entscheiden. Hier werden auch kleine Entscheidungen in Meetings in die Gruppe getragen und (oft langwierig) diskutiert. Ich halte das für keine gute Idee, da auch hier weder mutige noch schnelle Entscheidungen getroffen werden. Ich bevorzuge das Vorgehen der Soziokratie und der Holakratie (»Organisation in Kreisstrukturen und Zellen« in Kapitel 8.4), wo die Gruppe Entscheidungsrechte oder -rollen an Einzelne vergibt (und diese wieder nehmen kann), aber die operativen Entscheidungen von Einzelpersonen getroffen werden, die das entsprechende Entscheidungsrecht innehaben.

Ein anpassungsfähiges Unternehmen, das schnell reagieren will, benötigt mehr mutige und schnelle Einzelentscheidungen von Mitarbeitenden. Oder anders gesagt: SELBSTBESTIMMUNG. Das Ziel muss es sein, dass Mitarbeitende eigenständig Entscheidungen treffen können, sollen und wollen. Dafür musst du ihnen zunächst Verantwortung übertragen.

Beispiel: Wenn durch Abwesenheit der Chefin alles besser wird

Insa Klasing beschreibt in ihrem Buch »Der 2-Stunden-Chef«, wie sie durch eine persönliche Krise die transformative Kraft von SELBSTBESTIMMUNG bei Mitarbeitenden entdeckte. Nach einem Reitunfall, bei dem sie sich beide Arme schwer verletzte, war die multinationale Geschäftsführerin bei KFC für mehrere Monate auf Reha und konnte nur zwei Stunden pro Tag ihre Führungsaufgabe wahrnehmen. Statt aber Chaos oder Stillstand des Betriebs zu erleben, erkannte sie, dass ihr Team bereitwillig Verantwortung übernahm, Innovationen vorantrieb und erfolgreicher war, als wenn sie ständig präsent wäre. Und sie lernte, dass sie vorher zwar Aufgaben delegiert, Verantwortung aber nicht wirklich abgegeben hatte. Ihre Erkenntnis: »Auch vor meinem Unfall führte ich schon sehr ›kooperativ‹ und delegierte viele Aufgaben. Mehr ging nicht, so dachte ich damals. [...] [Aber] auch das oft gepredigte und ohnehin meist nur halbherzig umgesetzte Paradigma ›kooperativer Führung‹ mit seinen Zahlenzielen, wöchentlichen Abteilungsmeetings und regelmäßigen Zielkontrollen basiert letzten Endes immer noch auf Kontrolle und verhindert Autonomie.« (Klasing 2019).

Heute lehrt sie dieses Autonomieprinzip unter anderem über ihr Start-up TheNextWe.

2.1 Verantwortung übertragen heißt mehr als zu delegieren

Viele Führungskräfte **delegieren** Aufgaben an Mitarbeitende. Das bedeutet, dass sie spezifische Tätigkeiten übertragen, meist mit detaillierten Anweisungen, wie diese durchzuführen sind. Das ist kein selbstbestimmtes Arbeiten. In dieser Situation bleibt die Führungskraft verantwortlich für das Endergebnis – insbesondere im Kopf der Mitarbeitenden, die diese Aufgaben durchführen. Ob diese Aufgaben zum Erfolg führen oder ob sie einfach abgehakt werden, ist vielen Mitarbeitenden dabei egal.

Es ist, als würden wir einer Mitarbeiterin einen Bogen in die Hand drücken und sagen, »schieße zehn Pfeile in genau diese Richtung«. Sobald aber jemand das Ziel versetzt, gehen alle Schüsse ins Leere. Die Mitarbeiterin ist dennoch völlig zufrieden, ihre zehn Schüsse abgegeben zu haben.

Verantwortung zu übergeben, heißt, dass wir einer Mitarbeiterin einen Aufgabenbereich übertragen, für den nun sie selbst Antworten finden muss. Sie darf eigene Entscheidungen treffen, muss sich aber auch selbstständig Gedanken machen, welche Entscheidungen es überhaupt braucht. Mit anderen Worten, sie soll das Ziel treffen – und wenn jemand die Zielscheibe verstellt, soll sie sich umdrehen und sie erneut anvisieren. Stellt jemand ein Brett davor, soll sie es entfernen. Versteckt jemand die Zielscheibe, muss sie diese suchen.

Aus der Kontrolle des Managements und der Bestrafung von Verhalten außerhalb der Vorgaben wird so eine Beteiligung durch Mitarbeitende.

Beispiel: Beteiligung bei der Fehlersuche

Während einer Übung auf dem Navy-U-Boot Santa Fe unter der Führung von Kapitän David Marquet meldete der Sonarraum »lautes Geräusch aus dem eigenen Schiff« – ein verräterisches Geräusch üblicherweise verursacht durch zum Beispiel einen fallen gelassenen Schraubenschlüssel oder zu schnell geöffnete Luftventile. Da Geräusche unter Wasser weit tragen und die Schleichfahrt des U-Boots gefährden können, werden solche Ereignisse normalerweise an den Chief of Watch (COW) berichtet, der jeden Wachestehenden auf dem Schiff kontaktieren und nach der Ursache des Problems fahnden ließe. Klassisches Top-down-Management. Doch auf der Santa Fe wurde anders damit verfahren. Hier wurden die Wachestehenden zur »Selbstanzeige« gebeten – jede Person sollte bei Verursachung eines Geräuschs eine Meldung an den COW vornehmen, ohne Furcht vor einer Bestrafung. Nicht nur wurde dadurch Ownership auf allen Ebenen erzeugt, es wurden sogar Verstöße registriert, die das Sonar nicht bemerkt hatte, so jedoch analysiert und optimiert werden konnten. Das Schiff lief nach Einführung dieser Regel deutlich leiser als zuvor.

Verantwortung zu übernehmen hat immer ein starkes Element der **Freiwilligkeit**. Es ist schwer, Verantwortung einfach aufzudrücken. Die betroffene Person wird sich vermutlich nie völlig verantwortlich fühlen, sondern eher verpflichtet. Wer dagegen die Freiheit hat, ein freiwilliges Commitment einzugehen, wird ein echtes Gefühl von Verantwortung verspüren.

Beteilige deine Mitarbeitenden also stark an der Entscheidung, welche Verantwortung sie übernehmen – zum Beispiel mittels des SELBSTBESTIMMUNGs-Pokers (siehe Kapitel 2.6).

2.2 Das Problem der geliehenen SELBSTBESTIMMUNG

Die Übergabe von Verantwortung ist etwas Vollständiges.

Viele Führungskräfte, die ich erlebe, »verleihen« Verantwortung lediglich. Sie übertragen die Verantwortung an eine Mitarbeiterin – aber sobald diese etwas anders macht, als die Führungskraft das für richtig hält, greift sie ein. Das hat nichts mit echter SELBSTBESTIMMUNG zu tun. Und es verpflichtet schon gar nicht zur Übernahme von Verantwortung.

Selbstbestimmt zu arbeiten und Verantwortung zu übernehmen heißt, Entscheidungen nach dem eigenen Bewertungssystem treffen zu dürfen. Auch wenn diese Entscheidungen hin und wieder nicht dem Geschmack der Führungskraft entsprechen. Selbst wenn einige dieser Entscheidungen sich als falsch herausstellen. Wenn du hier zu früh eingreifst, hast du die Verantwortung schneller wieder auf dem Tisch, als du blinzeln kannst.

Wer meint, alles selbst entscheiden zu müssen, muss sich nicht wundern, wenn er am Ende tatsächlich alles selbst entscheiden muss.
Altes Business-Sprichwort

Was wir erreichen wollen, ist **Psychological Ownership** – das Bewusstsein, für eine Aufgabe so verantwortlich zu sein, dass die Mitarbeiterin sie ownt (besitzt), also sich wirklich verantwortlich fühlt. Und das geht nur, wenn sie sich selbst auch als »Owner« (Besitzerin) der dazu gehörenden Entscheidungsfreiheit sieht. Wenn du als Führungskraft verdeutlichst, dass es diese Entscheidungsfreiheit nicht gibt, dann wird es dir auch nicht gelingen, echtes Ownership seitens deiner Mitarbeitenden zu erreichen.

Denke über deine Mitarbeitenden, als seien sie an dieser Stelle externe Entrepreneurinnen, die dich in deiner Arbeit unterstützen. Auch mit diesen vereinbarst du Ziele, aber du steuerst nicht detailliert ihre Arbeit. Du nimmst an, dass sie die KOMPETENZ besitzen, ihre Arbeit erfolgreich abzuschließen. Alles andere ist für dich eine Blackbox, in die du nicht hineinschauen musst.

Wenn du jetzt befürchtest, dass deine Ziele ohne deinen korrigierenden Einfluss nicht erreicht werden, weil deine Mitarbeitenden falsch entscheiden oder auf andere Ziele hinsteuern, kann ich dich beruhigen – genau dafür sind die Säulen ALIGNMENT und TRANSPARENZ da.

2.3 Warum viele Empowerment-Programme keine SELBSTBESTIMMUNG erzeugen

In »Turn the Ship Around« (Marquet 2012) spricht Kapitän David Marquet darüber, warum seiner Ansicht nach so viele Empowerment-Programme der Navy fehlgeschlagen sind:

> *Das Problem mit Empowerment-Programmen ist, dass sie einen inhärenten Widerspruch zwischen der Botschaft und der Methode enthalten. Während die Botschaft ›Empowerment‹ lautet, entmachtet die Methode – es braucht mich, um dich zu befähigen – die Mitarbeiter grundlegend.*
>
> David Marquet

Um funktionierende SELBSTORGANISATION zu erreichen, müssen wir SELBSTBESTIMMUNG gewähren, nicht auferlegen. Nicht jede Person will autonom arbeiten. Es gibt Menschen, die fühlen sich aus verschiedenen Gründen sehr wohl damit, wenn ihre Arbeit en détail vorgeschrieben wird. (Methoden zu den Säulen MOTIVATION, Kapitel 5, und VERTRAUEN, Kapitel 7, können hier jedoch auf Dauer eine große Veränderung bewirken.)

SELBSTBESTIMMUNG anzuordnen, würde genau das falsche Signal senden, wie Marquet zu Recht schreibt. Was wir wollen, ist, SELBSTBESTIMMUNG zu ermöglichen und dazu zu ermuntern, Verantwortung zu übernehmen. Autonom zu entscheiden, bedeutet auch, die Freiheit zu haben, SELBSTBESTIMMUNG abzulehnen.

Die Botschaft muss von Beginn an sein, dass du deinen Mitarbeitenden größere Entscheidungsfreiheiten einräumst und sie darin unterstützt, Verantwortung zu übernehmen. Dass du ihnen die Möglichkeit gibst, sich zu empowern. Das allerdings kannst du nicht für sie tun. Das müssen sie selbst tun (wollen).

2.4 SELBSTBESTIMMUNG steigert die Wertschöpfung

Zur Zeit Frederick Winslow Taylors (1856–1915) war die Aufgabe von Führung oftmals, die Prozesse von Mitarbeitenden (zum Beispiel am Fließband) zu beobachten und zu optimieren. Stelle dir dafür vor, dass du mit der Stoppuhr neben einer Mitarbeiterin stehst und misst, wie viele Teile sie in zehn Minuten zusammenbaut – um dann zu vergleichen, ob ihre Nachbarin schneller oder langsamer ist und was genau sie anders macht. Basierend darauf entwickelst du die optimalen Handgriffe und bringst sie jeder aus deinem Team bei. Es wundert wenig, dass diese Form von Management annimmt, dass die Führungskraft ein besseres Verständnis von den Arbeitsprozessen hat als die Mitarbeitenden. Aufgrund des geradezu wissenschaftlichen Vorgehens war das oftmals der Fall.

Unsere heutige Arbeitswelt ist anders. Vor allem verändert sie sich deutlich schneller. Eine Führungskraft Mitte 50 hat in der Regel deutlich weniger Verständnis von aktuellen Trends auf TikTok oder Instagram als 20-jährige Arbeitskräfte, die mit Social Media aufgewachsen sind. Die Führungskraft als Person einzusetzen, die in dieser Abteilung jede wichtige Entscheidung zum Social-Media-Marketing trifft, ist naiv.

Da die Welt sich immer schneller wandelt, kommen wir auch immer schneller an den Punkt, an dem Führungskräfte, die auf ihre Erfahrung als frühere Fachkraft setzen, nicht mehr die Richtigen für jede Entscheidung sind. Ja, gerade strategische Entscheidungen benötigen den Weitblick und das Wissen, das oftmals nur du als Führungskraft im Unternehmen hast, da du in strategische Besprechungen eingebunden bist. Aber die täglichen Entscheidungen im Operativen sind etwas anderes.

SELBSTORGANISATION baut darauf, dass Entscheidungen dort getroffen werden, wo die meisten Informationen darüber vorliegen. Ganz nach David Marquets Motto: »Bewege nicht Informationen zur Autorität, sondern bewege Autorität zur Information!« (Marquet 2012) Und das bedeutet, dass oftmals diejenigen, die die Arbeit erledigen, am besten wissen, wie diese Arbeit auszuführen ist. Mindestens aber, dass sie am besten wissen, wie sie diese Arbeit ausführen wollen. Zusammen mit der Säule TRANSPARENZ (Kapitel 4), durch die sie möglichst messbar Feedback bekommen, sind sie mittels ihrer KOMPETENZ (Kapitel 6) in der Lage, die eigene Arbeit zu optimieren. Oftmals sind die so getroffenen Entscheidungen schneller und besser als die, die eine Führungskraft an ihrer Stelle getroffen hätte – was die Wertschöpfung gleich auf zwei Ebenen erhöht. Denn auch hier zählt, dass schnellere Entscheidungen die Opportunitätskosten verringern.

SELBSTBESTIMMUNG bei Zappos

Das Kundenserviceteam des amerikanischen Schuhversands Zappos.com ist regelmäßig unter den Top Ten der kundenfreundlichsten Unternehmen in den USA (Brady 2009). Der Weg, den es dabei geht, unterscheidet sich sehr von dem anderer Hotlines. Zappos überwacht keine Kundinnengespräche und erlaubt den Mitarbeitenden, Gespräche so zu führen, wie sie wollen, anstatt standardisierten Gesprächsleitfäden zu folgen. Sie dürfen im Büro arbeiten oder von zu Hause aus. Die Aufgabe ist klar: die Kundinnen zufriedenstellen. Der Weg dorthin bleibt den Mitarbeitenden überlassen. Das macht sich für das Unternehmen bezahlt: Die Personalfluktuation ist gering, das Feedback der Kundinnen hervorragend (Pink 2020).

2.5 Reflexion

- Wie selbstbestimmt warst du in deiner früheren Arbeit als Fachkraft? Was hat das mit dir gemacht?
- Wie selbstbestimmt sind deine Mitarbeitenden?
- Haben deine Mitarbeitenden die Eigeninitiative, eine Anweisung von dir nicht umzusetzen, wenn sie darin ein Risiko erkennen? Oder folgen sie dir blind?
- Mit welchem Verhalten unterstützt du SELBSTBESTIMMUNG in deinem Team/Unternehmen?
- Vertraust du deinen Mitarbeitenden fachlich und moralisch?
- Siehst du dich als hervorragende Fachkraft oder als Führungskraft hervorragender Fachkräfte?
- Gibt es Gründe, weshalb du meinst, die kompetenteste Fachkraft in deinem Team sein zu müssen?
- Gibt es Prozesse oder Regeln, welche die SELBSTBESTIMMUNG der Mitarbeitenden (unnötig) einschränken?
- Sind Verantwortungsbereiche eindeutig definiert, sodass auch die Grenzen der SELBSTBESTIMMUNG klar sind?
- Welche Aufgabenbereiche setzen voraus, dass du die Entscheidungsgewalt behältst?
- Gibst du Verantwortung wirklich ab oder verleihst du sie nur?
- Gibst du Richtungen vor oder konkrete Handlungen?
- Wenn du mit Mitarbeitenden sprichst, redest du viel oder hörst du mehr zu?
- Wie reagierst du auf Fehler deiner Mitarbeitenden? Spürst du den Impuls einzugreifen? Woher kommt er?
- Wie erleben es deine Mitarbeitenden, wenn sie Verantwortung übernehmen und ihnen Fehler passieren? Fühlen sie sich bestraft?
- Mit welchem Verhalten verhinderst du unbewusst SELBSTBESTIMMUNG in deinem Team/Unternehmen? Welche Angst oder schlechte Gewohnheit steckt hinter diesem Verhalten?

2.6 Methoden für SELBSTBESTIMMUNG

SELBSTORGANISATION nach dem Fünf-Säulen-Modell zu fördern, heißt, die einzelnen Säulen (oder das Fundament) zu stärken. Hier findest du konkrete Anregungen, wie du das im Bereich der SELBSTBESTIMMUNG tun kannst. Bitte beachte dabei, dass ich das Säulenmodell aus einem guten Grund gewählt habe: Unterschiedlich hohe Säulen ergeben ein schiefes Dach. An welcher Säule du arbeitest, sollte stark davon abhängen, welche aktuell die niedrigste ist. Wenn das für dich die Säule der SELBSTBESTIMMUNG ist, werden dir die hier vorgestellten Methoden helfen.

Die Idee ist nicht, alle Methoden in deinem Unternehmen einzuführen. Sie sind ein Baukasten, an dem du und deine Mitarbeitenden euch bedienen könnt. Vielleicht reicht es, zunächst eine dieser Methoden in eure Arbeit zu integrieren, um die SELBSTBESTIMMUNGs-Säule ein Stück höher zu bauen. Um euch dann mit einer anderen Säule zu beschäftigen.

Wenn ihr Methoden aus diesem Kapitel einführt, tut es in Form eines Experiments. Zum einen ist dann allen klar, dass die Veränderung nur bleibt, wenn sie funktioniert. Das macht es Skeptikerinnen leichter, sie zu akzeptieren, und erlaubt euch, gesichtswahrend einen Rückzieher zu machen, wenn die Veränderung nichts bringt. Zum anderen macht es direkt zu Beginn deutlich, dass ihr ein Beurteilungskriterium braucht, anhand dessen ihr erkennt, ob das Experiment gelingt oder nicht. Das ist eine wichtige Diskussion zu Beginn einer Veränderung (siehe auch Kapitel 4, »TRANSPARENZ«).

SELBSTBESTIMMUNGs-Audit

In »Drive – Was Sie wirklich motiviert« (Pink 2020) schlägt Autor Daniel H. Pink ein **SELBSTBESTIMMUNGs-Audit** vor, um herauszufinden, wie selbstbestimmt Mitarbeitende bei ihrer Arbeit sind. Dazu sollen diese in einer anonymen Umfrage auf einer Skala von 0 (»fast keine«) bis 10 (»sehr viel«) folgende Fragen bewerten:

- Wie viel SELBSTBESTIMMUNG haben Sie im Beruf über Ihre Tätigkeit – in Ihrem Hauptzuständigkeitsbereich und bei dem, was Sie an einem bestimmten Tag tun?
- Wie viel SELBSTBESTIMMUNG haben Sie über Ihre Zeit – zum Beispiel wann Sie ins Büro kommen, wann Sie es verlassen und wie Sie die Stunden pro Tag aufteilen?
- Wie viel SELBSTBESTIMMUNG haben Sie über Ihr Team – das heißt, inwieweit können Sie sich Menschen aussuchen, mit denen Sie zusammenarbeiten?
- Wie viel SELBSTBESTIMMUNG haben Sie über Ihre Arbeitstechnik – also wie Sie die Hauptaufgaben in Ihrem Job erfüllen?

Für die Auswertung sind beispielsweise folgende Fragen interessant:

- Weicht einer der vier Faktoren stark von den anderen ab?
- Gibt es Bereiche/Personen mit besonders hohen/niedrigen Werten?
- Deckt sich das Bild aus der Umfrage mit der Einschätzung der Führungskräfte?
- Wo liegen Soll und Ist besonders weit auseinander?

SELBSTBESTIMMUNGs-Workshop

SELBSTBESTIMMUNG sollte, so der Begriff, nicht fremdbestimmt vergeben werden – da würde schon das Prinzip nicht stimmen. Wenn Führungskräfte anderen Menschen Verantwortung aufdrücken, führt das nicht automatisch dazu, dass diese Verantwortung mental übernommen wird. Stattdessen möchtest du herausfinden, wo Mitarbeitende ihrerseits Potenzial sehen, Verantwortung zu übernehmen.

Dazu kannst du einen Workshop veranstalten, in dem du die Teilnehmenden bittest, jeweils Karten mit folgendem Text auszufüllen: »Unsere Firma (Unser Team/Unsere Organisation/...) würde besser funktionieren, wenn [*Person/Abteilung/...*] die Entscheidungen bezüglich [*Thema*] selbst treffen könnte.« Anschließend entscheidet und priorisiert ihr gemeinsam, welche Verantwortungsbereiche ihr übergeben wollt – möglicherweise in langsamen Schritten mithilfe des SELBSTBESTIMMUNGs-Pokers. Am besten trefft ihr diese gemeinsame Entscheidung im Konsent (Kapitel »Entscheidungen im Konsent treffen«) – dann wird sichergestellt, dass alle damit einverstanden sind. Wenn ihr die Verantwortungsbereiche genauer aufschlüsseln wollt – zum Beispiel danach, wer Input gibt, wer wichtige Entscheidungen trifft und wer ein Veto einlegen darf –, kann euch die RAPID-Formel (siehe weiter unten) helfen.

SELBSTBESTIMMUNGs-Poker

SELBSTBESTIMMUNG sollte schrittweise gewährt und nicht spontan übertragen werden. Es ist eine langsame Entwicklung, die die Wünsche der Mitarbeitenden berücksichtigen muss. Ein sehr gutes Tool dafür ist der von Jurgen Appelo entwickelte **Delegation Poker**[15] (Appelo 2016), für das ich den Namen SELBSTBESTIMMUNGs-Poker bevorzuge. Du spielst es mit deinen Mitarbeitenden, um die SELBSTBESTIMMUNGs-Level bezüglich bestimmter Aufgabenbereiche festzulegen. Ähnlich wie beim Planning Poker[16] legt ihr zunächst individuell euer Wunschlevel an SELBSTBESTIMMUNG fest, indem ihr eine von sieben Handkarten (siehe unten) verdeckt auf den Tisch legt und diese erst abgleicht, wenn alle gewählt haben. Nach dem Abgleich sprecht ihr über Abweichungen, wie diese zustande kommen und welches Level ihr letztlich vereinbaren wollt. Die Level haltet ihr (z. B. in einer Excel-Tabelle) fest und vereinbart, in regelmäßigen Abständen Updates vorzunehmen. Am besten spielt ihr für jeden Verantwortungsbereich zwei Runden: eine, um das von euch bevorzugte aktuelle Level zu setzen, und eine weitere, um das zukünftig angestrebte Level zu einem vereinbarten Zeitpunkt (z. B. in einem halben Jahr) festzulegen.

15 Wie in Kapitel 2.1 bereits angemerkt, spreche ich im Kontext von SELBSTORGANISATION lieber von SELBSTBESTIMMUNG als von Delegation, da bei Letzterer Verantwortung weitestgehend bei der Führungskraft bleibt, weshalb ich auch den Namen des Kartenspiels abgeändert habe.

16 Planning Poker ist ein Schätzverfahren aus der agilen Softwareentwicklung, mit dem ein Team gemeinsam entscheidet, wie viel Aufwand ein bestimmtes Feature erzeugen wird. Auch hier nimmt jede Teilnehmerin zunächst verdeckt die eigene Schätzung vor, bevor in der Gruppe abgeglichen und diskutiert wird.

Die einzelnen Level des Originals von Appelo sind:

1. **Tell**: Du als Führungskraft triffst die Entscheidung und gibst sie an deine Mitarbeitenden weiter.
2. **Sell**: Du als Führungskraft triffst die Entscheidung und argumentierst sie gegenüber deinen Mitarbeitenden.
3. **Consult**: Du als Führungskraft befragst deine Mitarbeitenden und entscheidest dann.
4. **Agree**: Ihr entscheidet gemeinsam, wobei ihr vorher ein Abstimmungssystem (z. B. Mehrheit, Konsens, Konsent …) festlegt.
5. **Advise**: Du als Führungskraft teilst deine Meinung mit, lässt aber die Mitarbeitenden entscheiden.
6. **Inquire**: Deine Mitarbeitenden entscheiden eigenständig, du fragst in regelmäßigen Abständen nach einem Stand.
7. **Delegate**: Die Entscheidungsmacht wird vollständig an die Mitarbeitenden übertragen.[17]

Der Delegation/SELBSTBESTIMMUNGs-Poker bringt TRANSPARENZ in die Entscheidungsfreiheit der Mitarbeitenden. Das mittelfristige Ziel sollte sein, dass die meisten Aufgabengebiete sich Stück für Stück in Richtung des höchsten Levels bewegen, damit deine Mitarbeitenden autonom arbeiten können. Über diesen Zeitraum hinweg baut ihr nach und nach die dafür nötigen übrigen vier Säulen auf. Entsprechende Kartensets sind über die Website von Management 3.0[18] erwerblich.

Kontrollfrequenz verringern

Eine Möglichkeit, SELBSTBESTIMMUNG sukzessive zu gewähren, ist der beschriebene Ansatz des SELBSTBESTIMMUNGs-Pokers. Du erweiterst nach und nach den Kreis der Entscheidungsfreiheit. Und es gibt eine weitere Dimension, die du schrittweise verändern kannst: die Frequenz der Kontrolle.

Für einige wesentliche Aufgabenbereiche, die bereits an einem hohen Übertragungslevel angekommen sind, werdet ihr vermutlich ein regelmäßiges Meeting vereinbaren, in dem ihr über die weitere Planung und die bisherigen Ergebnisse sprecht. Hier kannst du die Meetingfrequenz schrittweise reduzieren, sodass deine Mitarbeitenden über längere Zeit hinweg selbstständig agieren. Sie gewöhnen sich daran, eigene Entscheidungen zu treffen, und übernehmen die Verantwortung (nahezu) vollständig.

17 Falls du ein eigenes Kartenspiel bastelst, wähle für die Karte »delegate« gern einen anderen Titel, zum Beispiel »autonomous« oder »be responsible«, da – wie in Kapitel 2.1 diskutiert – unter SELBSTBESTIMMUNG/Autonomie etwas anderes gemeint ist als delegieren.

18 https://management30.com/practice/delegation-poker/ (Abrufdatum: 19.02.2025).

Achte allerdings darauf, dass dies nicht dazu führt, dass Entscheidungen aufgeschoben werden, weil du durch die niedrige Meetingfrequenz nicht zur Verfügung stehst. Diese Methode funktioniert nur, wenn Mitarbeitende in deiner Abwesenheit eigenständig entscheiden können.

Fragen statt Anweisungen – der Coaching-Ansatz

Solange das Level an SELBSTORGANISATION in deinem Unternehmen gering ist, werden immer wieder Mitarbeitende zu dir kommen und dich um Entscheidungen oder Problemlösungen bitten. Die Versuchung ist groß, deinen Erfahrungsvorsprung zu nutzen, um schnell eine Antwort zu geben. Das fühlt sich gut an (Dopaminschub durch gelöstes Problem) und spart dir und deinen Mitarbeitenden kurzfristig Zeit. Was es aber nicht tut, ist, ihre Fähigkeiten zur SELBSTORGANISATION langfristig zu fördern.

Statt dich selbst in die Rolle der Fachkraft zu stellen, lade ich dich ein, in dieser Situation die Rolle der Coachin zu übernehmen. Stelle Reflexionsfragen, die dein Gegenüber in seiner eigenen Problemlösung oder Entscheidung weiterbringen.

- Was waren deine ersten Gedanken zu Thema XY?
- Kennst du jemanden, der schon einmal mit diesem Thema zu tun und es gelöst hatte?
- Wer in deinem Unternehmen könnte wichtige Informationen haben, die dich dem Ergebnis näherbringen?
- Hast du folgende Punkte (hier Erfahrungswissen einsetzen) schon durchdacht? Zu welchem Ergebnis bist du gekommen?
- Was sind die wichtigsten Ziele, die du mit dieser Entscheidung erreichen möchtest?
- Welche Hindernisse oder Herausforderungen können auftreten und wie könntest du sie überwinden?
- Gibt es alternative Lösungsansätze, die du in Betracht ziehen kannst?
- Was sind deine nächsten konkreten Schritte, um voranzukommen?
- Wie kannst du den Fortschritt messen und sicherstellen, dass du auf dem richtigen Weg bist?
- Wie kannst du sicherstellen, dass du alle relevanten Perspektiven berücksichtigst?

Alternativ kannst du in die Rolle der Lehrerin oder Mentorin wechseln und mit deinem Gegenüber teilen, welche mentalen Modelle[19] dich zu einer Entscheidung führen würden. So überträgst du bei jeder Gelegenheit ein klein wenig von deiner KOMPETENZ im Denken und Analysieren auf die Mitarbeitenden.

---

19 Nach Peter Senge (2006) sind mentale Modelle tief verwurzelte Annahmen, Generalisierungen oder Bilder, die unser Denken und Handeln beeinflussen. Sie helfen uns, die Welt zu verstehen und zu interpretieren. Beispiele sind »Kooperation führt zu besseren Ergebnissen« oder »Eine Marke braucht sieben Kontaktpunkte mit einer Kundin, bis diese eine Kaufentscheidung trifft«.

Wenn du für beides keine Zeit hast, weil die Entscheidung schnell getroffen werden muss, triff sie – aber analysiere sie später mit deinen Mitarbeitenden, um einen Lerneffekt zu bewirken.

Eine mögliche Steigerung dieses Prinzips ist das Vorgehen, das ein Chef eines heute 500 Personen großen IT-Hauses zeigte. Wenn Mitarbeitende ihm ein Problem brachten, fragte er als Erstes nach ihren Lösungsoptionen. Hatten sie keine vorbereitet, schickte er sie freundlich, aber bestimmt aus dem Büro und bat sie, sich Gedanken zu machen. Er würde gern bei der Entscheidung helfen, aber ihre Probleme nicht für sie lösen wollen.

Meine Challenge an dich

Achte in der kommenden Woche darauf, wann Mitarbeitende Entscheidungen an dich zurückdelegieren. Unterscheide dann zwischen Entscheidungen, die du deiner Rolle wegen treffen musst, und Entscheidungen, die in die Hände deiner Mitarbeitenden gehören. Bei Letzteren sieh von einer Entscheidung ab und stelle stattdessen Fragen (oder vermittle Wissen), sodass die Mitarbeitenden die Entscheidung selbst treffen.

Die RAPID-Formel

In ihrem Artikel »Who Has the D?: How Clear Decision Roles Enhance Organizational Performance« (Rogers und Blenko 2006) betrachten Paul Rogers und Marcia W. Blenko, wie Entscheidungen in einem Unternehmen getroffen werden und wer daran beteiligt ist. Sie sehen die Fähigkeit, gute Entscheidungen schnell zu treffen, als Kennzeichen hochleistender Unternehmen an. Dazu gehört auch eine klare Verantwortung für diese Entscheidungen, um Verwirrung während der Entscheidungsfindung zu vermeiden. Sie schlagen ein Vorgehen nach der **RAPID-Formel** vor, die fünf Rollen mit unterschiedlichen Verantwortungen rund um das Thema Entscheidungsfindung definiert[20]: **R**ecommend, **A**gree, **P**erform, **I**nput und **D**ecide.

- **Recommend**: die Personen, die nach einer Analyse der Situation eine bestimmte Handlungsweise und mögliche Alternativen entwickeln und vorschlagen.
- **Agree**: die Personen, welche den Vorschlag mit einem Veto ablehnen können. Rogers und Blenko schlagen vor, dass diese Personen im Fall eines Vetos mit einem Recommender neue Alternativen ausarbeiten oder zum Decider eskalieren. Klassische Beispiele sind Abteilungen wie Compliance oder Datenschutz.
- **Perform**: Eine Entscheidung muss umgesetzt werden, weshalb es Personen braucht, die damit beauftragt und daran gemessen werden.

20 Wie immer bei Rollen kann eine Person mehrere Rollen innehaben. Ebenso können mehrere Personen dieselbe Rolle besetzen – mit Ausnahme der Decide-Rolle.

- **Input**: Personen, die Informationen zur Entscheidung beisteuern und gegebenenfalls die Vorschläge beurteilen. Die Recommender sind angehalten, diesen Input zu berücksichtigen, haben aber auch die Freiheit, ihn zu ignorieren.
- **Decide**: Rogers und Blenko empfehlen, dass es am Ende eine Person gibt, die die Entscheidungsverantwortung trägt.

RAPID ist dazu gedacht, Entscheidungsprozesse eindeutig und transparent festzulegen, sodass jede beteiligte Person weiß, wer welchen Anteil an der Entscheidung hat, um Ambiguität zu vermeiden. Nichts frustriert Mitarbeitende mehr, als gesagt zu bekommen, dass sie Verantwortung übernehmen sollen, dann aber doch durch Personen im Unternehmen eingeschränkt werden, die ihre Entscheidungen überschreiben. RAPID kann dem einen formalen, endgültigen Rahmen geben.

Dieser formale Rahmen kann besonders nötig sein, wenn sich Entscheidungsprozesse im Fluss befinden – zum Beispiel während einer Transformation hin zu SELBSTORGANISATION. RAPID macht klar, wer wann an welcher Entscheidung zu beteiligen ist und wie ihre Rolle dabei aussieht.

Wenn du SELBSTORGANISATION in deinem Unternehmen steigern möchtest, kann eine eindeutige Klärung der RAPID-Rollen für wichtige Entscheidungen helfen, Verantwortung transparent und schrittweise an Mitarbeitende zu übergeben. Du kannst zum Beispiel die Entscheiderinnen-Rolle an Mitarbeitende abgeben und selbst die Agree- oder Input-Rolle übernehmen.

Überlasse deinen Mitarbeitenden die Initiative

Der U-Boot-Kapitän David Marquet beschreibt in »Turn This Ship Around« (Marquet 2012), wie er auf der Santa Fe eine wesentliche Veränderung eingeführt hat. In der Navy war es üblich, dass der Kapitän Befehle gibt, zum Beispiel zum Ab- oder Auftauchen oder für die Bewegung in andere Gewässerzonen. Marquet wollte aber aus der Leader-Follower-Struktur des Militärs eine Leader-Leader-Struktur machen – mit Leadership auf allen Ebenen. Seine Idee: Diese Struktur würde für bessere Entscheidungen sorgen, da Crew-Mitglieder nicht bloße Befehlsempfänger sind, sondern aktiv mitdenken und -entscheiden.

Dafür musste er von der Vergabe von Befehlen, die stumpf befolgt werden, Abstand nehmen. Er forderte seine Crew auf, dass sie seine groben Aufträge (»Wir werden versuchen, dem feindlichen Boot unauffällig zu folgen«) mit Tasks ergänzen, die sie durchzuführen gedenken. Er nannte diese »Absichten«. Absichten waren laut auf der Brücke zu vermelden (»Kapitän, ich beabsichtige, das U-Boot auf eine Tiefe von X Fuß hinabzubringen«) und vom Kapitän noch einmal zu bestätigen. Der Kapitän konnte die

Absichten hinterfragen und verändern, aber die Initiative ging vom Crewmitglied aus. Die Formulierung wurde bewusst so gewählt, dass nicht nach einer Erlaubnis gefragt, sondern eine klare Handlungsintention vorgetragen wurde – so fühlte sich das Crewmitglied verantwortlich.

Dasselbe Prinzip kannst du in deinem Unternehmen nutzen. Anstatt die Fäden in der Hand zu halten und deine Mitarbeitenden anzuweisen, lasse sie ihrerseits Vorschläge erarbeiten, die du dann mit ihnen besprichst. Mache sie verantwortlich dafür, ihre eigene Absicht zu finden und mit dir zu klären – am besten mit der Formulierung »Was beabsichtigst du zu tun?«. Wenn Probleme entstehen, mache deine Mitarbeitenden darauf aufmerksam, aber vergib keine Aufträge. Nach einer gewissen Gewöhnungszeit werden deine Mitarbeitenden ein deutlich höheres Verantwortungsgefühl für ihre Aufgaben entwickeln. Da du an der finalen Entscheidung beteiligt bist, kann nichts über deinen Kopf entschieden werden.

Achte allerdings darauf, dass du für deine Mitarbeitenden regelmäßig erreichbar bist – ansonsten wirst du schnell zum Engpass deines Teams.

Entscheidungen im Konsent treffen

Vielleicht willst oder kannst du einige Entscheidungen (noch) nicht völlig in die Hände deiner Mitarbeitenden geben. Selbst dann kannst du sie aber an den Entscheidungen beteiligen.

Viele Führungskräfte streben dann einen **Konsens** an – einen Entscheidungsfindungsprozess, bei dem alle Beteiligten versuchen, eine Übereinstimmung zu erzielen. Das bedeutet, dass die Gruppe so lange diskutiert, bis alle Mitglieder der Gruppe die Entscheidung aktiv unterstützen und sich mit ihr einverstanden erklären. Vielleicht hast du das selbst schon erlebt: Das kann dauern.

Viele Gruppen neigen auf der Suche nach einem Konsens zu langen Debatten, weil Einzelne so lange die Vorschläge kritisieren, bis sie perfekt passen. Bei sehr diversen Meinungen kann das dazu führen, dass Vorschläge verwässert werden, bis ein kleinster gemeinsamer Nenner übrig bleibt – ein fauler Kompromiss, der deutlich weniger Wirkung hat als der ursprüngliche Vorschlag.

Konsens wird in vielen harmonieorientierten Gruppen als die höchste Form der Einigung angesehen, da er vermeintlich sicherstellt, dass alle Meinungen und Bedenken berücksichtigt werden und die Entscheidung von allen getragen wird. Und ja, das kann zu einer stärkeren Bindung und einem höheren Engagement der Gruppenmitglieder führen – allerdings auch zu langen Diskursen, an deren Ende entweder der Vorschlag abgeschwächt wird oder eine Seite aufgibt und den Vorschlag durchwinkt, obwohl sie selbst nicht überzeugt ist.

Ich favorisiere zur Entscheidungsfindung in einer Gruppe den **Konsent**: Keine der Beteiligten widerspricht einer Entscheidung aktiv. Das bedeutet, dass ein zuvor geäußerter Vorschlag als angenommen gilt, solange niemand ernsthafte Einwände hat, die nicht aufgelöst werden können. Im Gegensatz zum Konsens müssen nicht alle Mitglieder der Gruppe die Entscheidung aktiv unterstützen oder begeistert davon sein. Es reicht aus, dass sie die Entscheidung akzeptieren und nicht dagegen sind.

Ein Konsent ist somit häufig effizienter und wird schneller erreicht als ein Konsens. Dies kann besonders in größeren Gruppen oder bei zeitkritischen Entscheidungen von Vorteil sein, fördert aber vor allem auch mutige Entscheidungen, die nur von einem Teil der Gruppe getragen werden.

Du als Führungskraft kannst den Konsent sehr gut nutzen, um wichtige Entscheidungen gemeinsam mit deinen Mitarbeitenden zu treffen. Du musst keine Sorge haben, dass Entscheidungen gegen deinen Willen getroffen werden – denn durch deine Fähigkeit, einen Vorschlag aufgrund eines ernsthaften Einwands aufzuhalten, kann die Gruppe nicht gegen deine Interessen entscheiden. Ebenso wenig kannst du gegen die Interessen deiner Mitarbeitenden entscheiden – was diesen Verantwortung für die gemeinsame Entscheidung überträgt und damit ein guter Schritt in Richtung SELBST-ORGANISATION ist.

Da Konsent-Entscheidungen einen aktiven Vorschlag benötigen, solltet ihr festlegen, wer diese Vorschläge liefert. Das kannst du als Führungskraft sein. Ich empfehle allerdings eine neutrale Moderation, die in der Begleitung von Konsent-Entscheidungen geschult ist.[21]

Soziokratie/Holakratie

Auf Basis des Konsent kannst du auch eine ganze Abteilung oder Unternehmen strukturieren. Genau das machen **Soziokratie** und **Holakratie**, zwei Organisationsformen, die auf hierarchisch gestaffelten Gruppen (»Kreisen«) basieren, innerhalb derer Entscheidungen im Konsent getroffen werden. Als eine Art Betriebssystem für das Unternehmen gedacht, ermöglichen Holakratie und Soziokratie ein hohes Maß an Selbstorganisation. Sie unterscheiden sich vor allem in Details wie vorgeschriebenen Meetingstrukturen.

---

21 Solche Schulungen bietet zum Beispiel das Soziokratie Zentrum Deutschland (https://soziokratiezentrum.de/, Abrufdatum: 26.02.2025) an.

Gruppen, die Entscheidungen im Konsent treffen? Vielleicht klingt das für dich nach besagten langwierigen Diskussionen. In der Realität sind die Kreise ein sehr effizientes System zur Steuerung einer Organisation mit wenig Gruppendiskussion – denn jeder Kreis vergibt klare Rollen, die jeweils ihre Rechte und Pflichten haben. Tägliche Entscheidungen werden selten vom Kreis, sondern meist von einer mit entsprechenden Rechten ausgestatteten Rolle getroffen. Die klare Verantwortung hilft, Mitarbeitende selbstbestimmt arbeiten zu lassen. Das Gesamtsystem ist zwar klar hierarchisch gegliedert, bietet aber viel Platz für SELBSTORGANISATION.

Wenn du mehr darüber erfahren möchtest, empfehle ich dir das Buch »Soziokratie: Kreisstrukturen als Organisationsprinzip zur Stärkung der Mitverantwortung des Einzelnen« (Strauch und Reijmer 2018).

3 ALIGNMENT

Das Ziel von SELBSTORGANISATION ist, dass Mitarbeitende in der Lage sind, autonom wertschöpfend zu arbeiten. Das darf aber nicht allein mit dem Aufbau der SELBSTBESTIMMUNG beginnen – auch wenn viele Organisationsentwicklungsprogramme in Unternehmen so ansetzen. Ja, SELBSTBESTIMMUNG ist eine der wichtigsten Säulen von SELBSTORGANISATION. Aber sie ist auch sehr instabil und muss von anderen Säulen gestützt werden – insbesondere von der ALIGNMENT-Säule.

Auf den Punkt

ALIGNMENT im Kontext eines Unternehmens bezeichnet die Ausrichtung von Zielen, Werten und Aktivitäten innerhalb der Organisation oder eines Teams, um sicherzustellen, dass alle Beteiligten in dieselbe Richtung gehen und gemeinsam auf ein übergeordnetes Ziel hinarbeiten. Ohne ALIGNMENT verläuft die Arbeit in einer Organisation weder effektiv noch fokussiert.

Warum das so ist, zeigt Abbildung 1[22].

Abb. 1: ALIGNMENT-SELBSTBESTIMMUNGs-Matrix nach Kniberg (2019)

22 Vielen Dank an Henrik Kniberg und Spotify für den Entwurf dieser Darstellung, die Kniberg in seinem Video »Spotify Engineering Culture« vorstellt (Kniberg 2019).

Im unteren linken Quadranten mit geringer SELBSTBESTIMMUNG und geringem ALIGNMENT haben wir gering motivierte Mitarbeitende, denen genau vorgegeben wird, was sie tun sollen, wobei die Vorgaben gegeneinander arbeiten. Stelle dir im Extremfall eine Mitarbeiterin vor, die eine Box zusammenbaut und ihre Nachbarin wirft diese dann ins Feuer – kafkaeske Zustände. Im Kontext von Unternehmen werden wir diesen Zustand selten antreffen, denn ein solches Unternehmen kann nicht lange bestehen. (Behörden sind ein anderes Thema.)

Oben links haben wir den Zustand, in dem ein hohes ALIGNMENT besteht, da eine Führungskraft genau vorgibt, was wie zu tun ist. Die SELBSTBESTIMMUNG jedoch ist gering, weshalb die Mitarbeitenden mäßig motiviert ihre Aufgaben abarbeiten und weder ein großes Maß an Begeisterung noch an Kreativität in ihre Arbeit einfließen lassen. Trotzdem funktioniert dieser Zustand für viele Unternehmen sehr gut, denn die wesentlichen Ziele werden erreicht – dank des ALIGNMENT durch die Führungskraft.

Oben rechts haben wir unseren Zielzustand für SELBSTORGANISATION: Eine Führungskraft gibt Ziele vor, überlässt jedoch die Wahl der Mittel den Mitarbeitenden, die von der hohen Freiheit motiviert sind und sich mit Kreativität und Energie einbringen. Das Ziel wird erreicht, die Mitarbeitenden sind glücklich. Reine Utopie?

Das Problem ist, dass viele Unternehmen zwar zu Recht feststellen, dass ihren Mitarbeitenden im Umfeld oben links (hohes ALIGNMENT, geringe SELBSTBESTIMMUNG) die MOTIVATION fehlt und sie eventuell das Unternehmen verlassen, sie aber die falschen Schlüsse daraus ziehen. Ihre Antwort ist, ihren Mitarbeitenden mehr Freiheiten zu geben, die Führungskräfte vielleicht sogar abzubauen oder zumindest in den Hintergrund treten zu lassen. Das aber führt nicht in den Quadranten oben rechts (hohes ALIGNMENT, hohe SELBSTBESTIMMUNG), sondern treibt das Unternehmen nach unten rechts (geringe SELBSTBESTIMMUNG, hohes ALIGNMENT). Denn wenn Führungskräfte die wesentliche Quelle von ALIGNMENT sind und keine Alternativen aufgebaut werden, kommen wir zu einer Situation, in der motivierte Mitarbeitende chaotisch in verschiedenste Richtungen streben und sich dabei gegenseitig auf die Füße treten. Die wesentlichen Unternehmensziele werden so nicht erreicht.

Wie geht es besser? Du als Führungskraft musst dir Gedanken machen, wie ALIGNMENT in einem Umfeld mit hoher SELBSTBESTIMMUNG aussehen kann. Die Antworten darauf sind vielfältig und manchmal anstrengend. Einige Ideen findest du im Methodenteil, Kapitel 3.7. Auf jeden Fall erfordern sie viel Kommunikation und nehmen Zeit in Anspruch. Aber das tun regelmäßige Kontrollen von Arbeitsergebnissen und Zwischenständen auch.

Führung mit Zukunftsbild

Ein Beitrag von Dr. Pero Mićić, Gründer und CEO der FutureManagementGroup AG

Ich führe die FutureManagementGroup AG seit 1991. Wir unterstützen Führungskräfte dabei, ihr Team in eine herausfordernde Zukunft zu führen. Weil sie wollen oder weil sie müssen.

Was ist die zentrale Aufgabe einer Führungskraft? Mit dem Team ein gemeinsam getragenes Zukunftsbild von der nächsten Ära des Unternehmens zu entwickeln und es im Tagesgeschäft wirksam zu machen. Mit dem Zukunftsbild schafft man eine mentale Vorlage. Wie eine Vorlage für ein Puzzle, die zeigt, was aus all den täglichen Aktivitäten der Mitarbeitenden in Zukunft resultieren soll. Man lässt Menschen nicht ohne Vorlage puzzeln. Das dauert zu lange, ist zu teuer und es ist ärgerlich. Daher sollten Mitarbeitende nicht ohne Vorlage arbeiten. Das ist die entscheidende Voraussetzung für ein großes Maß an SELBSTORGANISATION durch das Team.

Das Zukunftsbild beschreibt einen faszinierenden, gemeinsam erstrebten und realisierbaren zukünftigen Zustand des Unternehmens. Es besteht aus sechs normativen Elementen:
1. Mission: Wozu sind wir da? Welche Wirkung erzeugen wir für wen mit welchem gesellschaftlichen Nutzen?
2. Positionierung: Wie sind wir für unsere Kunden positiv einzigartig?
3. Geschäftsfeld(er): Für wen erzeugen wir welche Wirkungen mit welchen Lösungen?
4. Geschäftsmodell(e): Wie erzeugen wir nachhaltigen Wert und Einnahmen?
5. Kultur: Wie wollen wir miteinander umgehen?
6. Vision: Was wollen wir gemeinsam verwirklichen?

Das Zukunftsbild ist nicht nur die einzige nicht delegierbare Aufgabe einer Führungskraft, sondern auch die profitabelste Investition ihrer Zeit.

3.1 ALIGNMENT bei Zielen – SELBSTBESTIMMUNG bei der Umsetzung

ALIGNMENT ist die wohl wichtigste Säule der SELBSTORGANISATION. Arbeit ohne ALIGNMENT wird immer deutlich an Wertschöpfung verlieren. Es ist wie eine Gruppe, die in ein dichtes Nebelfeld läuft und auf der anderen Seite feststellt, dass jeder an einer völlig unterschiedlichen Stelle herausgetreten ist.

Doch wo genau brauchen wir ALIGNMENT? Wenn es um vollständiges ALIGNMENT ginge, wäre der Zustand oben links in Abbildung 1, in dem die Führungskraft alles vorgibt, doch eine effiziente Gestaltung unserer Arbeitswelt.

Eine Antwort darauf gibt Stephen Bungay in seinem Buch »The Art of Action« (Bungay 2011), in dem er die Herausforderungen des preußischen Militärs zu Zeiten von Generalfeldmarschall Helmuth von Moltke mit denen der heutigen Wirtschaft vergleicht. Heutige Unternehmen haben die Herausforderung, dass der schnelle Wandel sie zwingt, langfristige Strategien beständig anzupassen, da sie kaum geschrieben und kommuniziert bereits wieder überholt sind. Ähnlich läuft es in einem Krieg, in dem die Strategie bereits im Moment des Kontakts mit dem Feind und seiner Strategie kollabiert. »Kein Operationsplan reicht mit einiger Sicherheit über das erste Zusammentreffen mit der feindlichen Hauptmacht hinaus«, so von Moltkes Überzeugung.

Zu von Moltkes frühen Zeiten war es noch üblich, dass Befehlshabende ihren Untergebenen genau vorschrieben, was wann wie zu tun ist. Unter Bedingungen großer Unsicherheit jedoch versagt dieser Ansatz, denn wir können die Befehle nicht so schnell anpassen und kommunizieren, wie sich die Situation an der Front verändert. Genau dieselbe Herausforderung haben wir in unseren Unternehmen, in denen zum Beispiel das für Mitarbeitende vorgeschriebene Standardvorgehen bereits Missfallen beim Kunden erregt, dessen Wünsche sich verändert haben – schneller als die Unternehmensleitung reagieren und neue Vorgehen etablieren konnte.

Dieses Vorgehen mit detaillierten Anweisungen, die von oben nach unten gegeben werden, benennen wir heute als **Befehlstaktik**, im Gegensatz zu der durch von Moltke geprägten **Auftragstaktik**, in der Improvisation (also Abweichung von Befehlen) durch die Untergebenen nicht nur erlaubt, sondern gewünscht ist – solange der übergreifende Auftrag gesichert bleibt.

Auf den Punkt

Was von Moltke forderte, ist im Prinzip ALIGNMENT in Bezug auf die Ziele (»Auftrag«), aber SELBSTBESTIMMUNG in Bezug auf die Umsetzung dieser Ziele.

Er schlug für die Planung einen Dreischritt vor, der sich mit heutigen Begriffen so aufstellen lässt:

1. **Briefing**: Der Befehlshabende erklärt seinen Auftrag und grob, wie er gedenkt, diesen zu erreichen. Wichtig ist dabei das Verständnis des Warums, denn ohne dieses Verständnis wird es den Untergebenen schwerer fallen, zielführend zu improvisieren. Ebenso wichtig ist zu erklären, was genau zu verhindern ist, also wie das Gegenteil des Auftrags lautet.
2. **Analyse**: Die Untergebenen beschäftigen sich mit dem Auftrag und verfeinern die Planung. Sie erarbeiten eine Idee, wie der Auftrag zu erreichen ist. Da sie ihre eige-

ne Arbeitsebene besser kennen als die Führung, ist dieser Plan in der Regel besser als das, was die Führung kreieren würde.

3. **Backbriefing**: Die Untergebenen melden den Plan zurück an die Führung und erschaffen so eine Möglichkeit zum Abgleich mit gegebenenfalls nachträglichen Korrekturen.

Nun besteht ein hohes ALIGNMENT zwischen den Ebenen – aber dieses ist flexibel. Es kann auf Änderungen reagieren, anstatt daran zu zerbrechen. Wie in Kapitel 2.1 erwähnt, feuern wir Pfeile nicht nur einfach im Winkel X, sondern auf die Zielscheibe. Verschiebt sich diese, drehen sich unsere Mitarbeitenden und treffen auch weiterhin ins Schwarze.

Bungay leitet daraus ab, wie er die Auftragstaktik in der heutigen Wirtschaft umsetzen würde. Gute Aufträge beziehungsweise Anweisungen innerhalb eines Unternehmens sollten Folgendes beinhalten (siehe »Auftragstemplate« in Kapitel 3.7):

- eine Übersicht über den **Kern der Situation** inklusive einer Listung der wesentlichen bekannten und unbekannten Sachverhalte,
- einen erwünschten **Endzustand** – falls dieser bekannt ist,
- ein kurzes Statement zur generellen **Intention** des Auftrags, typischerweise als Task mit einem Zweck/Ziel: Was wollen wir tun und warum?,
- eine Extrapolation der **spezifischeren Aufgaben**, die es voraussichtlich zu erledigen gilt, um den Auftrag zu erfüllen. Diese sollten nicht zu genau definiert werden, das ist Aufgabe der Adressaten. In jedem Falle sollte eine Priorisierung enthalten sein,
- gesetzte **Rahmen und Grenzen**, zum Beispiel Entscheidungsbefugnisse und Budgets, gegebenenfalls auch Anti-Ziele (»Egal was passiert, auf keinen Fall sollte …«),
- **zukünftige Entscheidungen**, die möglicherweise noch gefällt werden müssen und bereits absehbar sind.

Wichtig ist zu verstehen, dass diese Aufträge nicht einfach nur niedergeschrieben und weitergegeben werden, sondern dass es immer ein Gespräch in Form eines Backbriefings gibt, in dem Führung und Mitarbeitende ihr Verständnis abgleichen und Details verhandeln können.

3.2 Über den Outcome reden, nicht nur über den Output

Wir führen also ein, über Aufträge zu sprechen und diese mittels Backbriefing zwischen Führung und Mitarbeitenden abzugleichen. Doch was genau ist ein Auftrag? Spreche ich dann nicht doch, analog zum oberen linken Quadranten in Abbildung 1, über den Bau einer Brücke, um über den Fluss zu kommen? Nein, das sollten wir nicht – denn unser Auftrag oder unser Ziel sollte immer ein **Outcome** sein, kein **Output**.

Output beschreibt die konkreten Ergebnisse oder Produkte, zum Beispiel eine umgesetzte Marketingkampagne, ein hergestelltes Produkt, eine abgeschlossene Change-Initiative.

Outcome bezieht sich dagegen auf die Wirkung oder den Nutzen, den dieser Output erzeugt, beispielsweise die Verbesserung der Kundenzufriedenheit, der Unternehmensumsatz, die gestiegene Mitarbeiterbindung. Er beschreibt den langfristigen Erfolg oder die erzielte Veränderung durch den Output.

Auf den Punkt

Output ist das, was produziert wird, Outcome ist der Nutzen oder die Wirkung, die dadurch entsteht.

In unserem Beispiel mit der Zielscheibe sind die geschossenen Pfeile der Output, unser erreichter Score wäre das Outcome.

Wenn wir ALIGNMENT schaffen wollen, müssen wir über das Outcome sprechen, nicht nur über den Output. Wir müssen darüber reden, was wir mit unserer Kampagne, unserer Initiative oder dem neuen Produkt erreichen wollen. Nur so schaffen wir die Grundlage für die nötige Improvisation durch unsere Mitarbeitenden, sobald sich erste Probleme ergeben.

Stelle dir folgende Situation vor: Du hast deinen Mitarbeitenden vorgeschrieben, dass sie in den folgenden drei Monaten jeweils vier Blogposts für den Firmenblog schreiben sollen (Output). Enttäuscht schaust du dir am Ende des Quartals die Zugriffszahlen an und erkennst, dass zwar jeder seine Quote geliefert hat, die Blogartikel aber kaum Reichweite generiert haben. Im Gespräch findest du heraus, dass die meisten aufgrund der aktuell hohen Arbeitsbelastung wenig Zeit und Mühe in die Beiträge investiert haben, vorab keine SEO-Analyse durchgeführt wurde und jeder einfach nur etwas runtergeschrieben hat, um seine Quote zu erfüllen. Ein anderes Ergebnis hättest du erzielt, wenn dein Auftrag gelautet hätte, dass jeder Mitarbeiter 4000 Lesende erreicht. Hier hätte mindestens ein Teil der Mitarbeitenden erkannt, dass die Qualität mehr ausmacht als die Quantität – und hochwertigere Beiträge geschrieben, von denen vielleicht einer viral gegangen wäre. Der Rest hätte schon im Quartal erkannt, dass die Strategie, schnell irgendeinen Text zu produzieren, nicht ausreicht, um bis zum Quartalsende den Auftrag zu erfüllen. Der eine oder andere hätte vielleicht seine Strategie angepasst und zumindest ein akzeptables Ergebnis erzielt.

Wenn wir Mitarbeitenden Outputs vorgeben, sind sie damit zufrieden, diese Outputs zu generieren, auch wenn damit kein Outcome erzielt wird. Das Problem wird in Arbeitsbereichen, die ein hohes Level an Komplexität (= Unvorhersehbarkeit) aufweisen, noch verstärkt, denn hier werden unsere anfänglichen Vorstellungen vom

Zusammenhang zwischen Output und Outcome oft falsch sein. Das hieße, schon der Plan wäre falsch. Geben wir auf der Basis einen Output vor, wird dieser unser Ziel nicht erreichen, selbst im Falle perfekter Umsetzung. Reden wir hingegen von Anfang an über Outcome, geben wir unseren Mitarbeitenden die Möglichkeit, Abweichungen frühzeitig zu erkennen und mittels ihrer persönlichen Kreativität und KOMPETENZ alternative Herangehensweisen zu finden – sprich: sich selbst zu organisieren.

Gehen wir noch einmal zu Abbildung 1: Wir lassen eine Brücke bauen, aber die Mitarbeitenden stellen währenddessen fest, dass der Bau länger dauert als geplant und sie schon viel früher eine Überquerung ermöglichen müssen. Haben sie nun Szenario 1) die Freiheit und das Auftragsverständnis, schnell eine erste Seilbrücke zu bauen, oder Szenario 2) halten sie stumpf am Bau der Brücke fest und lassen das Projekt damit fehlschlagen?

Eine Zielmanagement-Methode, die diesen Aspekt von ALIGNMENT in hohem Maße berücksichtigt, ist die Zielsetzung mittels **Objectives & Key Results** (Kapitel 3.7). Hier werden Ziele (Objectives) mit einem Maß der Zielerfüllung (Key Results) verknüpft. Meine Erfahrung ist, dass es vielen zunächst schwerfällt, nicht über Maßnahmen (Output) zu sprechen, sondern sich wirklich auf Outcomes zu fokussieren. Auch deshalb, weil viele Unternehmen nicht die Messinstrumente haben, um diese Outcomes zu erfassen. Zu messen, wie erfolgreich eine TV-Kampagne für ein Unternehmen gelaufen ist oder welchen Impact ein Mitarbeiterbindungsprogramm erzielt hat, ist schwierig. Viele Unternehmen scheuen diesen Aufwand. Doch erst solche Messinstrumente ermöglichen, dass Mitarbeitende Outcomes und nicht Outputs im Blick behalten – und damit das erreichen, was das Unternehmen braucht.

Zu viele Führungskräfte haben Outcomes im Kopf, planen dazu passende Outputs und delegieren diese an Mitarbeitende, ohne mit ihnen über die erwarteten Outcomes zu sprechen. Die Mitarbeitenden können dann nur stumpf die Outputs umsetzen. Nun treten zwei Probleme auf: Zum einen kommt es zu Missverständnissen zwischen Auftraggeber und Mitarbeitenden, da diese den Auftrag hinter der Maßnahme nicht kennen, und die Umsetzung nicht exakt so erfolgt, wie sich die Führungskraft das gedacht hat. Zum anderen münden die Outputs aufgrund fehlerhafter Annahmen hinter den Gedanken der Führungskraft oft in völlig anderen Outcomes als gewünscht. Den ausführenden Mitarbeitenden fällt dies während der Arbeit jedoch nicht auf – weder kennen sie die Gedanken der Führungskraft noch können sie beurteilen, ob die Outcomes passen, da hierüber nicht gesprochen wurde. Eine verpasste Chance, effektiv zu arbeiten.

Wenn wir stattdessen über Outcomes sprechen, können Mitarbeitende ihr Engagement und ihre Kreativität darauf richten, das zu erreichen, was erreicht werden soll. Vorausgesetzt, die dritte Säule TRANSPARENZ ist ausreichend aufgebaut, damit Mitarbeitende erkennen, ob sie Fortschritt im Sinne des Outcomes erzielen oder nicht.

3.3 Es braucht ALIGNMENT auch bezüglich des Status quo

Entscheidend ist nicht nur, wo ihr hinwollt, sondern auch, wo ihr gerade steht. Denn wer zum Ziel möchte, sollte wissen, von wo aus er startet.

Deine Mitarbeitenden werden vermutlich ein sehr unterschiedliches Bild davon haben, wie es gerade um das Unternehmen steht. Das liegt häufig daran, dass Informationen unterschiedlich bei verschiedenen Ebenen eintreffen. Es ist ein bisschen wie bei der Metapher vom Elefanten, der von mehreren Blinden betastet wird. Jeder sieht nur einen Teil des Ganzen und schließt davon auf das Gesamtbild. Der eine fühlt den Rüssel und meint, es handele sich um eine Schlange, der andere betastet die Füße und meint, einen Baum vor sich zu haben, während ein Dritter die Stoßzähne berührt und auf einen Speer schließt.

Zukunftsgerichtete Informationen wie Studien über Marktveränderungen kommen bei den Führungskräften oft früher an als bei den Mitarbeitenden. Mitarbeitende im Kundenkontakt wiederum spüren spontane Veränderungen teils lange bevor sich diese in Forecasts oder Ähnlichem zeigen. Im Vertrieb merkt man früh, ob ein Produkt am Markt noch gewünscht ist, wohingegen es oft dauert, bis die Geschäftsführung dieses Problem als dringlich erkennt.

Wenn aber die Ansicht über den Status quo unterschiedlich ist, fällt es deutlich schwerer, das gemeinsame Ziel zu verstehen. Wenn ein Projekt lautet, das Unternehmen zukunftsfähig zu machen, aber die Mitarbeitenden die Zukunftsfähigkeit gar nicht bedroht sehen, weil sie nicht wissen, wie es um den Einbruch der Kunden im Alterssegment von 18 bis 27 Jahren steht, fällt es schwer, für dieses Projekt MOTIVATION zu schaffen.

3.4 ALIGNMENT benötigt mehr Kommunikation

ALIGNMENT zu schaffen, indem du als Führungskraft vorgibst, was zu tun ist (geringe SELBSTBESTIMMUNG), ist relativ simpel. Du erstellst Aufgaben und delegierst sie an deine Mitarbeitenden. Das wirkt effizient – ist aber wie bereits diskutiert häufig nicht effektiv. Sind deine Annahmen über den erzielten Outcome falsch, sprich ist die Zielscheibe nicht dort, wo erhofft, schießen deine Leute ihre Pfeile eine ganze Weile lang in die falsche Richtung. Wenn sie denn überhaupt exakt das umsetzen, was du vorgibst – Missverständnisse sind auf der Arbeit eher die Regel als die Ausnahme.

Um SELBSTORGANISATION zu fördern, muss es dir gelingen, ALIGNMENT auch bei einem hohen Grad an SELBSTBESTIMMUNG herzustellen. Wie in Kapitel 3.2 dargestellt, gelingt das über Gespräche über die Outcomes. Statt über operative Aufgaben redet ihr über Ziele und Aufträge. Das benötigt jedoch deutlich mehr Zeit für die Kommunikation. Du als Führungskraft musst viel mehr Verständnis vermitteln für das, was ihr erreichen wollt. Und du musst erreichen, dass deine Mitarbeitenden das Warum verstehen. Nur dann sind sie in der Lage, zu improvisieren und den Auftrag im Blick zu behalten, auch wenn sich die Dinge anders entwickeln als geplant (was in einem komplexen Umfeld regelmäßig passiert).

Diese Zeit sparst du an anderer Stelle. Denn anstatt beständig zu kontrollieren, ob deine Mitarbeitenden die übertragenen Aufgaben richtig ausführen, kannst du sie in Ruhe arbeiten lassen und dich langfristigen, strategischen Themen widmen.

Zur Visualisierung spiele ich in meinen Live-Seminaren mit den Teilnehmenden gern das »Boss-Worker-Game«.[23] Ich bitte alle, sich in Paaren zusammenzufinden und jeweils zu entscheiden, wer im Paar der »Boss« und wer der »Worker« ist. Gemeinsam platzieren wir vor dem Start des Spiels Stühle und Tische im Raum, sodass es nicht einfach ist, sich durch den Raum zu bewegen. In der ersten Runde bitte ich die Bosse, sich einen Ort am anderen Ende des Raums zu suchen und ihren Worker per Sprachkommandos (»vor«, »zurück«, »links drehen«, »rechts drehen«) dorthin zu führen. Allgemeines Chaos entsteht, während alle Bosse engagiert Befehle schreien und die Worker ineinander und gegen Gegenstände laufen, letztlich aber alle am Ziel ankommen. In der zweiten Runde bitte ich die Bosse, ein buntes Post-it am Ziel aufzuhängen und es ihren Workers zu zeigen. Diese sollen sich nun selbstständig dorthin bewegen, während die Bosse zusehen und Däumchen drehen. Die dritte Runde verläuft wie die zweite, aber die Bosse dürfen, während die Worker gehen, Hindernisse aus dem Weg räumen.

In der Reflexion erkennen wir, dass Worker effizienter sind, wenn sie sich ihren eigenen Weg suchen können – die schnellste Runde aber diejenige ist, in der Bosse ihre Zeit nutzen, um Hindernisse zu entfernen. Wir sprechen dann über das Servant-Leadership-Konzept[24] und wie es die Wertschöpfung durch die Arbeitenden im Unternehmen steigern kann.

Wie in der spielerischen Simulation wirst auch du merken, dass ein sauberes, tiefgreifendes Briefing über den Auftrag zu Beginn zwar mehr Zeit kostet, diese aber an anderer Stelle gespart wird. Wenn du nicht aktiv steuern musst, sondern deine Mitarbeitenden ihr Ziel selbst im Blick behalten (die nötige TRANSPARENZ vorausge-

23 Das hier leicht abgewandelt beschriebene Spiel stammt aus dem hervorragenden Buch »Agile Spiele und Simulationen« von Marc Bleß und Dennis Wagner (Bleß und Wagner 2023).

24 Servant Leadership ist ein Führungsstil, bei dem der Fokus darauf liegt, den Mitarbeitenden zu dienen und sie zu unterstützen, anstatt sie anzuweisen. Führungskräfte konzentrieren sich darauf, die bestmöglichen Arbeitsbedingungen für ihre Mitarbeitenden zu erzeugen.

setzt), werdet ihr schneller, erfolgreicher und zufriedener zusammenarbeiten, da ihr euch Abstimmungsschleifen erspart.

Hier zeigt sich übrigens die Schwäche vieler halb garer agiler Transformationen in Unternehmen, insbesondere bei der teilweisen Einführung von spezifischen Methoden wie Scrum[25]. Wenn zwar die umfangreiche Auftragsklärung der agilen Frameworks (z. B. Scrum Planning Meeting) wie von der Methode verlangt eingeführt wird, die Mitarbeitenden aber nicht die Freiheit bekommen, selbstbestimmt über ihre Arbeit zu entscheiden, braucht es trotzdem Abstimmungsschleifen und es wird keine Zeit gespart. Wenn diese agilen Teams weiterhin auf die Freigabe durch externe Abteilungen oder die Beschlüsse von Gremien warten, kann kein Zeitgewinn aus höherem ALIGNMENT gezogen werden. Hier wäre ein höheres Maß an SELBSTBESTIMMUNG seitens der Teammitglieder nötig.

In Backbriefings (Kapitel 3.1) wirst du oft merken, dass bei deinen Mitarbeitenden deutlich weniger angekommen ist, als du erwartet hattest. Das ist (leider) normal – deswegen machen wir das Backbriefing. Denn wir meinen oft, deutlich besser zu kommunizieren, als wir es tatsächlich tun. Das hat damit zu tun, dass nicht nur eine Person an der Kommunikation beteiligt ist. Neben dem Sender gibt es die Empfänger. Und während schon der Sender nicht so glasklar kommuniziert, wie er etwas meint, hört der Empfänger auch nicht immer so gut zu, wie er es gerne würde. Wir alle sind gelegentlich abgelenkt, driften mit den Gedanken weg oder haben vom langen Arbeitstag schon einen rauchenden Kopf, der weiteren Input nicht mehr aufnehmen kann. Dazu kommt, dass wir beim Empfangen von Informationen einen völlig anderen Filter im Kopf haben als unser Gegenüber, also Dinge sehr unterschiedlich interpretieren. »Ich wurde von einem Hund gebissen« ist eine Aussage, deren Tragweite sehr unterschiedlich ausfällt, je nachdem, ob in unserem Kopf ein kleiner Pekinese oder ein ausgewachsener Schäferhund den Angriff durchführt.

Habe Geduld mit deinen Mitarbeitenden und kommuniziere wichtige Informationen lieber dreimal anstatt einmal. Du weißt, dass du genug kommuniziert hast, wenn deine Mitarbeitenden genervt deine Sätze für dich vervollständigen. Alles darunter kann eine weitere Wiederholung gut vertragen.

25 Scrum ist ein agiles Framework für die Entwicklung komplexer Produkte, das iterative und inkrementelle Ansätze nutzt, um flexibel auf Veränderungen zu reagieren und Entwicklungsrisiken zu reduzieren. Es basiert auf festen Rollen (Product Owner, Scrum Master, Entwicklungsteam), definierten Events (z. B. Sprint Planning, Review, Retrospektive) und Artefakten (z. B. Product Backlog), um Zusammenarbeit und Zielerreichung zu optimieren. Scrum strukturiert die Arbeit in feste Zeiträume, Sprints genannt, in denen ein definierter Teil des Produkts fertiggestellt wird. Durch seine hohe Transparenz erlaubt Scrum, Abläufe bei der Produktentwicklung kontinuierlich zu hinterfragen und zu verbessern.

ALIGNMENT in der Autoindustrie

Ein Beitrag von Markus Stöhr, geschäftsführender Gesellschafter der kick consulting GmbH

Die großen Automobilhersteller und deren Zulieferer haben sich zum Ziel gesetzt, ihre Entwicklungsprozesse effizienter, transparenter und qualitativ hochwertiger zu gestalten. Das Automotive SPICE* (A-SPICE) Reifegradmodell ist der De-facto-Standard, wenn es darum geht, die Qualität von Software- und Systementwicklungsprozessen zu verbessern, dabei komplexe regulatorische Anforderungen zu erfüllen und Projekte und Produkte effizienter und kosteneffektiver zu gestalten – ein klarer Wettbewerbsvorteil in einem sehr dynamischen Markt. A-SPICE selbst bietet keine verbindliche Vorgehensweise zur Verbesserung von Prozessen – es gibt eher das *Was* vor als das *Wie*. Das macht die Umsetzung zu einer Herausforderung für viele Unternehmen. Diese Offenheit gibt ihnen aber auch die Freiheit, die Anforderungen auf ihre spezifischen Prozesse und Strukturen anzupassen.

Bei unserem Kunden sollte bis Ende 2025 der A-SPICE-Reifegrad 2 erreicht werden. Bei der Frage nach dem *Wie* war unsere Empfehlung klar: Die Prozesse sollten mit agilen Methoden weiterentwickelt und in der Organisation verankert werden. Agiles Vorgehen bietet dabei nicht nur die Flexibilität, die Prozesse iterativ zu verbessern, sondern auch auf sich ständig verändernde projekt- und organisationsspezifische Herausforderungen einzugehen. Uns war wichtig, dass nicht nur *dokumentierte*, sondern *gelebte Prozesse* als Inkremente geliefert wurden. Damit avancierte das Vorhaben zu einem iterativen Organisationsentwicklungsprojekt.

Das Sprintteam aus ca. zehn Prozessverantwortlichen arbeitete selbstorganisiert an der Modernisierung der Entwicklungsprozesse. Sie trafen sich alle zwei Wochen für zwei Tage zum fokussierten Arbeiten an den Arbeitspaketen und wurden durch einen agilen Coach von uns ergänzt.

Um ALIGNMENT und TRANSPARENZ für alle Betroffenen und Beteiligten zu schaffen, entwickelten wir in Abstimmung mit den Führungskräften verschiedene Maßnahmen über unterschiedliche Kanäle der Organisation. Für die Begründung der Notwendigkeit des Change, also der Frage nach dem *Warum*, produzierten wir – im Sinne von Storytelling – ein eingängiges Video, welches auf der Wissensplattform (Confluence) der Organisation veröffentlicht wurde. Die operativen (fachlichen und zeitlichen) Ziele wurden von den Prozessverantwortlichen entwickelt und mit dem Product Owner (Führungssystem) abgestimmt.

Die Modernisierung der Entwicklungsprozesse war kein Selbstläufer und stieß bei den betroffenen Mitarbeitenden nicht überall auf offene Ohren. Wir warben für Verständnis (»Warum machen wir das? Was bedeutet das für mich?«) und fragten die Bereitschaft zum Mitmachen (Commitment) ab, bevor Schulungen durchgeführt und Pilotprojekte umgesetzt werden konnten. Dazu etablierten wir regelmäßige Informations- und Dialogformate für die wesentlichen Stakeholder:innen:

- Eine kollaborative Wissensplattform (Confluence) zur Dokumentation der Prozesse und als interaktive Lern- und Dialogplattform für die Anwender:innen.
- Plakate in den Fluren über Inhalte, Arbeitsweisen und -fortschritte,
- Videos und Podcasts mit Prozessverantwortlichen und Top-Manager:innen über die Hintergründe und das Vorgehen.
- Talking Lunches und Town Hall Meetings zum Austausch mit internen und externen Stakeholder:innen.
- Sprechstunden bei den Prozessverantwortlichen.
- Eine Fokusgruppe traf sich regelmäßig mit dem Agile Coach, um Feedback zu den neu entwickelten Prozessen zu geben und Verbesserungsvorschläge zu erarbeiten. Dadurch erhöhte sich die Qualität der Prozessdokumentation und der Schulungsformate deutlich.
- Eine ständige Fortschrittsmessung in Bezug auf die Prozessqualität in Form einer plakativen Übersicht zeigte Haupt- und Teilprozesse und deren Erfüllungsgrad verschiedener Kriterien für alle transparent an.

Die erfolgreiche Entwicklung und Implementierung der A-SPICE konformen Prozesse wurde beim Kunden durch ein Assessment bestätigt. Die kontinuierliche Weiterentwicklung und Pflege der Prozesse wird im Laufe von 2025 an den Kunden übergeben und von ihm selbstständig weitergeführt.

**Automotive SPICE (Software Process Improvement and Capability dEtermination) ist ein international anerkanntes Prozess- und Reifegradmodell, das speziell für die Automobilindustrie entwickelt wurde. Es basiert auf dem allgemeinen SPICE-Standard (ISO/IEC 15504, heute ISO/IEC 330xx) und dient zur Bewertung und Verbesserung der Software- und Systementwicklungsprozesse von Zulieferern und Herstellern. Automotive SPICE wurde entwickelt, um die Qualität und Zuverlässigkeit in der Entwicklung von Software für Fahrzeuge sicherzustellen. Dazu stellt Automotive SPICE Anforderungen an die gesamte Systementwicklung, insbesondere in den Bereichen, in denen Software in Kombination mit elektronischen und mechanischen Komponenten eingesetzt wird.*

3.5 SELBSTBESTIMMUNG erfordert auch ALIGNMENT bezüglich KOMPETENZ

Schon das preußische Militär unter von Moltke (Kapitel 3.1) musste feststellen, dass die flexible Interpretation von Aufträgen Fähigkeiten erfordert, die mittels Befehlstaktik geführte Truppen oft nicht besaßen. Denn spontan nötige Entscheidungen waren bisher auf Führungsebene getroffen worden. Die unteren Führungsebenen und Soldaten hatten hierin wenig bis keine Erfahrung.

In mittels Auftragstaktik geführten Armeen werden die Soldaten daher üblicherweise einen oder zwei Ränge höher ausgebildet, damit sie es verstehen, Entscheidungen aus dem Blick ihrer Führungskraft zu durchdenken (Bungay 2011). Diese zusätzliche KOMPETENZbildung hilft, ALIGNMENT zu schaffen – denn die Ausgebildeten lernen Denkmuster, die auch die Personen auf höherer Ebene anwenden. Im Ernstfall wird es dadurch leichter, die Entscheidungen anderer Mitglieder derselben Armee vorauszusehen und sich daran anzupassen. Gleichzeitig steigt die Fähigkeit, im Fall unerwarteter Geschehnisse zu improvisieren, um den Auftrag zu sichern.

Auch du wirst deinen Mitarbeitenden stellenweise beibringen müssen, wie eine Führungskraft zu denken und zu entscheiden. Am besten machst du das, indem du sie mit in dein Denken einbeziehst. Denke also laut. Wenn ihr Besprechungen, zum Beispiel einen Jour fixe, habt, gib nicht nur deine Meinung preis, sondern teile auch mit, wie du zu dieser Einschätzung kommst. Egal ob logisch detailliert hergeleitet oder per Daumenregel abgeschätzt: Es wird helfen, die KOMPETENZ und das ALIGNMENT deines Teams zu steigern.

In »The Fifth Discipline« spricht Autor Peter M. Senge (2006) von »**mentalen Modellen**«, die sich im Kopf jedes Menschen befinden. Diese Modelle erlauben uns, Vorhersagen zu treffen. Wenn unser mentales Modell lautet, dass es für einen erfolgreichen Verkauf sieben Kontaktpunkte auf der Customer Journey braucht, werden wir unsere Strategie entsprechend planen. Wenn uns jemand gegenübersitzt, der davon überzeugt ist, dass es reicht, einen sehr überzeugenden Kontaktpunkt zu haben, werden wir in heftige Meinungsverschiedenheiten bezüglich der Strategie geraten – es sei denn, wir legen unser mentales Modell offen und unterhalten uns darüber.

Beziehe deine Mitarbeitenden also in deine mentalen Modelle ein und lasse dir ihre erklären. Auch hier solltet ihr ALIGNMENT schaffen. Denn letztlich kannst du so deine eigene Erfahrung und KOMPETENZ an deine Mitarbeitenden vermitteln, spontan richtig zu reagieren und auf Kurs in Richtung der Outcomes zu bleiben.

3.6 Reflexion

- Wenn du und deine Mitarbeitenden deine Ziele und die Ziele des Unternehmens aufschreiben würdet, würde bei allen dasselbe oder sehr Ähnliches stehen?
- Habt ihr alle dieselbe Vorstellung davon, wo das Unternehmen gerade steht?
- Mit welchen Handlungen stellst du ALIGNMENT innerhalb deines Teams/Unternehmens sicher?
- Sprichst du mit deinem Team über Ziele oder vorrangig über die Maßnahmen, um die Ziele zu erreichen?
- Werden eure Entscheidungen regelmäßig im Kontext der Unternehmensstrategie reflektiert?
- Wo erkennst du Probleme, die sich mit fehlendem ALIGNMENT begründen lassen?
- Wie oft gleicht ihr den Ist-Stand mit dem Soll-Stand ab und korrigiert eure Richtung?
- Habt ihr wesentliche Metriken, die euch anzeigen, wo ihr bezüglich der Zielerreichung steht? Wie oft werden diese Metriken aktualisiert? Wie zeitnah erreichen sie euch?
- Sind die Ziele einzelner Mitarbeitender miteinander in Konflikt?
- Haben deine Mitarbeitende Freiräume, um eigene Ziele zu verfolgen oder auf die Agenda zu setzen?

3.7 Methoden für ALIGNMENT

ALIGNMENT in deiner Organisation herzustellen, ist eine Frage der richtigen Kommunikation mit deinen Mitarbeitenden. Hier findest du einige Methoden, wie du Kommunikation gestalten kannst. Wie in Kapitel 2.6 bei Methoden für SELBSTBESTIMMUNG erwähnt, ist die Idee nicht, alle Methoden einzuführen – und schon gar nicht alle auf einmal. Baut eure Säulen Stück für Stück auf und fokussiert immer auf diejenigen, die aktuell das Dach der SELBSTORGANISATION am wenigsten stützen.

Mission und Vision

Kaum etwas bringt meiner Einschätzung nach mehr ALIGNMENT als eine klare Mission und/oder Vision. Dabei spreche ich allerdings nicht von den kurzen Vision oder Mission Statements, die durch das Internet geistern.[26] Das sind tolle Gedächtnisanker, viele sehr inspirierend und die Top-Beispiele wirken gleichzeitig auch als wirksames Marketing – aber ihnen fehlt es an Tiefe für das tägliche Doing innerhalb des Unternehmens. Ich spreche von einer greifbaren und zugleich ausreichend komplexen Vision, die gut

26 Zum Beispiel: »Bring inspiration and innovation to every athlete in the world.« (Nike) – »Connect the world's professionals to make them more productive and successful.« (LinkedIn) – »Patagonia is in business to save our home planet.« (Patagonia).

und gern zwei Seiten Text umfassen darf – wie der »Secret Tesla Motors Master Plan« von Elon Musk[27].

Auszug aus dem Secret Tesla Motors Master Plan

»Wie Sie wissen, ist das erste Produkt von Tesla Motors ein Hochleistungs-Elektro-Sportwagen namens Tesla Roadster. Einige Leser wissen jedoch vielleicht nicht, dass unser langfristiger Plan darin besteht, eine breite Palette von Modellen zu bauen, darunter auch preisgünstige Familienautos. Der Grund dafür ist, dass der übergeordnete Zweck von Tesla Motors (und der Grund, warum ich das Unternehmen finanziere) darin besteht, den Übergang von einer Kohlenwasserstoff fördernden und verbrennenden Wirtschaft zu einer solarelektrischen Wirtschaft zu beschleunigen, die ich für die wichtigste, aber nicht die einzige nachhaltige Lösung halte.

Entscheidend dafür ist ein Elektroauto ohne Kompromisse. Deshalb ist der Tesla Roadster so konstruiert, dass er einen Benzin-Sportwagen wie einen Porsche oder Ferrari in einem Kopf-an-Kopf-Rennen schlagen kann. Darüber hinaus ist er doppelt so energieeffizient wie ein Prius. Dennoch mag sich mancher fragen, ob dies wirklich gut für die Welt ist. Brauchen wir wirklich einen weiteren Hochleistungssportwagen? Wird er tatsächlich etwas an den globalen Kohlenstoffemissionen ändern?

Nun, die Antworten lauten nein und nicht viel. Aber das geht am Thema vorbei, es sei denn, man versteht den oben angedeuteten geheimen Masterplan. Fast jede neue Technologie hat anfangs hohe Stückkosten, bevor sie optimiert werden kann, und das gilt nicht weniger für Elektroautos. Die Strategie von Tesla besteht darin, am oberen Ende des Marktes einzusteigen, wo die Kunden bereit sind, einen Aufpreis zu zahlen, und dann den Markt so schnell wie möglich zu senken, um mit jedem weiteren Modell höhere Stückzahlen und niedrigere Preise zu erzielen.

Ohne zu viel zu verraten, kann ich sagen, dass das zweite Modell ein sportliches viertüriges Familienauto sein wird, das etwa halb so viel kostet wie der Tesla Roadster mit 89.000 Dollar, und das dritte Modell wird noch erschwinglicher sein. Wie es sich für ein schnell wachsendes Technologieunternehmen gehört, fließt der gesamte freie Cashflow zurück in die Forschung und Entwicklung, um die Kosten zu senken und die Nachfolgeprodukte so schnell wie möglich auf den Markt zu bringen. Wenn jemand den Sportwagen Tesla Roadster kauft, unterstützt er damit die Entwicklung des preiswerten Familienautos.« (Elon Musk 2006, übersetzt mit DeepL.com, kostenlose Version)

27 Ich bin – insbesondere aufgrund seiner aktuellen politischen Tätigkeiten – kein Fan der Person Elon Musk. Aber das von ihm geschriebene (oder unter seinem Namen veröffentlichte) Strategiedokument ist ein hervorragendes ALIGNMENT-Beispiel.

Der Text fährt fort, typische Gegenargumente gegen Elektromobilität zu entkräften (durchaus mit einigen naturwissenschaftlichen Details) und endet mit einer Kurzzusammenfassung. Für mich ist dieser Text ein positives Beispiel für eine starke, ALIGNMENT schaffende Vision, an dem sich andere Visions- und Missionsdokumente orientieren können. Er umfasst rund 7.500 Zeichen und ist damit kurz genug, um in weniger als fünf Minuten gelesen zu werden, und lang genug, um Kontext zu vermitteln. Das ist es, was ALIGNMENT braucht. Ich beobachte jedoch einen Trend hin zu kurzen, knackigen Ein-Satz-Statements. Die haben aber noch nie einem Produktentwickler geholfen, die richtigen Entscheidungen zu treffen.

Auf den Punkt

Was es braucht, ist ein klares Ziel, eine Begründung, warum das Ziel erstrebenswert ist, ein verständlicher, glaubwürdiger Plan und eine Vorstellung davon, wie dieser umgesetzt werden soll.

Daher mein Tipp, um wirkliches ALIGNMENT zu schaffen: Schreibe zwei Seiten über deine Vision und überarbeite diese mit einigen ausgewählten Mitarbeitenden. Aber bitte verschicke das Dokument nicht umgehend per Mail an das gesamte Unternehmen, sondern hole von einigen weiteren Mitarbeitenden Feedback ein, die bislang nicht an der Erstellung beteiligt waren. Bitte sie auch um eine kurze Zusammenfassung der Vision, um zu sehen, was genau sie verstanden haben. Erst dann ist das Dokument bereit für den Versand. Wenn du nun eine »Überschrift« in Form eines Vision oder Mission Statements findest – wunderbar! Dann hast du einen Anker, der den Mitarbeitenden die Vision kurz und knapp ins Gedächtnis bringt. Wenn nicht, ist dir das ALIGNMENT trotzdem gelungen.

Backbriefing

Eines der typischen Probleme, wie in einer klassischen Hierarchie Tasks übergeben werden, ist das Briefing, bei dem die Führungskraft Aufgaben verteilt und die Mitarbeitenden passiv zu- (oder oft genug auch weg-)hören. Es erlaubt weder Raum für SELBSTBESTIMMUNG noch wird ALIGNMENT überprüft. Beheben lässt sich das mit dem Prinzip des **Backbriefings**. Hier wird zunächst von der Führungskraft ein allgemeiner Auftrag erteilt, der bereits voraussichtliche To-dos für die Mitarbeitenden enthält, sich aber vor allem auf das zu erreichende Ziel fokussiert (siehe weiter unten).

Diesen Auftrag inklusive der vorgeschlagenen To-dos prüfen die Mitarbeitenden und erarbeiten einen detaillierter ausgearbeiteten Vorschlag. Sie stellen der Führungskraft ihre Pläne vor und diese diskutiert, ergänzt oder korrigiert diese. So ist sichergestellt, dass beide Seiten den Auftrag verstanden haben (ALIGNMENT). Zudem wird die KOMPETENZ der Mitarbeitenden genutzt, die ihre To-dos selbst er- und überarbeitet haben, was wiederum ihren Grad an SELBSTBESTIMMUNG steigert – und damit auch die MOTIVATION, die Maßnahmen umzusetzen.

Der Zeitraum zwischen Briefing und Backbriefing kann Minuten, Stunden oder Tage betragen – je nach Umfang des Auftrags. Das heißt, es kann auch innerhalb eines Workshops oder einer Gruppensitzung erfolgen.

Auftragstemplate

Ein guter Auftrag sorgt für ALIGNMENT und schafft Raum für SELBSTBESTIMMUNG. Laut Stephen Bungay (2011) sollte ein Auftrag die folgenden sechs Bausteine beinhalten:

Übersicht über **Kern der Situation**, inklusive bekannter und unbekannter Sachverhalte.	Erwünschter **Endzustand**.
Kurzes Statement zur generellen **Intention des Auftrags**, typischerweise als Task mit Zweck/Ziel. (Was wollen wir tun und warum?)	Abschätzung, welche **Aufgaben** es voraussichtlich zu erfüllen gilt, inklusive Priorisierung.
Gesetzte **Rahmen und Grenzen** wie z.B. Entscheidungsbefugnisse und Budgets. Mglw. auch **Anti-Ziele** (was es zu verhindern gilt).	**Zukünftig** noch zu fällende **Entscheidungen**, die schon absehbar, aber noch nicht getroffen sind.

Abb. 2: Sechs Auftragsbausteine nach Bungay (2011)

Die Reihenfolge ist nicht vorgegeben, sondern kann je nach Kontext variieren. Allerdings sollten alle sechs Bausteine angesprochen werden.

Es lohnt sich, das Dokument schriftlich anzufertigen, schon allein, weil dieser Schritt einem selbst Klarheit bringt. Auf keinen Fall sollte der Auftrag rein schriftlich vergeben werden, sondern zusätzlich ein mündliches Briefing mit Backbriefing erfolgen.

Über Ergebnisse sprechen, nicht über Maßnahmen

Mit Mitarbeitenden über die durchzuführenden **Maßnahmen** (**Outputs**) zu sprechen, um ein bestimmtes **Ergebnis** (**Outcome**) zu erreichen, bringt kein ausreichendes ALIGNMENT. In unserer heutigen, komplexen und schnelllebigen Zeit müssen wir auf Veränderungen flexibel reagieren können. Abgestimmte Maßnahmen dagegen machen uns unflexibel. Das ist, als wenn wir beim Bogenschießen noch immer im selben Winkel mit derselben Zugkraft schießen, obwohl jemand längst die Zielscheibe ein paar Schritte zur Seite bewegt hat. Besser ist es, wenn du und dein Team über konkrete Ergebnisse (Outcomes) sprecht, die euch dem Ziel näherbringen. Denn wenn diese dem Team als Kennzahl zur Verfügung stehen, kann es selbstständig darauf reagieren, wenn die abgesprochenen Maßnahmen nicht die erhofften Ergebnisse bringen. Also den Bogen wieder auf die Scheibe ausrichten und Punkte erzielen.

In der Praxis ist die Unterscheidung zwischen Maßnahme und Ergebnis gar nicht so einfach. In meinen Trainings frage ich gern beispielhaft, was die Ergebnisse (Outcomes) zum bewusst ambivalenten, langfristigen Ziel (Impact) »Fit für den Sommer werden« wären. Hier antworten Teilnehmende häufig Ähnliches wie »dreimal wöchentlich zum Joggen gehen«. Aber dabei handelt es sich letztlich um Maßnahmen. Zum Ergebnis gehört die Frage: Woran messen wir unseren Erfolg? Und der liegt nicht allein in der Tatsache, ob wir unseren Maßnahmenkatalog abgearbeitet (alle Pfeile verschossen) haben. Stattdessen müssen wir uns überlegen, woran wir unsere Fitness messen wollen. Allein die Diskussion darüber bringt schon ein großes ALIGNMENT bezüglich des Ziels ins Team. Woran messen wir unsere Fitness für den Sommer? Dass wir fünf Kilometer in unter 30 Minuten laufen können? Dass wir einen Body-Mass-Index von unter 24 erreichen? Dass wir einen Marathon laufen können? Oder dass unser Körperfettanteil unter 22% liegt? Du siehst, dass diese Ergebnisse sehr unterschiedliche Maßnahmen erfordern werden. Aber sie alle sind mögliche Interpretationen desselben Ziels. Über Ergebnisse zu sprechen, führt daher schon einmal zu mehr Klarheit und damit ALIGNMENT. Außerdem können die Mitglieder des Teams jederzeit ihre Ergebniserreichung messen und die Maßnahmen anpassen. Für den einen oder anderen mag dreimal wöchentlich Joggen die richtige Maßnahme sein, bei jemand anderem muss vielleicht Muskelaufbau dazukommen.

Objectives & Key Results (OKRs) als Zielsetzungsframework

Das Prinzip, mehr über Ergebnisse und nicht nur über Maßnahmen zu sprechen, wird in dem Zielsetzungsframework Objectives & Key Results (OKRs) sehr gut umgesetzt. Ein Set von OKRs besteht aus bis zu fünf **Objectives** (**Ziele**) mit jeweils bis zu vier **Key Results** (**Ergebnisse**). In der Regel werden OKRs auf zwei Ebenen innerhalb der Organisation gesetzt: auf der obersten Ebene für das gesamte Unternehmen und auf einer mittleren Ebene, zum Beispiel Abteilungs- oder Teamebene. Sie erstrecken sich in der Regel über einen Zeitraum von wenigen Monaten, was der Methode auch den Ruf einbringt, gut zu agilen Unternehmen zu passen: Da die Zielsetzung mehrmals im Jahr angepasst wird, kann das Unternehmen schnell auf Veränderungen reagieren.

Im Gegensatz zu vielen anderen Zielsetzungsverfahren sind OKRs keine Vorgabe »von oben«, sondern sie werden im Dialog mit den Mitarbeitenden erarbeitet. Sie erfüllen also auch die Anforderung an ein Backbriefing. Das kommt daher, dass OKRs nicht als Kontrollmethode gedacht sind, sondern im Kern MOTIVATION und ALIGNMENT herstellen sollen. In seinem Buch »High Output Management« beschreibt Autor und Intel-CEO Andrew Grove (2015), wie das Zielsetzungsframework[28] entstand. Er suchte nach einer Möglichkeit, Mitarbeitende zu motivieren, ihr Bestes zu geben. Er zieht als Erläuterung (fiktive) Beispiele von Mitarbeitenden heran, die im Büro wenig leisten, aber in der Freizeit für einen Marathon trainieren – offenbar fehle diesen Personen nicht MOTIVATION an sich, lediglich MOTIVATION für ihre Arbeit. Er erläutert, dass der MOTIVATIONseffekt für den Marathon daher komme, dass man andere oder die Stoppuhr schlagen wolle – und so suchte er nach einer Möglichkeit, auf der Arbeit eine ähnliche »Stoppuhr« einzufügen und sie seinen Mitarbeitenden in die Hand zu drücken. Daraus entstanden die OKRs – wobei die Key Results die von den Mitarbeitenden selbst gewählte »Rundenzeit« der »Stoppuhr« darstellen, an denen sie sich selbst messen können.

Aus diesem Ursprung kann man gut ableiten, dass OKRs Mitarbeiterbeteiligung voraussetzen, denn wer will schon seine Zeit für den Marathon vorgeschrieben bekommen? Es geht um ein freiwilliges Commitment auf anspruchsvolle Ziele, die ruhig auch mal höher gesetzt werden dürfen – ohne Angst vor Strafe, wenn das Ziel nicht zu 100 % erreicht wird.[29] Aus demselben Grund sind OKRs auch nicht mit Boni zu verknüpfen – denn dann würde den Mitarbeitenden nahegelegt, ihre Ziele niedrig zu setzen, um sie sicher zu erreichen.

Wenn OKRs mit diesem Verständnis eingeführt werden, sind sie ein sehr gutes Werkzeug zur Steigerung von ALIGNMENT und MOTIVATION und legen eine solide Grundlage für SELBSTORGANISATION.

ALIGNMENT-Test

Wie gut ist das ALIGNMENT in deinem Team/deiner Organisation? Stelle es auf die Probe, in dem du dein Team bittest, eure Vision, eure Mission und euren Zweck (*Purpose*) aufzuschreiben. Sind die Ergebnisse sehr ähnlich? Dann sind deine Mitarbeitenden sehr gut aufgestellt und ihr könnt das Maß an SELBSTBESTIMMUNG steigern, ohne dass Chaos entsteht. Unterscheiden sich die Ergebnisse stark? Dann habt ihr noch etwas zu tun: Um SELBSTORGANISATION zu fördern, müsst ihr auch in diesem Kontext ALIGNMENT schaffen.

28 Damals noch nicht unter dem Namen OKRs bekannt, dieser wurde später von John Doerr (Doerr 2018) geprägt.

29 Bei Google, das OKRs später unter John Doerr übernommen hat, galten 70 % als sehr gute Zielerreichung (Doerr 2018).

»Spieglein, Spieglein an der Wand«

Vineet Nayar beschreibt in seinem Buch »Zuerst der Mitarbeiter, dann der Kunde« (2013) seine Maßnahme »Spieglein, Spieglein an der Wand«. Wie in dem magischen Spiegel aus der Geschichte von Schneewittchen ging es ihm darum, die harte Wahrheit zu sagen, auch wenn derjenige vor dem Spiegel sie nicht hören will. In Nayars Fall war es die Organisation, die nicht hören wollte, dass sie bei Weitem nicht so erfolgreich war, wie alle glaubten.

Für Nayar war es wichtig, echtes ALIGNMENT bezüglich der aktuellen Lage der Firma herzustellen. Denn die Zahlen und Prognosen sahen nicht gut aus, die Angestellten fühlten sich hingegen übermäßig erfolgreich. Die Unterstützung für Modernisierungsmaßnahmen war daher gering. Also hat er seine Angestellten unter merklichem Widerstand mit den Prognosen konfrontiert, Abteilung für Abteilung, bis das ALIGNMENT bezüglich der Firmensituation hergestellt war.

Solltest du bemerken, dass die Zukunft deines Unternehmens deutlich weniger rosig aussieht als seine Vergangenheit, wirst du vermutlich ähnliche Maßnahmen ergreifen müssen, um Unterstützung für Veränderungen zu erhalten. In erfolgreichen Firmen entsteht schnell ein hohes Maß an Selbstzufriedenheit, das die Firma behäbig macht und Änderungsvorhaben entgegenwirkt. Ohne eine intensive Kommunikation der Prognosen zu Beginn einer Veränderung kann es sein, dass dieser Veränderung unterwegs die Kondition ausgeht, da Mitarbeitende nicht dasselbe Bild von der Zukunft im Blick haben wie du.

Flight Levels

Das **Flight Level System** von Klaus Leopold und Siegfried Kaltenecker (2023) ist ein Modell zum ALIGNMENT von agiler Wertschöpfung im Unternehmen über die drei namensgebenden Flughöhen. Es dient dazu, verschiedene Abhängigkeiten innerhalb des Unternehmens zu managen, um einen möglichst störungsfreien Fluss von Wertschöpfung zu ermöglichen.

- **Flight Level 3 – Strategisches Level:** Auf diesem Level werden die verschiedenen Initiativen und Projekte, welche das Unternehmen angehen könnte, priorisiert. Durch die Priorisierung und eine Limitierung von gleichzeitig gestarteten Projekten wird eine Überlastung der Organisation verhindert. Abhängigkeiten zwischen den Vorhaben werden transparent gemacht und organisiert. Durch dieses Level wird die Strategie des Unternehmens operationalisiert. Der Zeithorizont dieses Levels ist längerfristig (mind. Quartale).

- **Flight Level 2 – Koordination zwischen Teams und Wertströmen**: Die Umsetzung der Initiativen und Projekte, die auf Flight Level 3 priorisiert wurden, erfolgt innerhalb agiler Organisationen meist durch Teams, die entlang von Wertströmen ausgerichtet sind. Oft arbeiten mehrere Teams an der Umsetzung eines Vorhabens – das erzeugt Abhängigkeiten, die auf Flight Level 2 aufzulösen sind. Auf diesem Level geht es darum, die für die Umsetzung einer Initiative beziehungsweise eines Projekts nötige Arbeit zu koordinieren und dafür zu sorgen, dass sie möglichst störungsfrei erledigt werden kann, zum Beispiel indem Flaschenhälse erkannt und aufgelöst werden. Der Zeithorizont dieses Levels liegt zwischen Wochen und Monaten.
- **Flight Level 1 – Arbeitsprozesse von Teams und Wertströmen**: Auf diesem Level wird die Arbeit innerhalb der Teams koordiniert, deren Abhängigkeit auf Flight Level 2 gemanagt wurde. Hier geht es um Fragen der täglichen operationellen Arbeit: Wer macht was bis wann? Das hier geschaffene ALIGNMENT beschränkt sich auf das direkte Arbeitsumfeld. Der Zeithorizont dieses Levels liegt bei einigen Tagen.

Das Charmante am Flight Level System ist, dass es keine nennenswerte Umstrukturierung der Organisation voraussetzt. Es ist methodenagnostisch und kann schnell in jeder Organisation eingeführt werden – schafft dann aber neben ALIGNMENT auch hohe TRANSPARENZ, die dazu führt, dass Schwachstellen in der Wertschöpfung aufgedeckt und behoben werden. Durch die klare Priorisierung von Initiativen und Projekten auf Flight Level 3 wird das Arbeitspensum im Unternehmen auf einem optimalen Level gehalten. Das vermeidet einen Stau aus sich nur schleichend bewegenden Projekten. In der Folge werden die Vorhaben schneller durchgeführt, was wiederum die Reaktionsgeschwindigkeit der Organisation als Ganzes erhöht.

4 TRANSPARENZ

Wenn wir an unsere Gegenüberstellung Holzofen vs. elektronisch gesteuerte Heizung zurückdenken (Kapitel 1.3), wird schnell klar, dass die moderne Heizung nur funktionieren kann, wenn sie TRANSPARENZ über die Raumtemperatur besitzt. Ohne den aktuellen Zustand des Raums zu kennen, kann sie keine konstante Zieltemperatur sicherstellen.

Genauso geht es deinen Mitarbeitenden. Wenn sie den Status quo zu keiner Zeit kennen, können sie nicht sinnvoll in Richtung eines vereinbarten Ziels arbeiten – sie würden unterwegs verloren gehen, da sie nicht wissen, ob sie sich dem Ziel nähern oder daran vorbeilaufen.

Wie die Heizung mit einem Temperaturfühler ausgestattet ist, der die aktuelle Temperatur meldet und so erlaubt, die nötige Heizleistung abzuleiten, müssen deine Mitarbeitenden wissen, wo sie starten und wo sie zu jedem Zeitpunkt stehen. Diese Information sollte regelmäßig eintreffen, um schnell wirksam zu sein. Würden wir die Heizung nur einmal pro Stunde über die Temperatur informieren, sähen ihre Heizzyklen unserem Versuch am Holzofen ähnlich.

Auf den Punkt

Damit SELBSTORGANISATION funktioniert, brauchen Mitarbeitende TRANSPARENZ über ihre Arbeitsleistung und ihre Zielerreichung.

In vielen Unternehmen ist es jedoch so, dass die wesentlichen Informationen über die Teamperformance zunächst bei der Führungskraft eintreffen. Hier herrscht noch das alte Bild, dass die Führungskraft dafür eingestellt ist, wie ein Vorarbeiter die Mitarbeitenden zu steuern. Die Informationen werden dann in regelmäßigen Gruppenmeetings mit größerem Zeitabstand präsentiert. Das ist etwas ganz anderes, als den Mitarbeitenden ein flexibles Dashboard zur Verfügung zu stellen, auf dem sie Daten nicht nur auswerten, sondern gegebenenfalls auch weiterverarbeiten können. In der SELBSTORGANISATION ist die Aufgabe der Führungskraft nicht die Informationsanalyse oder -weitergabe. Die Führung muss stattdessen dafür sorgen, dass automatisierte Kanäle aufgebaut werden, über die Mitarbeitende zu jeder Zeit auf die nötigen Informationen zugreifen können.

Dabei müssen wir sicherstellen, dass nur wesentlicher Input bei den Mitarbeitenden eintrifft. Ich plädiere hier nicht für völlige TRANSPARENZ. Wir leben in einer Zeit, in der wir eher zu viel als zu wenig Information zur Verfügung haben. Wenn wir diese ungefiltert weitergeben, schaffen wir mehr Verwirrung als Erleuchtung. Wir müssen sicherstellen, dass wir uns auf die relevanten Informationen beschränken und der Zugang leicht und aktuell möglich ist.

4.1 Kein Lernen ohne TRANSPARENZ

Stelle dir vor, du würdest mit dem Tennisspielen beginnen. Deine Trainerin startet das Training, indem sie dir die Augen verbindet und dir auf dem Platz einige Bälle zuspielt. Einige davon erwischst du sogar. Doch im Gegensatz zu einem asiatischen Actionfilm, in dem »das Verschwinden eines Sinns alle anderen Sinne schärft« und dir neue Sphären der Tennismeisterschaft eröffnet, bleibst du eher ratlos zurück, als deine Trainerin anschließend alle 25 Schläge rückblickend kommentiert. Du weißt schon längst nicht mehr, wie du wann den Schläger geschwungen hast.

Ähnlich geht es deinem Team, wenn es an der Verbesserung der Markenbekanntheit arbeitet, diese aber nur einmal im Jahr durch die Marktforschung erhoben wird.

Auf den Punkt

Uns Menschen fällt Lernen dann leicht, wenn wir stetiges und direktes Feedback auf unsere Performance erhalten. Je später das Feedback bei uns ankommt, desto schwerer fällt uns das Lernen.

Das heißt, dass dein Team seine Arbeitsweise nur dann optimieren kann, wenn es sinnvolles und zeitnahes **Feedback** erhält, am besten **quantitativ** (»4 % Steigerung der Verkaufszahlen nach Einführung der Geld-zurück-Garantie«) anstatt **qualitativ** (»Gut gemacht, hat mir sehr gut gefallen«).

Das bezieht sich nicht nur auf wichtige Business-Kennzahlen, sondern auch auf Feedback zur Zusammenarbeit. Agile Methoden wie Scrum und Kanban arbeiten daher mit regelmäßigen **Retrospektive**-Meetings, in denen das Team die gemeinsame Arbeit reflektiert und sich Feedback gibt, was gut läuft und was besser laufen könnte.

Das Gegenteil dessen ist das jährliche Mitarbeitergespräch, in dem zu häufig rein qualitatives Feedback (»Deine Performance dieses Jahr war in meinen Augen außerordentlich«) aus Sicht der Führungskraft gegeben wird. Diese Praktik passt nicht zu SELBSTORGANISATION. Die Rückmeldung kommt zu selten und zu unspezifisch, um ein Lernen zu ermöglichen. Es ist außerdem eine subjektive Bewertung der Führungskraft, die nicht die SELBSTBESTIMMUNG der Mitarbeitenden stärkt.

Was es braucht, ist ein Umfeld, in dem regelmäßige Retrospektiven[30], auf quantitativen Ergebnissen beruhende Zielsetzungssysteme und aussagekräftige Dashboards den Mitarbeitenden erlauben, ständiges Feedback im laufenden Betrieb zu erhalten.

4.2 TRANSPARENZ fördert SELBSTBESTIMMUNG

Wenn deine Mitarbeitenden Verantwortung übernehmen und im konsultativen Einzelentscheid Entscheidungen (Kapitel 2) fällen, kann das schnell für Chaos sorgen, wenn während der Umstellung niemand mehr weiß, wer nun für welche Entscheidung zuständig ist.

Damit SELBSTORGANISATION funktioniert, muss es TRANSPARENZ über die verschiedenen Rollen und ihre Verantwortlichkeiten geben. Deine Mitarbeitenden müssen wissen, wen sie wann für was ansprechen können, um eine Entscheidung zu erhalten – und wann sie selbst entscheiden dürfen.

Viele agile Unternehmen legen dafür eine (überschaubare!) Datenbank der Rollen und ihrer Rechte und Verantwortlichkeiten an, die für alle transparent und durchsuchbar ist. Außerdem müssen deine Mitarbeitenden wissen, wie viel SELBSTBESTIMMUNG sie bezüglich ihrer eigenen Aufgaben haben. Im Methodenteil (Kapitel 4.9) findest du dazu einige Ansätze.

TRANSPARENZ herzustellen, muss aber nicht aufwendige digitale Systeme und Datenbanken beinhalten. Häufig reichen auch Klebezettel an einer Wand.

TRANSPARENZ in Bauprojekten

Von Klaus Okrafka, Lean Manager bei Heinrich Schmid Holding Württemberg GmbH & Co. KG

Ich setzte in meinen Bauprojekten das Last-Planner®-System (LPS) ein. Das LPS zielt auf Prozessstabilität in Bauabläufen ab. Hierbei schreibt jedes Gewerk seine Arbeiten inklusive der Vorleistung auf ein Post-it und klebt es an die Plantafeln, um die nächsten Wochen des Bauablaufs zu planen. Dabei hat jedes Gewerk eine eigene Post-it-Farbe.

30 Retrospektiven sind regelmäßige Meetings in agilen Teams, in denen vergangene Arbeitsweisen reflektiert und Verbesserungen für die Zukunft identifiziert werden. Sie bringen TRANSPARENZ in Probleme und steigern so langfristig – nach der Problemlösung – die KOMPETENZ des Teams. Siehe hierzu auch in Kapitel 6.7.

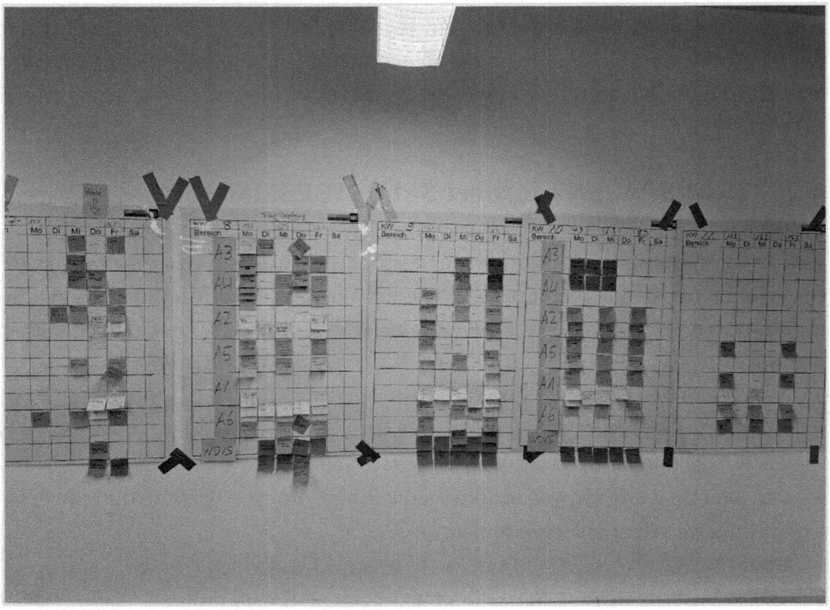

Abb. 3: Last-Planner®-System (LPS) bei Heinrich Schmid

Durch die Farben wird bereits von Weitem ersichtlich, welches Gewerk in welchem Bereich arbeitet. Geht man einen Schritt näher an die Tafel, kann jeder lesen, was alle anderen gerade machen und – viel wichtiger – was sie benötigen, um arbeiten zu können! Aufgaben und Annahmen werden schriftlich festgehalten und für alle sichtbar gemacht. Durch dieses System wird nahezu 100 % TRANSPARENZ in einem Bauprojekt geschaffen. Jeder bekommt den Freiraum, seine Belange anzusprechen. Und jeder wird in die Lage versetzt, nicht nur für sich, sondern für andere mitdenken zu können.

Am Anfang ist dies eine neue Situation für die Handwerker und jeder muss sich an die neue Ablaufplanung gewöhnen. Die Vorarbeiter der jeweiligen Gewerke (»letzte Planer«) nehmen das System überwiegend gern an. Jeder übernimmt Verantwortung für sein Gewerk und kann selbstständig entscheiden oder sich mit Lösungsvorschlägen an der Besprechung beteiligen. Zusammen mit der Vorausschau auf die nächsten Wochen werden typische Reibungsverluste auf der Baustelle vermieden und dadurch Zeit und Geld gespart. Das Projekt rückt als gemeinsames Ziel in den Vordergrund und es kann das gebündelte Wissen der Handwerker in die Planung fließen. Das schafft VERTRAUEN zu den anderen Projektbeteiligten und in das System.

Das System stößt jedoch an seine Grenzen, wenn Gewerke nicht zur Besprechung erscheinen, nicht ehrlich sind oder unrealistische Angaben machen. Außerdem können Einzelne die TRANSPARENZ auf Kosten anderer ausnutzen. Bei Versäumnissen darf die »Fehlerkeule« nicht ausgepackt werden. Stattdessen muss weiter konstruktiv und lösungsorientiert reagiert werden. Das ist auf Baustellen häufig am schwersten.

»Sei lieb zu Fehlern, sonst verstecken sie sich!«

4.3 TRANSPARENZ pusht ALIGNMENT und MOTIVATION

Es ist essenziell, dass der Status quo zu jeder Zeit bekannt ist. Nicht nur, damit Mitarbeitende selbst evaluieren können, ob sie auf einem guten Weg zum Ziel sind. TRANSPARENZ ist auch wichtig, um ALIGNMENT zwischen Führungskraft und Mitarbeitenden zu schaffen. Wenn diese ein unterschiedliches Bild des Status quo haben, wird es zu unnötigen Missverständnissen und Unstimmigkeiten kommen.

Nehmen wir an, die Geschäftsführung liest aus Prognosen, dass die Absatzzahlen in den nächsten Jahren rapide abstürzen werden, wenn die Produktionskosten nicht gesenkt werden können. Die Mitarbeitenden kennen diese Prognosen hingegen nicht und werden Sparprogrammen gegenüber daher einen deutlich höheren Widerstand entgegenbringen. Ihre MOTIVATION, etwas zu verändern, ist deutlich geringer, da sie das Unternehmen nicht als bedroht wahrnehmen. Beide Seiten würden stark davon profitieren, wenn sie ein ALIGNMENT bezüglich des Status quo und der zukünftigen Entwicklung durchführen, um an einem Strang zu ziehen.

Überall dort, wo Informationsmonopole herrschen, wird es Reibung aufgrund verschiedener Weltbilder geben. Die mentalen Modelle der Beteiligten unterscheiden sich, was es schwierig macht, das Verhalten der anderen Seite nachzuvollziehen. Nur wenn wir TRANSPARENZ in die Situation bringen, kann ALIGNMENT gelingen. Und nur wenn wir aufgrund des ALIGNMENT verstehen, warum ein bestimmtes Handeln sinnvoll ist, haben wir die MOTIVATION, uns zu engagieren.

Beispiel: Prinzip der »brennenden Plattform«

Ein klassisches Beispiel ist das Prinzip der »brennenden Plattform« im Change-Management. Wenn es schlecht um das Unternehmen steht, müssen die Mitarbeitenden das verstehen und erleben. Nur wenn sichtbar wird (TRANSPARENZ), was andere schon wissen (ALIGNMENT), wird es gelingen, die Mitarbeiterschaft für unbequeme Veränderungsmaßnahmen zu begeistern (MOTIVATION). Wenn hingegen die Plattform brennt, die Mitarbeitenden aber bei lauen 20 Grad nichts ahnend in der Kantine sitzen und sich über das gestrige Fußballspiel unterhalten, muss sich niemand wundern, dass keiner den Feuerlöscher holt.

Dabei ist es nicht immer so, dass die Kenntnis von Bedrohungen in der Geschäftsführung präsent und bei den Mitarbeitenden unbekannt sind. Es kommt häufig vor, dass kundennahe Bereiche des Unternehmens (z.B. Kundenservice oder Vertrieb) bereits sehr früh bemerken, dass die eigenen Angebote beginnen, denen der Konkurrenz hinterherzuhinken. Bis diese Informationen auf der Ebene der Entscheiderinnen angekommen sind und von diesen geglaubt werden – erst dann entsteht ALIGNMENT –, vergeht oft wertvolle Zeit und die Reaktion des Unternehmens erfolgt zu spät. Hier zeigt sich, dass TRANSPARENZ sich eben nicht nur auf die reine Informationsebene beschränkt, sondern auch emotionales Erleben voraussetzt. Wer als Führungskraft nur die langsam sinkenden Absatzzahlen sieht, wird vielleicht erst durch eine Begegnung mit einem wütenden Kunden aufgeweckt, dass mit dem eigenen Service etwas nicht stimmt, und verstehen, dass der aktuelle Absatz sich eher aus dem guten Ruf der Marke und weniger aus einem konkurrenzfähigen Angebot speist.

Als Unternehmerin oder Führungskraft kannst du für dich, deine Angestellten und andere Führungskräfte sehr wertvoll wirken, indem du durch TRANSPARENZ ALIGNMENT schaffst. Auf der einen Seite solltest du deinen Mitarbeitenden Zugang zu den Prognosen und Kennzahlen geben, die für ihre Arbeit und das Verständnis deiner Arbeit wichtig sind. Zum anderen sollten Führungskräfte deines Unternehmens regelmäßig Einblicke in die tägliche Arbeit im Betrieb sowie Kontakt zur Kundin haben, wenn sie wichtige Entscheidungen bezüglich dieser Bereiche treffen. »Genchi Genbutsu« heißt das auf Japanisch – ein Schlüsselprinzip beispielsweise bei Toyota – und bedeutet »realer Ort, reale Sache«.[31]

TRANSPARENZ per Firmen-Kanban bei Sipgate

Vor einigen Jahren war ich zu Gast bei der Sipgate GmbH in Düsseldorf – einem Unternehmen, das als einer der agilen Leuchttürme in Deutschland zählt. Dort sah ich ein großes bewegliches Kanban-Board in der Ecke eines Flurs stehen, welches alle Teams und Projekte des Unternehmens beinhaltete. Mir wurde erklärt, dass die Geschäftsführung regelmäßig im Flur zusammenkäme, um die Priorisierung und Verteilung von Aufgaben an die Teams zu besprechen. Alle Mitarbeitenden waren eingeladen, sich dazuzustellen, zu informieren und zu diskutieren. Diese Praxis schaffte ein hohes Maß an TRANSPARENZ für alle Beteiligten, da klar und sichtbar war, welches Team für welches Projekt verantwortlich ist, wo sich Arbeit staut und welche Projekte aktuell im Fokus des Unternehmens stehen.

31 Taiichi Ohno, der Begründer des Toyota-Produktionssystems, soll Neuzugänge in die Produktionshalle geführt und einen Kreidekreis auf den Boden gezeichnet haben. Den Neulingen wurde aufgetragen, sich in den Kreis zu stellen, zu beobachten und ihre Beobachtungen zu notieren. Ohno wollte seinen zukünftigen Ingenieuren vermitteln, dass sie die Produktionsprozesse nur dann wirklich verstehen können, wenn sie direkt vor Ort waren. Dort fand die Wertschöpfung statt und dort wurde Verschwendung sichtbar. (https://en.wikipedia.org/wiki/Genchi_Genbutsu, Abrufdatum: 19.02.2025)

Mit demselben Mindset hatte die Geschäftsführung außerdem Monitore aufgestellt, auf denen die aktuellen Business-Kennzahlen durchliefen, zum Beispiel wie viel Prozent jedes eingenommenen Euros gerade in welchen Topf flossen. So konnten sich die Mitarbeitenden jederzeit informieren und Vorschläge entwickeln, wie sich das Business verbessern ließe.

4.4 TRANSPARENZ schafft VERTRAUEN

Wenn du deinen Mitarbeitenden die für SELBSTORGANISATION nötige SELBSTBESTIMMUNG geben möchtest, setzt das VERTRAUEN voraus. Du musst darauf vertrauen, dass sie ihre Aufgaben in deinem Sinne erledigen können und wollen. Erst dieses Fundament (Kapitel 7) gibt den fünf Säulen der SELBSTORGANISATION sicheren Halt. TRANSPARENZ leistet einen wichtigen Beitrag zu diesem VERTRAUEN.

Zum einen trägt TRANSPARENZ über dein Handeln dazu bei, dass Mitarbeitende dieses nachempfinden können und so das VERTRAUEN in dich als Führungskraft erhalten bleibt. Zum anderen macht es TRANSPARENZ für dich leichter, deinen Mitarbeitenden zu vertrauen. Denn wenn du siehst, dass die Ziele erreicht werden und die Arbeitsergebnisse hochwertig sind,[32] kannst du dich darauf beschränken, regelmäßig auf die wesentlichen Zahlen zu schauen und deinen Mitarbeitenden den für SELBSTORGANISATION zwingend nötigen Freiraum zu gewähren.

Wenn du dagegen im Dunkeln tappst, weil du keinerlei Rückmeldung darüber erhältst, ob deine Leute gerade gute Arbeit machen, wirst du ein starkes Gefühl der Unsicherheit erleben. Viele Führungskräfte rücken in der Folge näher an ihre Mitarbeitenden heran und schauen ihnen über die Schulter. Sie möchten ihre Unsicherheit durch das Gefühl von Kontrolle ersetzen. Oft lassen sie die Mitarbeitenden dann genau das tun, was sie selbst machen würden – schließlich überschätzen wir gern unsere eigenen Kompetenzen und meinen, es müsste nur jede so arbeiten wie wir. Die aus fehlender TRANSPARENZ entstehende Unsicherheit mündet allerdings in stärkerer Fremdsteuerung und damit geringerer SELBSTBESTIMMUNG.

Du solltest also gemeinsam mit deinen Mitarbeitenden nicht nur die Informationskanäle aufbauen, die ihnen ermöglichen, ihre eigene Arbeit zu evaluieren und zu lernen, sondern auch die, die dir zeigen, ob die wesentlichen Ziele erreicht werden. Denn dein VERTRAUEN in deine Mitarbeitenden ist für die SELBSTORGANISATION genauso wichtig wie das deiner Mitarbeitenden in dich.

32 Hier ist anzumerken, dass auch bei guter Arbeit Ziele nicht immer erreicht werden – nicht zuletzt, weil die Welt komplexer und unvorhersehbarer geworden ist. In diesem Fall braucht es sowohl VERTRAUEN in die Bemühungen der Mitarbeitenden als auch TRANSPARENZ in der Fehleranalyse – nicht mit dem Ziel der Bestrafung, sondern der kontinuierlichen Verbesserung.

4.5 TRANSPARENZ verändert Entscheidungen

In Abwesenheit von TRANSPARENZ werden viele Entscheidungen basierend auf dem Bauchgefühl der Entscheiderinnen gefällt. Wo keine Kundenzufriedenheit erhoben wird, entscheiden Managerinnen subjektiv über das Design von Produkten und den Aufbau von Kundensupportstrecken. Wo die Durchlaufzeit von Projekten nicht gemessen wird, werden Prozesse auf der Basis dessen gestaltet, was Managerinnen für richtig und effizient halten – ohne dass dies objektiv an etwas gemessen werden kann. Und wer Kenngrößen wie Conversion Rate, Return on Ad Spend und Customer Acquisition Cost nicht erhebt und auswertet, wird die Qualität von Marketingkampagnen vor allem daran bemessen, wie sie der Person selbst gefallen. Das ist in SELBSTORGANISATION problematisch, denn es skaliert nicht – das heißt, diese Entscheidungsfindung ist nicht übertragbar. Das Bauchgefühl jeder Person ist höchst individuell – was dein Bauchgefühl dir rät, kann etwas völlig anderes sein als das, was mein Bauchgefühl mir in derselben Situation raten wird. Dementsprechend sind auch die getroffenen Entscheidungen höchst individuell. Ohne objektive Kriterien sind es subjektive Entscheidungen, die durch jede Person anders getroffen werden können.

Was passiert nun, wenn eine Führungskraft, die es gewohnt ist, solche subjektiven Entscheidungen zu treffen, SELBSTBESTIMMUNG an Mitarbeitende übergibt? Sie wird erleben, dass ihre Mitarbeitenden deutlich andere Entscheidungen treffen, als ihr Bauchgefühl ihr geraten hätte. Fehlt es nun an TRANSPARENZ, sprich an objektiven Bewertungskriterien, wird sie das Gefühl haben, ihre Mitarbeitenden würden falsche Entscheidungen treffen. Schnell wird sie erste Beweise dafür finden, denn Fehler passieren immer.[33] Das VERTRAUEN in die Mitarbeitenden sinkt und letztlich wird sie mit großer Wahrscheinlichkeit regelmäßig eingreifen und ihre subjektiv richtigen Entscheidungen durchdrücken. Es entsteht ein Zustand der »geliehenen SELBSTBESTIMMUNG« (Kapitel 2.2).

Auf den Punkt

TRANSPARENZ aufzubauen bedeutet, die subjektiven Bewertungskriterien für Entscheidungen durch objektive Kriterien zu ersetzen. Dazu müssen geeignete Messgrößen identifiziert, aufgenommen und den Mitarbeitenden zur Verfügung gestellt werden.

Nun können Entscheidungen eher aufgrund logischer Überlegungen gefällt werden. Verschiedene Personen mit ausreichend ALIGNMENT und KOMPETENZ würden aufgrund derselben Daten mit höherer Wahrscheinlichkeit dieselben oder sehr ähnliche Entscheidungen fällen. Schon haben wir eine Situation, in der Entscheidungsfindung höchst skalierbar ist, also an kompetente, aligente Mitarbeitende übergeben werden kann.

33 Hier wirkt das Phänomen des Confirmation Bias besonders stark. Der Confirmation Bias ist die Tendenz, Informationen so zu sehen, zu interpretieren und zu erinnern, dass sie bestehende Überzeugungen und Erwartungen bestätigen, während widersprüchliche Informationen ignoriert werden.

So steigt nicht nur die SELBSTBESTIMMUNG im Unternehmen. Die Entscheidungen werden in der Regel auch besser, da sie nun eine vernünftige, sachliche Basis haben. Statt dass sich die charismatischsten Rednerinnen durchsetzen, sind es jetzt die Personen mit den besten Argumenten. Statt dass im Unternehmen so entschieden wird, wie es die ranghöchste Person im Raum als richtig empfindet, werden Beschlüsse auf einer soliden Datenbasis gefasst.

Vielfach werden Entscheidungen dadurch auch nachvollziehbarer für die Mitarbeitenden, denn während das Bauchgefühl einzelner Entscheiderinnen nur schwer zu durchschauen ist, lassen sich Zahlen sehr gut kommunizieren. Das wiederum senkt den Frust, den die Belegschaft bei subjektiven Entscheidungen oft erlebt.

4.6 TRANSPARENZ langsam und bewusst aufbauen

Der Wunsch nach TRANSPARENZ kann zu Unzufriedenheit führen, wenn Führungskräfte zwar Informationen transparent machen, diese aber von den Mitarbeitenden negativ aufgenommen werden – zum Beispiel, weil gezeigte Zwischenergebnisse aus Projekten nicht der »gelernten« Perfektion entsprechen. Hier braucht es ein gutes Maß dafür, wann welche TRANSPARENZ angemessen ist.

Viele agile Frameworks wie Scrum oder SAFe arbeiten mit **Reviews**, in denen frühe (Teil-)Ergebnisse eines Produkts oder einer Dienstleistung publik gemacht werden, um Feedback von Kundinnen und Nutzenden einzuholen. Erst dieser Schritt ermöglicht erst eine hohe Anpassungsfähigkeit, sprich Agilität, denn erst ein regelmäßiger Realitätscheck zeigt, ob es Anpassungsbedarf gibt. Dieses Vorgehen erfordert jedoch eine gewisse Toleranz für Unperfektion, denn die vorgestellten Ergebnisse sind oft noch nicht rund – und das ganz bewusst, um sehr früh Kritikpunkte der Nutzenden auffangen zu können. Somit können allerdings nicht alle aufkommenden Fragen umgehend beantwortet werden. Auf Personen, die es gewohnt sind, mit einem hohen Maß an Perfektion und einer geringen Fehlertoleranz zu arbeiten, wirkt dies schnell schlampig. Hier braucht es sowohl eine transparente Kommunikation über den Nutzen agiler Methoden als auch den Aufbau von KOMPETENZ bei den Mitarbeitenden, die lernen müssen, ihre innere Kritikerin bei frühen Arbeitsergebnissen im Zaum zu halten und Irrtümer als Lerngelegenheit anzuerkennen.

Insbesondere wenn die Transformation hin zu mehr Agilität selbst mit agilen Methoden gestaltet wird, kann es sein, dass die frühen Einblicke in den (unperfekten) Change-Prozess mit dem Perfektionsbedürfnis der Mitarbeitenden kollidieren. Die Organisation und ihre Mitarbeitenden haben zu diesem Zeitpunkt (weil die Transformation noch im Gange ist) oft noch nicht die KOMPETENZ und das VERTRAUEN, um mit dem neuen Maß an TRANSPARENZ umzugehen. Sie müssen sich mit Unterstützung der Führungskraft langsam dahin entwickeln und lernen, dass es auch Wert hat, unfertige oder fehlerhafte Arbeit zu zeigen, weil man so schneller lernen kann.

Dasselbe passiert auch im Bereich der Feedbackkultur. Wenn die erwähnten Reviews eingeführt werden, wenn der Einfluss Einzelner aufgrund höherer SELBSTBESTIMMUNG steigt und neuerdings alle Rückmeldungen auf die Arbeitsstände anderer Teams geben können, kommt es häufig zu folgenden Effekten:

- Manche Mitarbeitenden erweitern ihren Einflusskreis und versuchen, in deutlich mehr Themen mitzumischen und mitzuentscheiden. Das führt zu starkem Stress bei den Hauptverantwortlichen, die es nicht gewohnt sind, mit so viel Input von außen umzugehen.
- Die Feedback-Nehmerinnen sind frustriert aufgrund negativen Feedbacks, das sie nicht gewöhnt sind. Sie fühlen sich möglicherweise auch persönlich angegriffen und können die Rückmeldung in der Sache (Sachebene) nicht vom Feedback zu ihrer Person (Beziehungsebene) trennen.
- Feedback-Geberinnen haben noch keine KOMPETENZ im Geben von Feedback und es gelingt ihnen nicht, das auf sachliche Weise zu tun, was sich dann schlimmstenfalls wie ein persönlicher Angriff anfühlt.

Es ist also wichtig, dass vor der Steigerung der TRANSPARENZ aktiv an der Feedback-KOMPETENZ der Mitarbeitenden gearbeitet wird. Anregungen, wie das funktionieren kann, findest du in Kapitel 6.7.

Doch nicht nur die Geschwindigkeit, mit der TRANSPARENZ aufgebaut wird, sollte gut überlegt sein, sondern auch, *was* genau transparent gemacht wird. Und dabei rede ich nicht nur davon, dass Informationen über Gehälter oder Auszahlungen an Investierende Widerstände hervorrufen können. Und dass persönliche oder vertrauliche Daten weiterhin nur sehr selektiv öffentlich gemacht werden dürfen. Sondern davon, dass TRANSPARENZ über die falschen Aspekte eines Systems schädlich sein kann.

TRANSPARENZ über die Durchführung von Prozessen geht zum Beispiel schnell nach hinten los, wie auch David Marquet auf der Santa Fe feststellte (Marquet 2012). Wenn Führungskräfte Einblick bekommen, ob Mitarbeitende vorgeschriebene Prozesse einhalten, entsteht schnell die Situation, dass das Einhalten der Prozesse wichtiger wird als das erzielte Ergebnis. Die Mitarbeitenden werden dann ihren Fokus darauf richten, keine Prozessfehler zu begehen, anstatt ihre Arbeit auf den gemeinsamen Outcome zu richten – während die Führungskräfte ihre Zeit mit der Prozessüberwachung verbringen statt mit strategischen Aufgaben oder wertstiftendem Management. »Bemühungen zur Verbesserung des Prozesses machten die Organisation effizienter, während Bemühungen zur Überwachung des Prozesses die Organisation weniger effizient machten.« (Marquet 2012)

Auf den Punkt

Unser Ziel ist es nicht, die Prozessgenauigkeit transparent zu machen. Wir wollen TRANSPARENZ über das erzielte Ergebnis.

4.7 TRANSPARENZ bedeutet, die eigenen Fehler und Schwächen zu sehen

Damit SELBSTORGANISATION so funktioniert wie in unserem Heizungsbeispiel, muss es eine offene und ungeschönte Feedbackschleife geben, die den Mitarbeitenden zeigt, wie gut ihre Arbeitsleistung ist. Das betrifft nicht nur das Erreichen von Zielen, sondern auch die Zusammenarbeit mit den Kolleginnen.

In seinem Buch »Zuerst der Mitarbeiter, dann der Kunde« (Nayar 2013) berichtet HCLT-Vice Chairman Vineet Nayar von einem Besuch bei einem Freund in Amsterdam, dessen Wohnung erstaunlich große Fenster hatte, die einen guten Einblick von der Straße erlaubten – sehr typisch für Häuser im Amsterdamer Zentrum. Darauf angesprochen meinte sein Freund: »Das hält das Haus sauber.« Denn der Dreck wird sichtbarer – für einen selbst, aber auch für Besucherinnen und Passantinnen. Das steigert die Wahrscheinlichkeit, dass man ihn beseitigt.

Genau das ist der Grund, warum zum Beispiel das agile Framework Scrum TRANSPARENZ als seine erste Säule nennt (die anderen sind Inspektion und Adaption): Wir wollen Probleme sichtbar machen, damit sie behoben werden. Diese Probleme liegen häufig in Strukturen und Systemen. Aber manchmal auch bei den Mitarbeitenden.

TRANSPARENZ kann für viele Mitarbeitende insbesondere in Unternehmen mit einer starken **Harmoniekultur** zu Beginn eine echte Herausforderung sein. Ihr Ego ist vielleicht stark damit identifiziert, bei allen beliebt zu sein oder alles richtig zu machen. Wenn nun in der bisherigen Arbeitskultur Kritik nur über Führungskräfte, nicht aber unter Mitarbeitenden üblich war, kann es sein, dass sich die Menge der Kritik an ihrer Arbeit nun erhöht.[34] Gleichzeitig ist eine Mitarbeiterin plötzlich aufgerufen, Kritik an anderen zu üben, die sie möglicherweise nicht kritisieren will, da sie befürchtet, dass dies die Beziehung/en negativ beeinflusst. Mit beidem müssen Mitarbeitende umgehen lernen (Kapitel 7.3).

34 Auch konstruktive Kritik fühlt sich für Menschen, die es nicht gewohnt sind, kritisiert zu werden, erst einmal negativ an. Selbst wenn die Kritik positiv ist (»Das hat mir sehr gut gefallen, wie du das gestaltet hast«), kann zunächst ein Störgefühl entstehen, denn nun urteilen Menschen über die eigene Arbeit, die vorher keinen Anspruch zu einer Beurteilung hatten.

TRANSPARENZ bedeutet Klarheit in der Kommunikation

Ein Beitrag von Unternehmerberater Walter Herter

TRANSPARENZ schaffen – fachlich wie auch menschlich
Fachliche Aspekte werden in Meetings in der Regel klar erfasst. Aber Faktoren wie Zielkonflikte, Interessenkonflikte oder die Motivation für die Aufgabe sind ebenso relevant, werden jedoch oft ignoriert. Hier wird verpasst, gegenseitiges VERTRAUEN zu schaffen beziehungsweise riskiert, VERTRAUEN zu verspielen. Denn wenn du diese menschlichen Aspekte nicht rechtzeitig ansprichst, holen diese »Kräfte« dich und die Aufgabe später und mit doppelter Wirkung ein. Die am Anfang vorhandene MOTIVATION verschwindet in der Einsamkeit des Einzelnen, wenn sie nicht geteilt wird.

Klarheit ist nichts Fertiges, sondern muss entstehen
Klarheit entsteht oft erst im Dialog. Das bedeutet, für sich selbst und für die anderen zu akzeptieren, dass gegenseitige Klarheit nur durch gemeinsames Denken und Reden entsteht. Die Erwartung von sofortiger Klarheit ist unmenschlich und vorwurfsvoll. Erkunde deine eigenen Gedanken im Gespräch – und erkunde die Gedanken der anderen durch klares und gleichzeitig taktvolles Nachfragen.

Schütze dich und andere vor dysfunktionalen Gefühlsausbrüchen, wenn es eng wird
Gegenseitiges Bekämpfen, Recht-haben-Wollen (der teuerste Sport der Welt) und Rache sind destruktive Optionen in konflikthaften Dynamiken. Klarheit erfordert den Mut zum Hinschauen auf sich selbst, erkennen, was einen bewegt. Klarheit ist die Kunst eines souveränen und flexiblen Umgangs mit schwierigen, konflikthaften Situationen.

Klarheit ist mit der Verantwortung verbunden, mitzugestalten
Diese Verantwortung für Mitgestaltung betrifft drei Bereiche:

- Das Thema/Problem als solches: Welche Aspekte müssen angesprochen werden, damit ein hochwertiges Ergebnis erzielt wird? Wenn gegensätzliche Positionen, Gedanken, Gefühle auftauchen, muss »das Gelingen des gemeinsamen Dritten« (Berthold Brecht) das Ziel sein.
- Der Prozess der Ergebnisgewinnung: Diesen gilt es so zu gestalten, dass sowohl Aktionismus als auch ein Sich-drehen-im-Kreis verhindert werden.
- Die Beziehung zu den Mitgestaltenden: Klarheit ohne Wohlwollen und Respekt wirkt gewalttätig. Gleichzeitig braucht Klarheit einen angemessenen Zeitpunkt, sonst wird sie ungeduldig oder taktlos.

Lade andere zu Klarheit ein
Sich zu zeigen mit seinem Wissen, Gefühlen und Bedürfnissen, ist Klarheit. Die anderen einladen, sich zu zeigen, schafft gemeinsame Klarheit. Zeige, wo dich die Perspektiven des Gegenübers beeindrucken, wo du mitgehen kannst. Und sage auch klar, wo deine Grenzen sind.

Umgang mit impliziten Annahmen
Implizite Annahmen sind nicht mehr hinterfragte Aspekte, es sind *vermeintliche* Klarheiten. »Es ist doch allen klar …«, »Es weiß doch jeder hier, dass …« und so weiter. Zu echter Klarheit gehört, diese Selbst-Verständlichkeiten kontinuierlich zu hinterfragen, denn sie machen blind für manchmal Wesentliches. Sie verschleiern sozusagen relevante Aspekte.

Klarheit braucht Maß
Nicht zuletzt ist Klarheit auch ein heikles Thema, wenn es um Klarheit gegenüber Mächtigen geht: Was ist angemessen, was erfordert Mut? Und was ist ein zu großes Risiko? Entwickle das Gespür für den richtigen Moment.

In vielen eher traditionellen Unternehmen herrscht noch das Bild der Führungskraft als Schutzschild vor dem Team, das Kritik am Team abfängt, sodass die Mitarbeitenden davon nicht »verletzt« werden. Dieses Bild lässt sich mit SELBSTORGANISATION schwer vereinbaren. Es bevormundet die Mitarbeitenden und nimmt ihnen SELBSTBESTIMMUNG. Außerdem verschleiert es Kritik und verringert damit TRANSPARENZ. Besser ist es, wenn Feedback-kompetente Mitarbeitende direkt mit sachlicher Kritik konfrontiert werden, die sie aufnehmen, ohne in die Defensive zu geraten und mit dem eigenen Wissen bewerten. Diese Feedback-KOMPETENZ wird nicht jedes Team zu Beginn einer Transformation besitzen, sodass wir sie weiterbilden und entwickeln müssen, damit TRANSPARENZ ihre Wirkung voll entfalten kann. Hier sind besonders unternehmensinternes Coaching und Mentoring gefragt, aber auch gezielte Workshops zur Feedback-KOMPETENZ. Anregungen dazu findest du in Kapitel 6.7. Auch die Methoden für VERTRAUEN aus Kapitel 7.7 helfen, eine solide Grundlage für offenes Feedback zu legen.

4.8 Reflexion

- Hat dein Team Zugang zu den wesentlichen Erfolgsmetriken?
- Wie oft und zeitnah werden diese Metriken zur Verfügung gestellt?
- Gibt es Informationen, die deine Mitarbeitenden aktuell nicht haben, die aber ihr Verhalten positiv beeinflussen würden?
- Haben deine Mitarbeitenden Einblick in die Unternehmensstrategie? Ist dieser Einblick verständlich oder handelt es sich lediglich um einige abstrakte PowerPoint-Folien?

- Werden Probleme und Fehler in deinem Team/Unternehmen offen angesprochen? Was ist das Mindset: Wird nach Schuldigen gesucht oder konstruktiv in die Zukunft geblickt?
- Wo erfolgt eine reine Prozess-/Statuskontrolle, die wenig Wert schafft? Könntet ihr diese abbauen?
- Mit welchem Verhalten unterstützt du dein Team im Austausch von Wissen und Erfahrung?
- Mit welchem Verhalten erschwerst du den Austausch von Wissen und Erfahrung unter deinen Mitarbeitenden?
- Beziehst du dein Team in die Gründe für deine Entscheidungen ein?
- Hat dein Team/Unternehmen klare Prioritäten? Wenn du fragen würdest, würde jede Person dieselben Prioritäten nennen?
- Wo fällt es dir schwer, Verantwortung abzugeben? Kann dir TRANSPARENZ über bestimmte Metriken helfen, ein Gefühl der Kontrolle zu bewahren, obwohl du Verantwortung abgibst?

4.9 Methoden für TRANSPARENZ

TRANSPARENZ braucht nicht unbedingt spezifische Methoden, sie kann auch über Kommunikationsmaßnahmen und die richtigen Business-Metriken gesteigert werden. Dennoch gibt es einige spezifische Herangehensweisen an diese Säule, die ich vorstellen möchte.

Strategische TRANSPARENZ mit Objectives & Key Results

Um ein hohes Maß an ALIGNMENT zu schaffen, braucht es TRANSPARENZ bezüglich der wesentlichen Unternehmensziele, auf welche die Organisation aktuell fokussiert. Dabei helfen die in Kapitel 3.7 (Methoden für ALIGNMENT) erklärten OKRs. Sie bringen außerdem TRANSPARENZ in die Frage »Woran messen wir unseren Erfolg?« und ermöglichen so organisationales Lernen, indem Leistungsziele klar definiert und anschließend ausgewertet werden – nicht im Sinne einer Fehlersuche, sondern als Lerngelegenheit.

Projekt-Kanban

Meiner persönlichen Überzeugung nach ist ein Grund, warum viele Unternehmen im Zustand der Überlastung sind, der, dass Entscheidungen für oder gegen Projekte/Aufgaben im Management einzeln – also isoliert ohne Kontext – gefällt werden. Da kommt eine Mitarbeiterin mit einer Idee zur Tür herein, die die Führungskraft großartig findet und dafür sogleich grünes Licht gibt. Am nächsten Morgen hat die Führungskraft eine eigene Idee und spricht eine Mitarbeiterin an, sich darum zu kümmern. Am Abend erhält die Führungskraft von der eigenen Führungskraft einen Auftrag, der direkt an das eigene Team weitergegeben wird. Drei neue Aufgaben, die jeweils aus einer Entscheidung dafür oder dagegen entstanden sind. Was nicht stattgefunden hat, ist eine Abwägung beziehungsweise Priorisierung gegenüber anderen Aufgaben. Warum? Weil die Führungskraft in diesem Moment keine Übersicht darüber hat, wer an was arbeitet und eine solche Abwägung damit nicht möglich ist. Es fehlt an TRANSPARENZ für die nötige Priorisierung.

Agile oder Lean-Unternehmen haben gelernt, dass solche Einzelentscheidungen dazu führen, dass weniger relevante Aufgaben und Projekte ihre Mitarbeiterkapazitäten binden, während wichtige Aufgaben und Projekte im Stau stehen. Ihre Lösung: Sie arbeiten unter anderem mit einem **Kanban-Board**, auf dem alle Projekte des Unternehmens abgebildet sind. Wie bei Kanban üblich gilt das Motto »Stop starting, start finishing!« – es wird also die Anzahl der gleichzeitig in Arbeit befindlichen Projekte limitiert. Ein neues Projekt kann erst gestartet werden, wenn ein begonnenes beendet wurde. Sobald ein Projektslot frei wird, findet eine klare Priorisierung zwischen den wartenden, nicht gestarteten Projekten statt, die transparent auf dem Kanban-Board gelistet sind. Auf diese Weise stellen Unternehmen sicher, dass zu jedem Zeitpunkt die wertvollen Projekte bevorzugt werden und ein Stau durch zweitrangige Projekte und Aufgaben vermieden wird.

Das sogenannte **Work-in-Progress-Limit** (**WIP-Limit**) bedingt, dass sich bei Überlastung des Systems Projekte am Anfang des Boards (im Status »nicht begonnen«) stauen, nicht im Status »in Arbeit«. Das ist äquivalent zu einer Autobahn, deren Auffahrt mit einer Ampel versehen ist, die Autos von der Auffahrt abhält, wenn die Autobahn zu überfüllen droht. Das verhindert einen Stau, denn auf einer überlasteten Autobahn fährt kein Auto mehr und der Fahrfluss kommt zum Erliegen. Da ist es deutlich effektiver, dass einige Autos an der Auffahrt warten müssen, damit der Rest fahren kann. Dasselbe passiert im Unternehmen, denn aus-/überlastete Mitarbeitende führen zu unnötigen Wartezeiten bei Projekten, sodass diese länger brauchen. Ein WIP-Limit bedingt, dass eine Überlastung des Systems für die Personen transparent wird, die diese Information benötigen: die Entscheiderinnen am Beginn des Prozesses. Sie erkennen diesen Zustand daran, dass sich Projekte in der anfänglichen Warteschlange reihen.

Ein Kanban-Board ist äußerst hilfreich auf der Ebene unternehmensweiter Projekte, kann aber auch in deinem persönlichen Einflussbereich (z. B. Abteilung oder Team) helfen, die Übersicht zu bewahren, an was gerade gearbeitet wird – und ob dies die aktuell relevantesten Themen sind. Ich nutze solche Boards gern, um alle Aufgaben sichtbar zu machen, die nicht Teil des routinierten Tagesgeschäfts sind, zum Beispiel Prozessverbesserungen oder Change-Themen. Auch hier fördert die zusätzliche TRANSPARENZ den Prozess, klar zu priorisieren und einen Stau zu vermeiden – damit Aufgaben schnellstmöglich erledigt werden.

Management als Support Desk

Wenn du und andere Führungskräfte in eurem Unternehmen euch als Servant Leader[35] versteht, ist ein praktischer Ansatz von Vineet Nayar (2013) zu empfehlen. Sein Ziel: Probleme in Prozessen und Arbeitsbedingungen, die Mitarbeitende behindern, sollten transparent gemacht und behoben werden. Dafür führte er ein dem Support Desk[36] ähnliches Ticketsystem ein, bei dem die Angestellten Tickets aufmachen können, wenn etwas sie stört oder behindert. Initial entstand das Problem, dass die Tickets mitunter vom Management geschlossen wurden, ohne dass die Probleme gelöst worden waren. Nayar veränderte das System daraufhin so, dass nur die Angestellten selbst die Tickets als gelöst kategorisieren können. So brachte Nayars Unternehmen einen kontinuierlichen Verbesserungsprozess in Gang, in dem Probleme schnell nach oben gespült und gelöst werden.

360°-Feedback für Führungskräfte

Eine weitere Veränderung von Vineet Nayar bei HCLT (Nayar 2013) war die Einführung des **360°-Feedbacks** für Managerinnen, bei denen alle Personen befragt wurden, die von den Entscheidungen und der Arbeit einer Managerin betroffen waren. Die Fragen lauteten unter anderem: »Hilft Ihnen diese Managerin dabei, den Wert zu erhöhen, den Sie Ihren Kundinnen liefern?« – »Wenn Sie ein Problem entdeckt haben: Hilft Ihnen diese Managerin dabei, das Problem zu definieren und eine Lösung zu finden?«

Hier wurde radikal TRANSPARENZ über die Wirkung einer Führungskraft hergestellt. Der Unterschied zum klassischen 360°-Feedback war, dass diese Fragen nicht nur an die direkten Mitarbeitenden der Führungskraft gingen (was Nayar die »**Machtsphäre**« nennt), sondern auch an die von der Arbeit Betroffenen (»**Einflusssphäre**«), was den Kreis deutlich vergrößert und Nachbarabteilungen einschließt. Das verbesserte die Effektivität abteilungsübergreifender Wertströme.

---

35 Servant Leadership ist ein Führungsstil, bei dem der Fokus darauf liegt, den Mitarbeitenden zu dienen und sie zu unterstützen, anstatt sie anzuweisen. Führungskräfte in diesem Stil konzentrieren sich darauf, die bestmöglichen Arbeitsbedingungen für ihre Mitarbeitenden zu erzeugen.

36 Ein Support Desk ist eine Anlaufstelle bei Problemen zum Beispiel mit der Technik oder Software. Das kann telefonisch, per E-Mail oder Chat erfolgen. Die Support-Mitarbeitenden helfen, Fehler zu beheben und Fragen zu beantworten. Typischerweise ist der Prozess so organisiert, dass die Anfrage der Hilfesuchenden ein digitales Support-Ticket erzeugt, das vom Service bearbeitet und später von der Hilfesuchenden geschlossen wird, wenn das Problem gelöst wurde. Das Ticket dient als digitaler Marker für die noch zu lösende Aufgabe und sammelt alle Informationen an einer Stelle, zum Beispiel das zu lösende Problem und die bisherigen Lösungsversuche.

Radical Candor (Fürsorgliche Offenheit)

SELBSTORGANISATION baut auf TRANSPARENZ auf und setzt damit voraus, dass Mitarbeitende offen auf Fehler und Probleme hinweisen können. Nur so sind sie in der Lage, ihre eigene Arbeit selbstbestimmt zu optimieren. Doch viele Menschen haben Probleme mit einer offenen Kommunikation. Nicht nur, dass es an Kritikfähigkeit fehlt, oft mangelt es auch an Wissen darüber, wie Kritik richtig angebracht wird (Kapitel 4.6).

Kim Scott, Managerin bei Google und Apple, hat dafür das Modell des **Radical Candor** entwickelt und im gleichnamigen Buch veröffentlich (Scott 2017). Das Modell zielt auf das Mindset im Kontext von Kritik ab und kann besonders dort helfen, wo Kritik entweder vermieden oder besonders hart und aggressiv gegeben wird.

Das Radical-Candor-Modell beruht auf zwei Achsen: der Frage, wie offen du eine andere Person mit deiner Kritik konfrontierst (Offenheit) und der Frage, wie sehr du dich für diese Person und ihr Wohl interessierst (Fürsorge). Daraus resultieren die vier Quadranten (Abbildung 4).

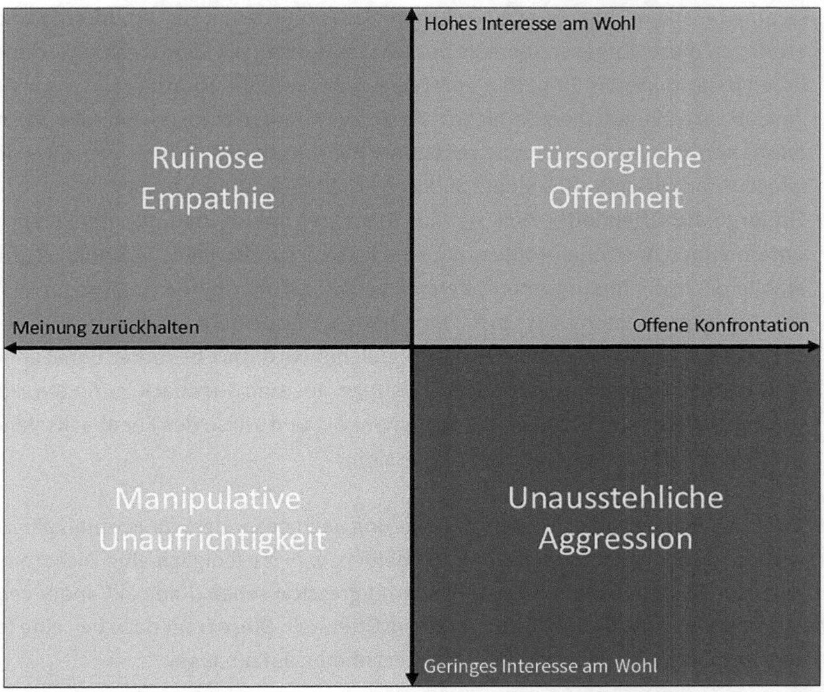

Abb. 4: Die vier Quadranten des Radical-Candor-Modells nach Scott 2017 (Übersetzung bewusst abweichend)

- **Ruinöse Empathie**: Wenn du Kritik zurückhältst, weil du dich um die Beziehung zu deinem Gegenüber sorgst – zum Beispiel aus Angst vor einem Beziehungsabbruch oder weil du der Person negative Emotionen ersparen möchtest –, verhinderst du, dass diese Person sich weiterentwickeln kann. Im schlimmsten Fall führt dies im beruflichen Umfeld dazu, dass die Person aufgrund schlechter Leistungen ihren Job verliert. Scott nennt dies den Bereich der »ruinösen Empathie« und empfiehlt, sich klarzumachen, dass eigene Emotionen vor die Interessen des Gegenübers gestellt werden. Viele Personen, die sich kommunikativ in diesem Bereich wiederfinden, tun dies, um die vermeintlich einzige Alternative der unausstehlichen Aggression zu vermeiden. Sie übersehen, dass fürsorgliche Offenheit eine Alternative wäre.
- **Manipulative Unaufrichtigkeit**: Wenn du kein Interesse am Wohlergehen deines Gegenübers hast, es aber trotzdem nicht offen kritisierst, könne der Grund laut Scott nur sein, dass du diese Person manipulieren möchtest, indem du eine positive Beziehung vortäuschst.
- **Unausstehliche Aggression**: Wenn du offen kritisierst, dich aber nicht um die kritisierte Person sorgst, kann es schnell sein, dass deine Kritik Aggression enthält. In diesen Sektor fallen zum Beispiel Vorgesetzte, die ihre Mitarbeitenden vor versammelter Mannschaft »zur Sau« machen. Das Fatale daran: Für das Unternehmen erbringen diese Vorgesetzten teils bessere Leistungen als Führungskräfte, die im Bereich der ruinösen Empathie unterwegs sind, weil die Mitarbeitenden zumindest erfahren, in welchen Bereichen sie sich verbessern müssen. Allerdings kann dieses Kommunikationsschema seitens der Führungskräfte dazu führen, dass sich fähige Mitarbeitende nach einem anderen Arbeitgeber umschauen.
- **Fürsorgliche Offenheit**[37]: Dies ist laut Scott der Sektor, den alle Personen im Unternehmen anstreben sollten, um eine klare, freundschaftliche Kritikkultur zu etablieren. In der fürsorglichen Offenheit wird Kritik offen geteilt, weil du am Wohl des Gegenübers interessiert bist. Du möchtest mit deinem Feedback erreichen, dass die Person kompetenter und erfolgreicher wird. Das bedeutet unter anderem, den richtigen Zeitpunkt und die richtige Dosis an Feedback zu finden. Fürsorgliche Offenheit unterscheidet sich in der Art und Weise des Feedbacks daher deutlich von der unausstehlichen Aggression.

Das Radical-Candor-Modell ist meiner Erfahrung nach besonders für Harmoniekulturen wichtig, in denen Menschen Kritik vermeiden, weil sie lediglich eine Dichotomie von ruinöser Empathie und unausstehlicher Aggression sehen. Radical Candor zeigt eine Alternative für Kritik auf: die fürsorgliche Offenheit. Diese trägt dazu bei, eine faire und transparente Feedbackkultur im Unternehmen aufzubauen.

37 Scott nennt diesen Bereich »Radical Candor« (»Radikale Offenheit«). Ich bevorzuge den Begriff der »fürsorglichen Offenheit«, da radikale Offenheit sich meines Erachtens nur auf eine der beiden Achsen des Modells bezieht und die Abgrenzung zur unausstehlichen Aggression fehlt.

Gewaltfreie Kommunikation

Das Problem, dass sich Mitarbeitende untereinander nicht kritisieren wollen (Radical Candor), kann auch durch Schulungen in **Gewaltfreier Kommunikation (GFK)** gelindert werden.

Gewaltfreie Kommunikation ist ein Kommunikationskonzept, das von dem Psychologen Marshall B. Rosenberg entwickelt wurde (Rosenberg 2016). Es geht darum, Konflikte durch klare und respektvolle Kommunikation zu lösen. »Gewaltfrei« ist die Kommunikation in dem Sinne, dass es nicht darum geht, andere Menschen zu einem bestimmten Handeln zu bewegen, sie zu erniedrigen oder verbal in die Ecke zu drängen. GFK versucht, Informationen über das eigene Befinden und die eigenen Bedürfnisse offenzulegen und vor allem Verantwortung für die eigenen Emotionen zu übernehmen. Das Gegenüber soll weder bewertet, noch sollte etwas unterstellt werden (»Du machst mich wütend«, »Ich fühle mich angegriffen« – beide Aussagen unterstellen der Gegenseite eine Absicht). Jede Gesprächsteilnehmerin konzentriert sich allein auf die eigenen Gefühle und Bedürfnisse und übernimmt dafür Verantwortung. So entsteht eine Einladung zur Kooperation und gemeinsamen Kreativität, was wiederum dazu beiträgt, dass sich eine wertschätzende Beziehung entwickelt.[38]

So würde ein nach GFK erziehender Elternteil dem Kind nicht vorwerfen, dass es unordentlich ist (Bewertung und Charakterisierung), sondern darüber sprechen, dass es im chaotischen Umfeld des Kinderzimmers bereits zweimal schmerzhaft auf Legosteine getreten und außerdem zu befürchten ist, dass sich Schimmel auf den herumliegenden Gummibärchen bildet.

Im Kern basiert GFK auf vier Schritten[39]:

1. **Beobachtung**: sachliche Beschreibung dessen, was passiert ist – ohne Bewertung oder Interpretation. Es geht um beobachtbares Verhalten und nicht die Schlüsse, die wir daraus ziehen.
   - »Ich habe bemerkt, dass du in den letzten drei Meetings jeweils 15 Minuten zu spät gekommen bist.«

38 Dieses Mindset ist essenziell für gelingende Gewaltfreie Kommunikation. Das aufgeführte Kommunikationsschema kann auch genutzt werden, um Forderungen zur Verhaltensänderung möglichst »sanft« zu formulieren. Dann ist es allerdings ebenso durchschaubar wie das sogenannte Feedback-Sandwich (Lob, Kritik, Lob) oder andere letztlich manipulative Methoden der Kommunikation. Siehe dazu auch das hervorragende YouTube-Video »Wie mit Gewaltfreier Kommunikation alles schlimmer wird – und wie Sie das verhindern« von Markus Fischer (@knotenloesen): https://www.youtube.com/watch?v=23tADywoXw0 (Abrufdatum: 26.02.2025).

39 Nicht immer müssen alle vier Schritte durchlaufen werden.

2. **Gefühle**: Benennung der eigenen Emotionen, die durch die Situation ausgelöst wurden.[40]
   - »Das frustriert mich, weil es unsere Besprechungen verzögert und die Produktivität des Teams beeinträchtigt. Angesichts der anstehenden Deadline stresst mich das, da ich befürchte, dass wir sie nicht einhalten können.«
3. **Bedürfnisse**: Erkennen und Kommunizieren der zugrunde liegenden Bedürfnisse, die mit den Gefühlen verknüpft sind. Hier sollten Ziele und Werte zur Sprache kommen.
   - »Mir ist es wichtig, dass wir die an uns gestellten Erwartungen erfüllen und die Deadline einhalten. Dafür müssen wir unsere Zeit effizient nutzen.«
4. **Wunsch**: Formulieren eines konkreten, positiven Wunschs, um die Situation in Zukunft zu verbessern. Ganz wichtig ist, dass es sich hier um einen echten Wunsch handelt, nicht um eine Erwartung oder versteckte Anweisung.
   - »Ich würde mir wünschen, dass du pünktlich zu den Meetings erscheinst oder im Voraus Bescheid gibst, wenn du dich verspätest.«

Ziel ist es, die Bedürfnisse aller Beteiligten zu berücksichtigen – ohne Schuldzuweisungen oder Gewalt in der Sprache (Bewertungen, Erwartungen, Anweisungen). Durch die Verbindung von Empathie und Klarheit und das Vermeiden von Befehlen schafft GFK eine Basis für gemeinsame Lösungen und ein besseres Verständnis im Umgang miteinander.

Im Vermeiden von Anweisungen und Erwartungen zeigt sich schon, dass GFK eher dazu gedacht ist, zwischenpersönliche Probleme zu lösen, als über Leistungslieferung zu sprechen. Im Rahmen eines Unternehmens bestehen berechtigte Ansprüche an die Arbeit von Mitarbeitenden, die du als Führungskraft klar einfordern solltest. Hier wird GFK nur bedingt einsetzbar sein. Versuchst du dennoch, deine Anforderungen nach der GFK-Struktur zu formulieren, wird sich das schnell gekünstelt anfühlen und womöglich das VERTRAUEN deines Gegenübers verringern, weil es sich rhetorisch manipuliert fühlt.[41].

40 Meiner Erfahrung nach kann es in diesem Schritt hilfreich sein, die »Storys« offenzulegen, die sich das eigene Gehirn zur beobachteten Wirklichkeit ausdenkt – wohlgemerkt mit dem gegenseitigen Verständnis, dass diese Storys nicht die Realität sind. Aber sie sind in den Köpfen und dürfen ausgesprochen werden. Wir alle interpretieren das Geschehen – und darüber zu reden, welche Interpretationen wir ziehen, kann helfen, TRANSPARENZ zu schaffen.

41 Erneut verweise ich auf das Video von Markus Fischer zu den Gefahren falsch genutzter GFK: https://www.youtube.com/watch?v=23tADywoXw0 (Abrufdatum: 19.02.2025).

Gewaltfreie Kommunikation ist aufwendiger zu implementieren als Radical Candor. Die Idee der fürsorglichen Offenheit ist schneller verstanden und umgesetzt als die GFK-Forderung, keine Anforderungen oder Erwartungen an die andere Person zu stellen. Aber das Investment in GFK lohnt sich auf Dauer, denn sie schafft nicht nur TRANSPARENZ, sondern ist auch eine wichtige Basis für VERTRAUEN. Dazu reicht jedoch nicht eine einmalige GFK-Schulung, es ist eine längerfristige Begleitung nötig. Wenn dein Unternehmen agil arbeitet und Scrum Master, Agile Coaches oder People Leads deine Mitarbeitenden länger in einer Coaching-ähnlichen Form begleiten, kann es sinnvoll sein, diesen Rollen eine umfangreiche GFK-Ausbildung zukommen zu lassen, damit sie diese Fähigkeit anschließend in die Mitarbeiterschaft übertragen.

5 MOTIVATION

Damit SELBSTORGANISATION funktioniert, benötigst du motivierte Mitarbeitende – oder mit anderen Worten:

In the end, it all depends on whether people care.
Jurgen Appelo

SELBSTORGANISATION benötigt zwingend das VERTRAUEN seitens der Führungskraft, denn sonst würdest du die Verantwortung für Aufgabenbereiche niemals in die Hände der Mitarbeitenden legen. Dieses VERTRAUEN hat zwei Komponenten:

- das VERTRAUEN in die KOMPETENZ der Person – denn du willst sicher sein, dass die Person eine Aufgabe selbstständig erledigen kann, also die nötigen Fähigkeiten besitzt.
- das moralische VERTRAUEN in die Person – also die Frage, ob du der Person zutraust, ihr Bestmögliches für das gemeinsame Ziel zu tun und die Verantwortung nicht zum eigenen Wohl auszunutzen.

Die Frage nach dem moralischen VERTRAUEN bringt uns zur MOTIVATION. Warum sollte eine Person ihr Bestes für die Zielerreichung geben und nicht einfach ihr eigenes Wohl maximieren? Wenn wir von einem Menschenbild ausgehen, in dem jeder nur für sich optimiert, wird Kontrolle zur Pflicht. Hier musst du die Mitarbeitenden überwachen, ihre Leistung prüfen und sicherstellen, dass die Arbeit wirklich im Sinne des Unternehmens erledigt wird. Und ja, auch SELBSTORGANISATION arbeitet innerhalb der Säulen ALIGNMENT und TRANSPARENZ mit Werkzeugen der Leistungsprüfung – aber sie geht von einem anderen Mindset aus. Denn sie arbeitet mit dem Mindset, dass Menschen von sich aus motiviert sind, gute Arbeit zu leisten – unter den richtigen Voraussetzungen, die wir uns im Verlauf dieses Kapitels näher anschauen werden. Motivierten Menschen kannst du Verantwortung übergeben und sie der SELBSTORGANISATION überlassen.

Auf den Punkt

MOTIVATION ist die Antriebskraft, die Menschen dazu bewegt, Ziele zu verfolgen und Handlungen auszuführen. Im Kontext von SELBSTORGANISATION ist Motivation entscheidend, da sie Individuen und Teams dazu bewegt, proaktiv zu handeln, kontinuierlich zu lernen, sich an Veränderungen anzupassen und sich für gemeinsame Ziele einzusetzen. Ohne die aus MOTIVATION resultierende Eigeninitiative, das Engagement und die Bereitschaft, Herausforderungen anzunehmen, ist SELBSTORGANISATION nicht realisierbar.

Wenn du jetzt reagierst wie viele der Führungskräfte in meinen Kursen, dann kommt dir voraussichtlich folgender Gedanke: »Wo finde ich denn so motivierte Mitarbeitende? Bei mir im Betrieb sind sie jedenfalls selten. Mit meinen Leuten könnte ich das also nicht machen?«

Die schlechte Nachricht ist, dass möglicherweise tatsächlich ein Großteil deiner Mitarbeitenden wenig MOTIVATION für die Arbeit, wie sie aktuell strukturiert ist, aufbringt. Studien wie der »Gallup Engagement Index Deutschland 2023« (Gallup 2023) zeigen, dass die emotionale Bindung an den Arbeitgeber in den letzten Jahren gesunken ist. 2023 waren 19% der deutschen Arbeitnehmenden nicht emotional an ihr Unternehmen gebunden – ein Anstieg um fünf Prozentpunkte im Vergleich zu 2021. 45% der Befragten sind aktiv auf der Suche nach einem neuen Arbeitsplatz oder offen für Angebote. Was ArbeitsMOTIVATION angeht, sind wir in unseren Büros also nicht ideal aufgestellt, denn wer eigentlich woanders arbeiten möchte, legt sich weniger ins Zeug für seinen aktuellen Betrieb.

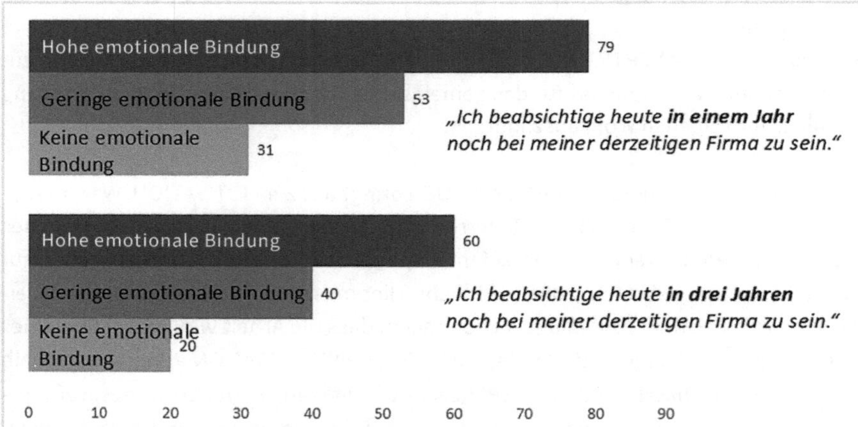

Abb. 5: Ergebnisse des *Gallup Engagement Index* 2023 (Gallup 2023).

Die gute Nachricht ist, dass dies nicht in den Menschen selbst begründet sein muss, sondern auch daran liegen kann, wie ihre Arbeit (von anderen) organisiert ist. Selbst Menschen, die sich ins Büro zu schleppen scheinen, brennen in ihrer Freizeit für irgendetwas. Dieses freiwillige Engagement beziehungsweise die Fähigkeit, motiviert zu sein, könnten sie auch in ihrer Arbeit einbringen. Du hast also großes Potenzial in deiner Mitarbeiterschaft – welches du allerdings aktivieren musst. Das bedeutet nicht, dass du dich als Animateur deiner Mitarbeitenden verstehen musst. Aktiv die Motivation zu steigern, ist schwierig. Aber es ist schon viel damit getan, gut gemeinte, aber falsch gemachte Versuche, das Verhalten von Mitarbeitenden zu lenken, abzubauen.

Betriebe unternehmen unter anderem mit Zielsystemen und Bonuszahlungen massive Aufwände, um die MOTIVATION der Mitarbeitenden anzukurbeln. Leider gibt es eine große Lücke zwischen dem, was die psychologische Forschung über die MOTIVATION von Menschen weiß, und der Art, wie Unternehmen im Arbeitsalltag versuchen zu motivieren. Woher diese Lücke kommt? Dafür gibt es zahlreiche Gründe, von der Bevorzugung von Bauchgefühlen über Daten und Fakten bis hin zu der Tatsache, dass Wissen nicht jeder Person zur Verfügung steht, nur weil es vorhanden ist. Mein Ziel mit diesem Kapitel ist es, dir die wissenschaftlichen Erkenntnisse zum Thema MOTIVATION vorzustellen und zu zeigen, wie ein System aussehen kann, in dem deine Mitarbeitenden ihrer Arbeit motiviert nachgehen.

5.1 Extrinsische und intrinsische MOTIVATION

Edward L. Deci, Professor für Psychologie an der University of Rochester und Direktor des Human Motivation Program, verdanken wir einige der interessantesten Einblicke in die menschliche MOTIVATION. Er differenziert sie in **intrinsische** und **extrinsische** MOTIVATION.

- **Intrinsische MOTIVATION** ist ein innerer Antrieb, der aus Freude und Interesse an der Aufgabenstellung resultiert.
- **Extrinsische MOTIVATION** entsteht durch äußere Faktoren wie (monetäre) Belohnung, Anerkennung oder dem Vermeiden von Bestrafung.

Was die intrinsische MOTIVATION der extrinsischen voraushat

»Vergleiche zwischen Menschen, deren MOTIVATION authentisch ist [intrinsisch, Anm. d. Autors] und solchen, die lediglich von außen zu einer Handlung angespornt werden [extrinsisch, Anm. d. Autors], zeigen in der Regel, dass Erstere im Vergleich zu Letzteren mehr Interesse, Begeisterung und Zuversicht zeigen, was sich wiederum sowohl in verbesserter Leistung, Ausdauer und Kreativität als auch in gesteigerter Vitalität, Selbstwertgefühl und allgemeinem Wohlbefinden äußert. Dies ist selbst dann der Fall, wenn die Personen das gleiche Maß an wahrgenommener KOMPETENZ oder Selbstwirksamkeit für die Tätigkeit haben.

[…] Es ist jedoch wichtig zu bedenken, dass Menschen nur für Tätigkeiten intrinsisch motiviert sind, die für sie von intrinsischem Interesse sind, d. h. Tätigkeiten, die den Reiz des Neuen, der Herausforderung oder des ästhetischen Wertes haben.« (Ryan und Deci 2000)

Die extrinsische MOTIVATION ist das, was in den meisten Unternehmen die Grundlage der gemeinsamen Arbeit ist. Die Mitarbeitenden werden für Arbeit bezahlt und mit Bonuszahlungen für das Erreichen bestimmter Ziele belohnt. Gleichzeitig werden Fehlverhalten und Verstöße bestraft – das alte Bild von Zuckerbrot und Peitsche.

Diese Weise der Steuerung war insbesondere zu Zeiten der Industrialisierung üblich, als Menschen wie Frederick Taylor, Erfinder des »wissenschaftlichen Managements«, der damals vermutlich korrekten Meinung waren, dass niemand in der monotonen Fließbandarbeit eine persönliche Erfüllung finde und nur deshalb arbeite, um das Geld zu verdienen, das zum Leben gebraucht werde. Und dass nur die Verknüpfung von Belohnung und Bestrafung dazu führen könne, dass Menschen sich auf der Arbeit so verhielten, wie es vom Unternehmen gewünscht sei.

Doch das Modell der extrinsischen MOTIVATION erklärt nicht die Existenz beispielsweise von Wikipedia, LibreOffice, Linux, des Firefox-Browsers und der vielen anderen Open-Source-Projekte, bei denen Menschen aus freien Stücken ihre Zeit investieren, um insbesondere im Internet Teil eines großen gemeinsamen Projekts zu werden. Getrieben von intrinsischer MOTIVATION leisten sie – organisiert in losen, oft delokalisierten Gruppen – teils bessere Arbeit als bezahlte Kräfte in etablierten Firmen, wie die genannten Projekte und ihre Erfolge zeigen.

Die Open-Source-Bewegung zeigt beispielhaft, dass wir der intrinsischen MOTIVATION gerade im Kontext moderner Arbeit – also zunehmend abseits von Fließbändern und Montagehallen – Aufmerksamkeit widmen sollten. Genau das hat Edward L. Deci getan.

In einem seiner Experimente (Deci 1971) untersuchte er die Auswirkung von Bezahlung auf die MOTIVATION von Mitarbeitenden. Dazu lud er die Versuchspersonen in einen Raum ein, in dem auf einem Tisch die sieben Bauteile eines Soma-Würfels[42], Zeichnungen mögliche Kombinationen und eine Auswahl an Zeitschriften lagen (darunter auch eine Ausgabe des Playboys – was zeigt, wie sehr sich psychologische Forschung in den letzten Jahren verändert hat). Die Teilnehmenden wurden darüber informiert, dass sie in drei Sitzungen die Soma-Bauteile verwenden würden, um verschiedene Konfigurationen zu erstellen, wie in den ausgelegten Beispielen. Anschließend erhielten sie die Aufgabe, vier vorgegebene Konfigurationen nachzubauen, wobei sie maximal 13 Minuten Zeit pro Konfiguration hatten. Anschließend wurden sie informiert, wie lang sie für jede Konfiguration gebraucht hatten.

Im zweiten Treffen wurde dieselbe Aufgabe mit neuen Konfigurationen gestellt. Aber diesmal wurden die Teilnehmenden unterschiedlich behandelt. Den Teilnehmenden aus Gruppe A würde für jede korrekte Lösung ein Dollar (heutiger Wert ca. 8,50 Dollar) gezahlt. Gruppe B wurde nicht bezahlt. Im dritten Treffen wurde das Experiment wiederholt, aber keine der beiden Gruppen wurde bezahlt.

42 Der Soma-Würfel ist ein mechanisches Geduldspiel, das aus sieben Tetris-ähnlichen Teilen besteht, die sich in der richtigen Anordnung zu einem Würfel zusammensetzen lassen.

Der Trick bei dem Experiment war, dass jede der Sitzungen unterbrochen wurde, nachdem die Versuchsteilnehmenden zwei der vier Lösungen erarbeitet hatten. Deci verließ für exakt acht Minuten den Raum, angeblich um eine dritte und vierte Zeichnung anzufertigen, für deren Auswahl er die Ergebnisse der ersten beiden benötigte. Er teilte den Versuchspersonen mit, sie könnten in dieser Zeit tun, was sie wollten. In Wirklichkeit aber fertigte er keine Zeichnung an, sondern ging in einen Nebenraum und beobachtete die Teilnehmenden. Würden sie sich weiter mit dem Puzzle beschäftigen, zu den Zeitschriften greifen oder einfach in die Luft starren? Er maß insbesondere die Zeit, in denen Teilnehmende sich weiter mit den Bausteinen des Soma-Würfels beschäftigten.

Das Ergebnis war interessant, denn während in Treffen 1 noch kein wesentlicher Unterschied zwischen den Gruppen wahrnehmbar war, zeigten die Teilnehmenden der (bezahlten) Gruppe A in Treffen 2 mehr Engagement und beschäftigten sich im Schnitt 67,7 Sekunden länger mit dem Würfel als in Treffen 1. Gruppe B dagegen verhielt sich ähnlich zum Vortag.

Zeigt das Experiment also, dass es die MOTIVATION erhöht, für Aufgaben bezahlt zu werden? Ja und nein, denn interessant wurde es, als Deci die Teilnehmenden beim dritten Treffen – für beide Gruppen erneut ohne Bezahlung – beobachtete. Hier verlor Gruppe A (die vormals bezahlt wurde) scheinbar die MOTIVATION, mit dem Würfel zu spielen, denn sie beschäftigten sich im Schnitt 50 Sekunden weniger mit dem Würfel als bei Treffen 1, während die Vergleichsgruppe B sich sogar länger mit dem Würfel beschäftigte.

Extrinsische Belohnungen können also die intrinsische Motivation »zur Seite drängen« – und führen sogar zu einem Motivationstief, wenn die Belohnung nicht mehr ausgegeben wird.

In einem anderen Experiment wurde Gruppe A in Treffen 2 nicht mit Geld, sondern mit Lob belohnt. Ihnen wurde mitgeteilt, dass sie bei Treffen 1 sehr gute Arbeit geleistet hätten. Darüber hinaus erhielten sie in diesem Treffen positive Verstärkung für jede gelöste Aufgabe (»Das war sehr gut«, »Das war deutlich schneller als der Durchschnitt dieser Konfiguration«). Auch dieses Lob wurde in Treffen 3 abgestellt. In dem Experiment wurde festgestellt, dass die Mitglieder aus Gruppe A trotz ausbleibendem Lob eine höhere MOTIVATION für die Beschäftigung mit dem Puzzle zeigten als die Personen aus Gruppe B.

Funktioniert Lob also als MOTIVATIONswerkzeug besser als monetäre Belohnung? In einem nachfolgenden Bericht (Deci 1972) stellte Deci fest: »Die allgemeinen Ergebnisse dieser Studie […] legen nahe, dass jemand, der daran interessiert ist, intrinsische MOTIVATION bei Kindern, Angestellten, Schülern usw. zu entwickeln und zu fördern, sich nicht auf externe Kontrollsysteme wie monetäre Belohnungen konzentrieren sollte, die direkt an die Leistung gekoppelt sind, sondern auf die Gestaltung von Situationen, die intrinsisch interessant sind und dann zwischenmenschlich unterstützend und belohnend auf die Personen in der Situation wirken.«

Ergebnisse wie dieses ergaben sich auch in anderen Studien. Mark R. Lepper und David Greene (Lepper und Greene 1973) stellten fest, dass Kinder, denen versprochen wurde, für eine Malaufgabe mit einer Art Urkunde belohnt zu werden, später (nach Erhalt der Urkunde) deutlich weniger Interesse an der (nicht mehr belohnten) Malaufgabe zeigten als Kinder, die einfach aus Spaß an der Aktivität teilnahmen und keine Urkunde erhielten. Interessant war insbesondere, dass Kinder, die anfangs wenig Interesse für die Malaufgabe zeigten, aber unerwartet im Nachgang mit der Urkunde belohnt wurden, sich danach (unbelohnte Umstände) mehr für das Malen zu interessieren begannen als vor der Belohnung. Das Experiment zeigt, dass an die Leistung gekoppelte **Wenn-dann-Belohnungen** wie die Urkunde einen negativen Effekt auf die intrinsische MOTIVATION haben können, sogenannte **Nun-da-Belohnungen** wie die unangekündigte, nachträglich überreichte Urkunde jedoch dazu führen können, dass die intrinsische MOTIVATION steigt.

Motivieren Belohnungen Menschen? Absolut. Sie motivieren Menschen dazu, Belohnungen zu bekommen.
Alfie Kohn

5.2 Soziale Normen vs. Marktnormen

In seinem Buch »Predictably Irrational« (Ariely 2008) unterscheidet der Psychologieprofessor Dan Ariely zwischen zwei Welten, in denen wir Menschen uns bewegen. Die eine ist von **sozialen Normen** geprägt, die andere von **marktwirtschaftlichen Normen**. In der ersten helfen wir unserem Nachbarn beim Wechseln seiner Reifen, weil wir ein Teil der Gemeinschaft sein wollen. In der zweiten verdienen wir mit professionellem Reifenwechsel unser Geld und sehen zu, dass wir dieses Geld auch einfordern.

Bleiben beide Welten getrennt, läuft alles reibungslos. Bringen wir jedoch marktwirtschaftliche Normen in die Welt sozialer Normen, werden Letztere zur Seite gedrängt – ähnlich wie es bei der intrinsischen MOTIVATION passiert, wenn wir extrinsische Belohnungen einbringen. Die Situation wird einzig anhand der marktwirtschaftlichen Normen bewertet – und die MOTIVATION kann rapide sinken, sollten wir das Gefühl haben, dass die Belohnung nicht mithalten kann.

Anstatt uns also zu freuen, wenn unser Nachbar uns für das Reifenwechseln fünf Euro anbietet (wir hätten es ohnehin freiwillig gemacht), fangen wir an zu rechnen: »Ist mir diese geringe Belohnung den Zeiteinsatz wert? Im Beruf verdiene ich pro Reifenwechsel deutlich mehr.« Und schon sinkt unsere Hilfsbereitschaft. Menschen sind also bereit, kostenlos (bzw. für Dankbarkeit) oder für eine angemessene Entlohnung zu arbeiten, nicht aber für eine unangemessene Entlohnung. Mit anderen Worten: Wenn du einem ehrenamtlichen Sporttrainer anbietest, ihn in Zukunft mit einem kleinen Unkostenbeitrag zu entlohnen, kann es sein, dass du ihn dir bald nicht mehr leisten kannst.

Besonders interessant: Dieser Effekt tritt üblicherweise nicht bei Geschenken ein, sehr wohl aber dann, wenn der Geldwert der Geschenke offensichtlich gemacht wird (zum Beispiel bei Gutscheinen oder durch explizite Erwähnung des Kaufpreises).

Wenn du also deine Mitarbeitenden beschenkst, stelle sicher, dass sie nicht wissen, wie viel das Geschenk wert ist. Denn der Übergang von sozialen zu marktwirtschaftlichen Normen scheint, so Ariely, unumkehrbar. Genau wie bei dem Verdrängen der intrinsischen durch die extrinsische MOTIVATION gilt: Ist der Übergang einmal vollzogen und die MOTIVATION entsprechend verändert, bleibt sie das, auch wenn die Entlohnung eingestellt wird.

5.3 Extrinsische Belohnungen zeigen in die falsche Richtung

Es scheint, als würden wir mit extrinsischen Belohnungen deutlich machen: »Diese Arbeit macht von Grund auf keinen Spaß, daher müssen wir dich dafür belohnen.« Und diese Einstellung übernehmen die Menschen. Sie switchen den Grund, aus dem sie die Tätigkeit ausüben, von »weil ich ein generelles Interesse an der Tätigkeit oder ihrer positiven Wirkung habe« zu »weil ich dafür etwas bekomme oder Strafe vermeide«. Zugespitzt: Wir wechseln vom Spiel zur Schufterei.

Ja, Belohnungen erhöhen die Wahrscheinlichkeit, dass wir etwas erledigen. Aber sie ändern auch den Grund, aus dem wir es tun. Und das auf die schädlichste Art und Weise. Denn es erzeugt automatisch eine Abhängigkeit: Wir führen die Tätigkeit nur noch aus, weil wir etwas dafür bekommen. Und dadurch erwarten wir diese Belohnung auch bei zukünftigen Tätigkeiten dieser Art. Unsere MOTIVATION wird abhängig von der Belohnung – mitunter auch wortwörtlich. Studien konnten nachweisen, dass monetäre Belohnungen sich im Gehirn ähnlich auswirken wie Kokain, Nikotin oder Amphetamin, nämlich durch Ausschüttung von Dopamin in der Hirnregion Nucleus accumbens (Pink 2020, Knutson et al. 2001). Und so treten auch ähnliche Effekte auf wie beim Konsum dieser Drogen, nämlich eine höhere Risikobereitschaft und langfristige Abhängigkeit (Kuhnen und Knutson 2005). Drogenkonsumierende sind für die Sicherung ihrer nächsten Dosis auch zu unmoralischem Verhalten bereit. Dasselbe sehen wir bei der Abhängigkeit zu einer Belohnung. Rauchende zum Beispiel, die für das Einreichen eines wöchentlichen Reports über ihre Entwöhnung Belohnungen erhielten, waren doppelt so häufig geneigt, über den Stand ihrer Entwöhnung zu lügen wie eine Vergleichsgruppe (Curry et al. 1990). Ich bin der Meinung, dass wir ähnliches auch im unternehmerischen Kontext sehen. Stehen monetäre Belohnungen im Raum, werden schnell Zahlen geschönt, Projektergebnisse gefälscht oder es wird von Fehlern abgelenkt.

Und nicht nur das. Extrinsische Belohnung kann auch unsere Fähigkeit, gute Ergebnisse zu liefern, negativ beeinflussen. In einem Experiment des Psychologieprofessors Dan Ariely luden die Forschenden in einem indischen Dorf zu sechs verschiedenen Spielen ein (Ariely et al. 2009), unter anderem:

1. »Packing Qarters«: Neun Metallstücke mussten so zusammengesetzt werden, dass sie in einen Holzrahmen passen – eine schwierige Aufgabe, die Kreativität und räumliches Denken erforderte.
2. »Recall Last Three Digits«: eine Gedächtnisaufgabe, bei der den Teilnehmenden eine Liste von Zahlen vorgelesen wurde mit überraschendem Abbruch. Die Teilnehmenden mussten dann die drei zuletzt genannten Zahlen korrekt benennen.
3. »Dart Ball«: ein Geschicklichkeitsspiel, bei dem ein Tennisball auf eine Zielscheibe mit Klettverschluss-ähnlichen Haken geworfen wurde.

Die Forschenden testeten also Kreativ-, Gedächtnis- und Geschicklichkeitsaufgaben in sechs Spielen und belohnten dabei die Kandidaten mit je 4, 40 oder 400 Rupien[43] für sehr gute Performance und mit jeweils der Hälfte an Rupien für gute Performance. Das Fazit: Die hohen Belohnungen hatten einen sehr starken negativen Einfluss auf die Performance der Teilnehmenden, während die mittleren und niedrigen Belohnungen nahezu dieselben Resultate ergaben. Die Forschenden führen den Einfluss auf den möglicherweise höheren emotionalen Druck zurück, unter dem die Teilnehmenden in der hoch bezahlten Kategorie standen.

Spiel	Anteil mindestens »gut«			Anteil »sehr gut«		
	niedrig (2 Rs)	mittel (20 Rs)	hoch (200 Rs)	niedrig (4 Rs)	mittel (40 Rs)	hoch (400 Rs)
Packing Quarters	28,6	43,3	10,3	25,0	33,3	0
Simon	64,3	76,7	44,8	32,1	16,7	3,4
Recall Last Three Digits	64,3	73,3	58,6	42,9	36,7	20,7
Labyrinth	64,3	50,0	27,6	21,4	3,3	3,4
Dart Ball	25,0	40,0	37,9	10,7	23,3	6,9
Roll-up	25,0	23,3	17,2	21,4	20,0	3,4

Tab. 2: Ergebnisse einer Studie von Ariely et al. zu extrinsischer MOTIVATION (Ariely et al. 2009).

43 400 Rupien entsprachen zu diesem Zeitpunkt etwa den monatlichen Haushaltsausgaben eines Dorfbewohners.

Die Tabelle zeigt den Anteil der Teilnehmenden, die in den entsprechenden Spielen mindestens ein »gut« bzw. »sehr gut« erreicht haben. Deutlich ist zu erkennen, dass eine hohe Erfolgsbelohnung von 200 beziehungsweise 400 Rupien die Leistung der Spielenden verschlechterte. Dasselbe Ergebnis zeigte sich bereits in den 1960er- und 1970er-Jahren in anderen Studien (Miller und Estes 1961, Viesti 1971, Kruglanski et al. 1971).

Selbst Studien zu langfristigerer Leistung zeigen, dass intrinsische MOTIVATION bessere Resultate erbringt als extrinsische. So melden zum Beispiel industrielle Forschende und Ingenieure, die intrinsisch motiviert sind, deutlich mehr Patente an als monetär-motivierte – trotz genauso langer und harter Arbeit (Sauermann und Cohen 2008).

Negativer Einfluss von Belohnungen

Belohnungen scheinen auf vier Arten einen negativen Einfluss auf Mitarbeitende zu haben (Kohn 1999):

1. **Sie verändern den Grund, aus dem Mitarbeitende etwas tun.** Damit machst du ihre Motivation abhängig von der Belohnung. Wird die Belohnung irgendwann nicht mehr ausgegeben, sinkt das Interesse an der Tätigkeit *unter* den Wert vor Ausgabe der Belohnung. Außerdem treten soziale Faktoren oder das Erstreben gemeinsamer Ziele in den Hintergrund – es kommt nur noch auf das Erreichen der Belohnung an.
2. **Sie verändern die Einstellung, mit der Mitarbeitende an die Arbeit herangehen.** Sie werden dazu tendieren, weniger effektiv und kreativ vorzugehen, niedrigere Qualität und mehr Fehler zu produzieren und einfachere Aufgaben zu wählen. Schließlich steht das Erreichen der Belohnung im Vordergrund. Die Aufgabe selbst wird als lästiges Hindernis gesehen, das es möglichst schnell zu überwinden gilt.
3. **Sie verändern die Beziehung der Mitarbeitenden zu dir.** Du bist Ausgeber der Belohnung, weshalb deine Mitarbeitenden instinktiv versuchen werden, dir zu gefallen. Sie werden dir eher Kompetenz vorspielen, weniger um Hilfe bitten und versuchen, Fehlschläge zu verbergen. Eine gelungene Kooperation mit dir als Führungskraft wird erschwert.
4. **Sie verringern das empfundene Maß an SELBSTBESTIMMUNG.** Belohnungen sind eine sehr offensichtliche Methode, um Verhalten zu steuern. Sie nehmen deinen Mitarbeitenden allerdings ihre Autonomie, was wiederum ihre intrinsische MOTIVATION zerstört. Dieser Effekt verstärkt sich, wenn zusätzlich Konsequenzen drohen, deine Mitarbeitenden überwacht oder evaluiert werden, wenn du Deadlines anweist oder einen Konkurrenzkampf um die Belohnung aufbaust.

Die negativen Effekte sind besonders intensiv, wenn:

- Belohnungen für Aufgaben ausgegeben werden, die interessant genug wären, dass die Person sie auch ohne Belohnung ausführt.
- die Lösung so offen ist, dass die Schritte zur Erledigung nicht offensichtlich sind, also Kreativität nötig ist.

Das Perfide ist, dass selbst die Menschen, die besonders durch extrinsische Belohnungen motiviert sind, oft nicht einmal davon profitieren, dass sie ihre Belohnung erhalten. Niemiec et al. stellten in einer Studie mit College-Absolventen (Niemiec et al. 2009) fest: »Während das Erreichen intrinsischer Ziele positiv mit der psychischen Gesundheit korreliert, ist dies beim Erreichen extrinsischer Ziele nicht der Fall; vielmehr steht das Erreichen extrinsischer Ziele in einem positiven Zusammenhang mit Indikatoren für Unwohlsein.«

Sie beobachteten dazu zwei Gruppen junger Erwachsener: Absolventen, die intrinsische Lebensziele verfolgten (persönliches Wachstum, enge Beziehungen, gesellschaftliches Engagement) und Absolventen, die nach extrinsischen Zielen strebten (Geld, Ruhm, Ansehen). Obwohl die extrinsisch motivierte Gruppe Fortschritte in Richtung ihrer Ziele erreichte, war sie etwas *weniger* glücklich und psychisch gesund als zum Startzeitpunkt. Das Gegenteil war der Fall in der intrinsisch motivierten Gruppe, in der ein klarer positiver Zusammenhang von Zielerreichung zu psychologischer Gesundheit festgestellt wurde.

5.4 Sind Belohnungen immer die falsche Wahl?

Die Ergebnisse aus Kapitel 5.3 werfen die Frage auf, ob wir in unseren Unternehmen auf extrinsische MOTIVATION verzichten sollten. Schließlich erzeugen wir damit steigende Kosten (Abhängigkeit von Belohnungen), verringern die Kreativität der Mitarbeitenden und gefährden die intrinsische MOTIVATION für die Arbeit.

Aber so einfach ist es nicht. Denn wir wissen auch, dass es Arbeit gibt, an der wir einfach keine Freude finden, die wir und unsere Mitarbeitenden nur erledigen, weil es jemand kontrolliert und uns dafür bestraft, wenn wir es nicht (rechtzeitig) tun. Und dass die meisten von uns ihrem Job nicht nachgehen würden, wenn sie dafür nicht bezahlt würden.

Wie kann man also verstehen, dass es Tätigkeiten gibt, die extrinsische MOTIVATION benötigen und solche, für die intrinsische MOTIVATION vorhanden ist? In seinem Buch »Drive – Was sie wirklich motiviert« (Pink 2020) unterscheidet Autor Daniel H. Pink zwischen **algorithmischer** und **heuristischer** Arbeit.

- **Algorithmische Arbeit** ist Arbeit, bei der bekannte Pfade zu einer Lösung führen. Die Aufgabe besteht vor allem darin, die bekannten Pfade zu beschreiten. Fließbandarbeit, das Ausfüllen von Standardformularen oder die Beratung entlang eines vorgegebenen Prozesses gehören in diese Kategorie.
- **Heuristische Arbeit** ist Arbeit, bei der es kein festes Verfahren gibt, mit Lösungsoptionen experimentiert und diese gegeneinander abgewogen werden müssen. Hier ist Kreativität seitens der Mitarbeitenden gefragt. In diese Kategorie fallen viele Akquisetätigkeiten, Marketingkampagnen oder die Entwicklung von Software und physischen Produkten.

Beide Formen können nicht trennscharf unterschieden werden und die jeweilige Umsetzung der Aufgaben hängt vor allem von den Fähigkeiten der Durchführenden ab. Wenn wir das erste Mal einen Rubikwürfel[44] in der Hand haben und zu lösen versuchen, wird das eine heuristische Aufgabe sein. Für eine Person, die die Lösungsstrategie kennt und binnen wenigen Sekunden mit flinken Handgriffen die Aufgabe löst,[45] ist es eine rein algorithmische Aufgabe.

Auf den Punkt

Als Daumenregel gilt laut Pink (2020): Intrinsische MOTIVATION greift eher bei heuristischen als bei algorithmischen Aufgaben.

Die meisten Menschen bringen wenig Begeisterung für stumpfe, sich wiederholende Aufgaben auf. Eine Metastudie (Deci et al. 2001) kam zu dem Schluss, dass der negative Einfluss extrinsischer Belohnungen auf die intrinsische MOTIVATION nur dann zum Tragen kommt, wenn es sich um generell interessante Aufgaben handelt. Langweilige Aufgaben sind von vornherein nicht intrinsisch motiviert, weshalb der negative Effekt oft ausbleibt.[46] Unter diesem Blickwinkel wundert es nicht, dass Frederick Taylor ein Anhänger extrinsischer MOTIVATION war. Eindeutig algorithmische Aufgaben, wie sie die Arbeitenden an den Fließbändern der Produktionshallen verrichten mussten, weckten kaum deren intrinsische MOTIVATION.

Dazu möchte ich ein weiteres, sehr interessantes Experiment vorstellen. Sam Glucksberg (1962) gab Probanden eine Schachtel mit Reißzwecken, eine mit Streichhölzern und eine Kerze. Die Probanden sollten nun mit den verfügbaren Materialien die Kerze an einer Wand anbringen. Während die ersten Impulse waren, die Kerze anzuschmelzen und an die Wand zu drücken oder zu versuchen, sie mit der Reißzwecke an die Wand

44 Ein Rubikwürfel ist ein mechanisches 3-D-Puzzle in Form eines Würfels, der aus kleineren, drehbaren und in verschiedenen Farben bemalten Quadraten besteht, die um einen festen Kern rotieren können. Ziel des Spiels ist es, die Quadrate so anzuordnen, dass alle Quadrate einer Farbe auf derselben Würfelseite liegen.

45 Der Weltrekord für das Lösen einer zufälligen Kombination liegt bei 3,13 Sekunden.

46 Allerdings heißt das nicht, dass es zwingend positive Effekte gibt. Es kann auch sein, dass die Belohnung effektlos verpufft. Selbst wenn eine Wirkung eintritt, ist es in der Regel eine rein quantitative. Die Qualität der Arbeit ließ sich in Studien nicht erhöhen (Kohn 1999).

zu pinnen, war die einzig mögliche Lösung die, eine der beiden Boxen an die Wand zu pinnen und die Kerze hineinzustellen. Da dieser Ansatz sich von den naheliegenderen Ansätzen, die Reißzwecke oder geschmolzenen Wachs zu verwenden, unterschied, mussten die Teilnehmenden umdenken – oder mit anderen Worten: kreativ sein.

Es wird dich nach dem Lesen der vorherigen Kapitel wenig erstaunen, dass auch in diesem Fall extrinsische Belohnung dazu führte, dass die Aufgabe langsamer gelöst wurde. Interessant ist aber, dass dies nur der Fall war, wenn Reißzwecken und Streichhölzer in ihren Boxen lagen. Wurden die Boxen geleert und einzeln auf den Tisch gestellt, war die korrekte Lösung (Box an die Wand pinnen) deutlich naheliegender und wurde öfter gefunden. Hier war weniger Kreativität nötig – und der Effekt der extrinsischen Belohnung drehte sich um. Plötzlich waren die extrinsisch motivierten Probanden die schnellere Gruppe.

Es scheint so, als würden extrinsische Belohnungen unseren Blick einengen und uns dazu bewegen, es beharrlich mit Standardlösungen zu versuchen, anstatt neue Wege zu gehen – was bei heuristischen Aufgaben ein Problem darstellt, algorithmische Aufgaben jedoch kaum betrifft. Heute jedoch haben wir den Großteil der algorithmischen Aufgaben an Software und Maschinen ausgelagert.

Diese Verschiebung in Richtung heuristischer und damit kreativer, intrinsisch motivierter Tätigkeiten sollte dich dazu anregen, die traditionellen Belohnungssysteme in deinem Unternehmen zu hinterfragen. Dazu kannst du gezielt betrachten, ob es sich bei den Aufgaben um heuristische oder algorithmische handelt. Bei Letzteren kannst du extrinsische Belohnungen gezielt und überlegt einsetzen. Besser wäre, du könntest diese Aufgaben stärker automatisieren. Sobald es jedoch um Kreativarbeit geht, solltest du von extrinsischer Belohnung die Finger lassen – oder sie deutlich umgestalten.

In einem weiteren Experiment konnten Carl Mellström und Magnus Johannesson (Mellström und Johannesson 2008) zeigen, dass eine Bezahlung für Blutspenden einen negativen Einfluss auf die Zahl der Spenden haben kann – solange die Bezahlung so arrangiert ist, dass sie an die Spenderin geht. Eine Bezahlung von 50 Schwedischen Kronen führte dazu, dass die Zahl der in diesem Fall weiblichen Spendenden auf nahezu die Hälfte absank.[47] Hatten sie stattdessen die Wahl, die 50 Schwedischen Kronen entweder ausgezahlt zu bekommen oder sie an eine Stiftung zu spenden, verschwand der negative Effekt und die Zahl der Spenderinnen kehrte auf den Eingangswert ohne Bezahlung zurück. Das deckt sich mit der Erkenntnis, dass Menschen, die ihr Geld für andere statt für sich selbst ausgeben, glücklicher sind (Dunn et al. 2008) – und kann eine Strategie sein, mit der du das Belohnungssystem deines Unternehmens umgestaltest (Bennett 2009).

47 Interessanterweise gab es hier keinen statistisch signifikanten Unterschied in der männlichen Versuchsgruppe. Dabei kann es sich aber auch um statistische Schwankungen handeln.

Falls deine Mitarbeitenden vor allem heuristischer Arbeit nachgehen, musst du dir um das Thema Belohnungen also wenig Gedanken machen – lasse sie am besten weg. Natürlich musst du ihnen ein nach innen und außen ein faires Gehalt zahlen. Damit meine ich, es sollte im Vergleich zu anderen Mitarbeitenden im Unternehmen und verglichen mit Jobs in anderen Unternehmen angemessen sein. Ist dies nicht gegeben, wirkt es sich negativ auf die MOTIVATION aus. Das Budget, das für Belohnungen verplant worden wäre, hast du nun zur Verfügung, um Gehälter zu zahlen, die sogar etwas über dem Markt liegen. So gewinnst du gutes Personal, das MOTIVATION und KOMPETENZ mitbringt.

Darüber hinaus solltest du dich darum bemühen, Tätigkeiten interessant zu machen oder interessierte Menschen an die richtigen Aufgaben zu setzen (»Rollen richtig besetzen« in Kapitel 5.8). Mit interessierten Menschen meine ich Personen, die eine hohe intrinsische MOTIVATION für die Aufgaben mitbringen, die es zu erledigen gilt. Die musst du erst einmal identifizieren. Ein möglicher Weg dahin ist, dich von der Zuteilung von Aufgaben (Push) hin zu einem Pull-System[48] zu bewegen, in dem sich Mitarbeitende ihre Aufgaben selbst ziehen, wenn sie Kapazität haben. Da sie einen Einfluss auf die Wahl der gezogenen Aufgabe haben, können sie jene bevorzugen, für welche sie mehr intrinsische MOTIVATION mitbringen.[49]

Alternativ kannst du Mitarbeitenden Freiräume für eigene Projekte geben, wie es bei Atlassian, 3 M und Google gemacht wird (Pink 2020). Diese Firmen bieten ihren Mitarbeitenden freie Zeiträume an (bis zu 20% der Arbeitszeit), in denen sie an eigenen, für das Unternehmen relevanten Projekten arbeiten können (»Freie Zeiträume für persönliche Projekte schaffen« in Kapitel 5.8). Das steigert nicht nur die MOTIVATION durch mehr SELBSTBESTIMMUNG, sondern kann Überlastungen bis hin zu einem Burn-out vorbeugen. Eine Studie (Shanafeld et al. 2009) konnte zeigen, dass Ärzte deutlich weniger physische und psychische Erschöpfung erleiden, wenn sie sich nur einen Tag pro Woche mit dem beschäftigen können, was ihnen am wichtigsten ist.

Wenn du zudem daran arbeiten möchtest, die MOTIVATION für die selbst gewählten Aufgaben zu steigern, sind die Inhalte der folgenden zwei Kapitel relevant

---

48 Ein Pull-System ist ein Produktions- und Workflow-Ansatz aus dem Lean Management, bei dem ein Mitarbeiter oder eine Arbeitsstation Arbeit oder Material ziehen, wenn sie freie Kapazitäten haben, um dieses zu bearbeiten. Solch ein System minimiert Überproduktion, reduziert Verschwendung und fördert Effizienz, indem Prozesse von der Nachfrage und der Arbeitskapazität gesteuert werden.

49 Achtung Stolperfalle: Wenn die Mitarbeitenden Aufgaben frei ziehen können, kann es sein, dass unbeliebte Aufgaben liegen bleiben. Das heißt nicht, dass dieses System nicht funktioniert. Es bedeutet aber, dass das Team lernen muss, verantwortungsvoll mit der Gesamtheit aller Aufgaben umzugehen. Das kann einige Zeit dauern und Teamentwicklung erfordern. Vereinbarungen wie »Ablaufdauern« unbeliebter Aufgaben, »Schwarzer-Peter-Karten«, die nach Erledigung einer ungeliebten Aufgabe weitergereicht werden oder wochenweise wechselnde Verantwortungen für die ungeliebten Aufgaben können helfen – sollten aber vom Team selbst vorgeschlagen werden, da sonst wenig MOTIVATION besteht, sie einzuhalten.

(SELBSTBESTIMMUNGs-Theorie in Kapitel 5.5, Flow in Kapitel 5.6). Sie geben dir Leitlinien, wie Arbeit organisiert werden kann, um sie interessanter und motivierender zu machen. Zusätzlich kannst du Elemente von Gamification in die Arbeit einbauen, wie sie zum Beispiel im Buch »For the Win« von Kevin Werbach (Werbach und Hunter 2020) beschrieben sind.

Vermeide es, Menschen für eine Tätigkeit oder ein Verhalten zu belohnen, von dem du möchtest, dass sie intrinsisch dafür motiviert sind.
Alfie Kohn

Wenn es in deinem Unternehmen bereits eine feste Kultur der externen MOTIVATION über Bonuszahlungen und andere Belohnungen gibt, an der du nicht vorbeikommst, kannst du Folgendes tun, um die negative Wirkung abzuschwächen:

- Mache die Belohnungen weniger sichtbar.
- Belohne nach Möglichkeit überraschend, nicht erwartbar.
- Vermeide jeden Konkurrenzdruck.
- Wähle die Belohnung möglichst analog zur Aufgabe aus. Wenn du ein Kind dafür belohnen möchtest, dass es Bücher liest, schenke ihm Bücher. Wenn du deinen Mitarbeiter dafür belohnen möchtest, dass er eine erfolgreiche Präsentation gehalten hat, belohne ihn damit, dass er sich ein Präsentationsseminar für Fortgeschrittene aussuchen darf.
- Gib Menschen so viel Einfluss wie möglich auf ihre Belohnung.
- Überlege, ob du die Option anbieten möchtest, dass die Belohnung gespendet statt ausgezahlt wird.[50]

5.5 Motivation fördern mit der SELBSTBESTIMMUNGs-Theorie

Deci und Ryan (2000) entwickelten auf Basis ihrer Untersuchungen die **SELBSTBESTIMMUNGs-Theorie**, die besagt, dass Menschen drei angeborene psychologische Bedürfnisse haben, welche unsere MOTIVATION unterstützen[51]:

- KOMPETENZgefühl,
- SELBSTBESTIMMUNG,
- Verbundenheit.

50 Achte darauf, dass die Mitarbeitenden bei dieser Spende aktiv werden, indem sie zum Beispiel das Ziel der Spende aus einer Liste wählen. Wenn du einfach eine gesammelte Menge an Geld spendest, fühlt es sich für die Mitarbeitenden nicht so an, als wenn sie durch ihre Arbeit zu der Spende beigetragen hätten.

51 Tatsächlich unterstützen ein höheres Maß an KOMPETENZgefühl, SELBSTBESTIMMUNG und Verbundenheit nicht nur intrinsische, sondern auch extrinsische MOTIVATION. Beispielsweise können wir davon ausgehen, dass Studierende mehr MOTIVATION für ihre Hausarbeit aufbringen, wenn sie darin einen Wert für ihre Karriere sehen, als wenn sie von ihren Eltern dazu genötigt werden. Beide Fälle sind extrinsisch motiviert, aber das Maß an SELBSTBESTIMMUNG variiert stark.

Das **KOMPETENZgefühl** gibt uns das Gefühl von steigender »Meisterschaft« in einer Tätigkeit – und damit Status. Wir brauchen nur Schachspielenden dabei zuzusehen, wie sie zum erneuten Mal die Strategien von Meistern studieren, um in der Weltrangliste eine Stufe nach oben zu steigen. Für dich als Führungskraft bedeutet dieser Aspekt, die individuellen Stärken deiner Mitarbeitenden zu stärken und nicht auf ihre Schwächen zu fokussieren, da sich sonst kein KOMPETENZgefühl einstellen wird.

Außerdem solltest du die Erfolge deiner Mitarbeitenden sicht- und erlebbar machen. Feiert gemeinsam erreichte Meilensteine. Lobe sie für besonders gute Leistungen. Gebt euch in Feedback-Kreisen (z. B. bei wöchentlichen Gruppenmeetings) Rückmeldungen, was jedem Mitglied des Kreises diese Woche besonders gut gelungen ist. Besser als subjektive Rückmeldungen wie Lob sind allerdings sichtbare, objektive Messwerte, die euch zur Verfügung stehen. Das können zum Beispiel positive Kundenfeedbacks oder messbare Verbesserungen eurer KPIs sein. Selbst die Stabilität von KPIs darf gefeiert werden, denn gerade in schwierigen Zeiten ist es eine Leistung, einen Service oder ein Produkt stabil zu halten.

Dabei solltest du dich als Führungskraft nicht darauf beschränken, das zu verwenden, was bereits vorhanden ist. Sorge im Sinne der TRANSPARENZ dafür, dass neue Kanäle für solche Rückmeldungen entstehen. Zum Beispiel könntest du den Vertrieb oder das Marketing bitten, für das Intranet deines Unternehmens O-Töne von Kunden einzufangen, die darüber sprechen, wie sehr ihnen euer Produkt/Service geholfen hat. Auch unternehmensintern sind solche Rückmeldungen aus Nachbarabteilungen sehr wertvoll – du musst sie nur strukturiert einfangen und weiterleiten (lassen).

SELBSTBESTIMMUNG ist wichtig, da wir erst durch sie den Grund unseres Erfolges auch uns selbst zuordnen können und nicht den uns mikromanagenden Führungskräften. Werden wir stark angeleitet, empfinden wir es häufig so, dass der Erfolg nicht uns gehört. Zusätzlich wirkt SELBSTBESTIMMUNG auch von sich aus motivierend, da wir unsere Werte und Ideen in die Arbeit einbringen können. Wir machen die Dinge so, wie wir sie für richtig halten.[52]

In Kapitel 5.4 hatte ich angedeutet, dass es motivierender sein kann, wenn Belohnungen nicht ausgezahlt, sondern gespendet werden. Hier kommt es darauf an, SELBSTBESTIMMUNG zu ermöglichen – entweder, indem die Mitarbeitenden selbst entscheiden, ob sie spenden wollen, oder dadurch, dass sie die Spende aktiv auslösen

52 Hier geht es weniger um das *Was* des großen Ganzen (die strategische Zielsetzung bleibt bei der Führung) als vielmehr um das tägliche *Wie* der Arbeit.

oder sogar auswählen, wohin sie geht. Nur dann empfinden sie die Spende als eigenen Erfolg und nicht als den des Unternehmens.[53]

Verbundenheit gibt uns das Gefühl, mit unserer Arbeit zu einem größeren Zweck einer Gemeinschaft beizutragen, deren Wohl uns wichtig ist – auf globaler, nationaler, regionaler oder lokaler Ebene. Ob wir das Klima in der Welt verbessern, uns für Kitaplätze im Stadtteil engagieren, mit einem Kuchen zur Stimmung in der Abteilung beitragen oder einen Kollegen mit einem Gespräch über seine schmerzhafte Trennung hinweghelfen.

Zwei der drei Bausteine der SELBSTBESTIMMUNGs-Theorie (KOMPETENZgefühl und SELBSTBESTIMMUNG) sind – nicht zufällig – auch Säulen der SELBSTORGANISATION. Das bedeutet, dass wir automatisch die MOTIVATION der Mitarbeitenden fördern können, wenn wir diese Säulen aufbauen. Der dritte Baustein, die Verbundenheit, zeigt sich vor allem in der Säule ALIGNMENT und dem Fundament VERTRAUEN.

Um deinen Mitarbeitenden zu ermöglichen, mental an die Ziele deines Unternehmens anzudocken (Teil von etwas Größerem zu werden), solltest du diese Ziele durch hohes ALIGNMENT klarmachen.[54] Auch die Investition in eine Steigerung des VERTRAUENs in deinem Team erhöht das Gefühl von Verbundenheit und steigert somit die MOTIVATION. Methoden dazu findest du in Kapitel 7.7.

Gerade in Bezug auf eine VERTRAUENskultur zeigt sich ein weiterer Schaden, den extrinsische Belohnungen anrichten können, denn sie trennen häufig eher, als dass sie verbinden. Belohnungen werden oft für Einzelleistungen ausgelobt – in der irrigen Annahme, dass der Erfolg eines Unternehmens nur die Summe der Einzelleistungen ist. Dabei entsteht wirkliche Spitzenleistung nur aus Kooperation und Koordination – die allerdings schwer zu messen und damit auch schwer zu belohnen ist.

Finde die Ursachen für De-MOTIVATION

Ein Problem mit Belohnungen ist, dass sie oft nichts anderes als ein Pflaster für tieferliegende Wunden (Probleme) sind. Es gibt einen Grund für Mangel an MOTIVATION. Aber anstatt diesen zu finden und zu beheben, werden Belohnungen für »richtiges« Verhalten ausgelobt. Deutlich nachhaltiger ist es, du versuchst, intrinsische MOTIVATION für die Aufgabe zu wecken und den Mitarbeitenden für ihr Tun ausreichend Gestaltungsspielraum (SELBSTBESTIMMUNG) zu geben.

---

53 Es ist gut möglich, dass Verbundenheit und SELBSTBESTIMMUNG den Effekt der Spendenoption bei Blutspenden erklärt (siehe Experiment in Kapitel 6.4). Haben die Teilnehmenden das Gefühl, durch ihre eigene Entscheidung etwas Sinnvolles zu tun, also Geld an eine Spendenorganisation zu geben, motiviert dies mehr zur Spende, als wenn das Geld in ihre eigene Tasche geht.

54 TRANSPARENZ kann hier helfen, indem die positive Wirkung für den Kunden auch an die Mitarbeitenden zurückgespiegelt wird.

Der Weg dorthin führt gerade bei langweiligen Aufgaben über das Verständnis, dass sich die gemeinsamen Ziele nur über die Erledigung auch dieser uninteressanten Aufgaben erreichen lassen. Dabei ist es wichtig, dass du bei diesen Zielen immer eine positive, attraktive Zukunftsvision anstrebst. Vineet Nayar (2013) nennt das den »Zauber der Zukunft«.

Wenn du ein Schiff bauen willst, dann rufe nicht die Menschen zusammen, um Holz zu sammeln, Aufgaben zu verteilen und die Arbeit einzuteilen, sondern lehre sie die Sehnsucht nach dem großen, weiten Meer.
Antoine de Saint-Exupéry

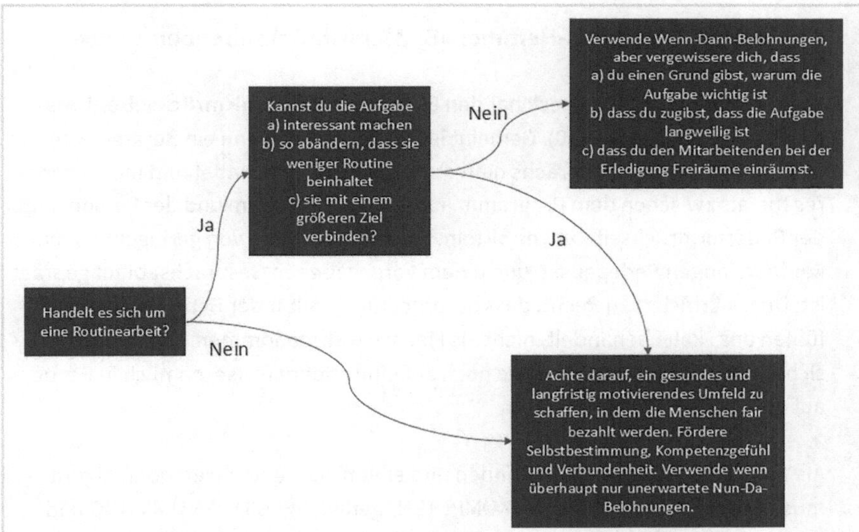

Abb. 6: Diagramm zum korrekten Einsatz von Belohnungen (nach Pink 2020, vom Autor gekürzt)

Die SELBSTBESTIMMUNGs-Theorie richtig nutzen
Nun sind diese Gedanken nicht neu und gerade das Thema des großen Ganzen verbreitet sich zunehmend in den Führungsetagen der Unternehmen. Immer mehr Geschäftsführungen geben ihrem Unternehmen einen **Purpose** oder präsentieren ein **Mission Statement** plakativ sichtbar am Eingang der Mitarbeiterbüros. Doch das ist nicht genug – sondern höchstens ein Anfang. Das heißt nicht, dass es umsonst ist. Und alle Schritte, die du in diese Richtung unternommen hast, wissen deine Mitarbeitenden sicherlich zu schätzen. Dennoch: Wenn du die Stufe an MOTIVATION erreichen willst, die dich und deine Mitarbeitenden täglich antreibt, gemeinsam eure Ziele zu erreichen, ist noch einiges zu tun.

Prüfe daher sorgfältig und (selbst)kritisch, wie hoch die Säule der MOTIVATION aktuell gebaut ist. Wie siehst du es, wie sehen es deine Mitarbeitenden? Kannst du dazu beitragen, KOMPETENZgefühl, SELBSTBESTIMMUNG und Verbundenheit weiter zu steigern? Mindestens ebenso wichtig: Wo trägt die Struktur deines Unternehmens aktuell dazu bei, genau diese drei Aspekte zu reduzieren?

Viele Unternehmen versuchen, mit standardisierten, digitalen Prozessen Einheitlichkeit ins Unternehmen zu bringen. Das ist generell eine gute Idee, es steigert zum Beispiel die TRANSPARENZ des Betriebs und erhöht die KOMPETENZ, da standardisierte Prozesse leicht zu erlernen sind. Diese Vorhaben bergen aber – unüberlegt angewendet – auch die Gefahr, die MOTIVATION der Mitarbeitenden zu untergraben.

Beispiel: MOTIVATIONs-Hemmer »Bildschirmrückseitenberatung«

Sachbuchautor Gunter Dueck hat den Begriff der »**Bildschirmrückseitenberatung**« geprägt (Dueck 2010). Gemeint ist die Situation, wenn ein Berater während eines gemeinsamen Gesprächs hinter seinem PC verschwindet und nichts anderes tut, als zwischen dem Programm auf seinem Bildschirm und der Person hinter der Bildschirmrückseite zu vermitteln. Eine Situation, die von geringem Augenkontakt, langen Redepausen und einem vorgegebenen Gesprächsablauf geprägt ist. Dueck kritisiert zu Recht, dass darunter die Qualität der Beratung leide. Wir fühlen uns »kalt« behandelt, nicht als Mensch wahrgenommen. Und meiner Ansicht nach schadet dieser Ansatz noch auf eine andere Weise, nämlich in Bezug auf die MOTIVATION der Berater.

Als Vermittler zwischen dem Kunden und einem alles entscheidenden Algorithmus tätig zu sein, ist in Sachen KOMPETENZgefühl, SELBSTBESTIMMUNG und Verbundenheit kaum noch zu unterbieten. Kein Wunder also, dass unter anderem Banken, die ihr Privatkundengeschäft weitestgehend auf eine Bildschirmrückseitenberatung umgestellt haben, kaum noch Personal finden.

Einen weiteren Hebel für MOTIVATION, den die meisten Unternehmen meiner Erfahrung nach übersehen, finden wir im Erleben eines Flow-Gefühls.

5.6 Flow – wenn Arbeit Spaß macht

Vielleicht kennst du den Zustand, in dem du in einer Tätigkeit völlig aufgehst und dabei Raum und Zeit um dich herum komplett vergisst. Für manche passiert dies während des Sports, beim Laufen eines Marathons oder in einem Fußballspiel. Für andere ist es eine packende E-Sports-Partie oder ein forderndes Brettspiel. Wieder andere verlieren sich im Kochen oder in einem Design Thinking Workshop. Mal erleben wir diesen Zustand allein, mal als Gruppe.[55] Wir fühlen uns besonders lebendig und engagiert und empfinden eine tiefe Freude an der Tätigkeit.

Mihály Csíkszentmihályi (2002) erforschte diesen Zustand und nannte ihn **Flow.** Vor allem wollte er wissen, unter welchen Bedingungen dieser Zustand eintritt.

Er fand heraus, dass wir Flow dann empfinden, wenn:

- es **klar definierte Ziele** gibt, die wir anstreben.
- wir **unmittelbares Feedback** auf unsere Tätigkeit erhalten.
- die Tätigkeit einen Sweet Spot trifft, in dem unsere Fähigkeiten und die Schwierigkeit der Aufgabe in perfekter Balance sind, wir also **gefordert, aber nicht überfordert** werden.

Mindestens ebenso relevant sind seine Untersuchungen zu der Frage, was passiert, wenn wir Flow aus unserem Leben streichen. In »Beyond Boredom and Anxiety« (Csíkszentmihályi 2000) beschreibt Csíkszentmihályi ein Experiment, bei dem Menschen das Flow-Gefühl entzogen wurde, indem sie nur Dinge machen sollten, an denen sie keine Freude empfinden. Bereits am Ende des ersten Tages stellten die Teilnehmenden eine erhöhte Lustlosigkeit in ihrem Verhalten fest und klagten über Kopfschmerzen sowie Schlaf- und Konzentrationsstörungen. Das Experiment wurde nach zwei Tagen abgebrochen, da die gravierende Verschlechterung nicht weiter zumutbar war.

Auch im Kontext von Arbeit sollten wir kontinuierlich für Flow-Erlebnisse sorgen. Umso mehr, da unsere Arbeitsumgebung immer noch zu häufig dazu beiträgt, Flow zu verhindern. Wir sitzen in Großraumbüros, in denen wir von Kollegen und ihren Telefonaten aus der Konzentration gerissen werden. Unser Tag ist in halb- oder ganzstündigen Meetings getaktet, die bereits wieder enden, wenn wir gerade in der Aufgabe angekommen sind. Auch Teams-Nachrichten, WhatsApp Notifications oder eingehende E-Mails reißen uns aus dem Fluss. Mark et al. (2008) konnten zeigen, dass Störungen egal welcher Art (E-Mail oder Telefon) zu mehr Eile, Stress, höherer empfundener Arbeitsbelastung, mehr Frustration und Zeitdruck führen. Das Einstellen eines Flow-Gefühls ist so nicht möglich.

Schon länger gibt es deshalb eine Bewegung gerade in der Softwareindustrie, die sogenannte »**Maker Schedules**« (Graham 2009) etabliert. Das sind ungestörte Zeitboxen von drei bis vier Stunden, in denen Kreativarbeitende wie Softwareentwickler sich tief in eine Aufgabe eindenken können – also in den Flow kommen.

55 Mein persönlich stärkstes Flow-Erlebnis habe ich stets bei gemeinsamen Auftritten im (Impro-)Theater, wenn wir als Gruppe in unserer Tätigkeit aufgehen und uns nachher wundern, dass die zwei Stunden Programm schon wieder um sind.

Doch nicht nur die zeitliche Komponente muss für den Einstieg in den Flow ausreichend bemessen sein, auch die Schwierigkeit der Aufgabe muss die richtige sein. Algorithmische Arbeit bietet selten die nötige Herausforderung. Flow erleben wir vor allem in heuristischer Arbeit – besonders dann, wenn wir gefordert, aber nicht überfordert sind. Das ist ein weiterer Grund, warum SELBSTBESTIMMUNG in gesteuerter SELBSTORGANISATION so wichtig ist. Erst dann können sich Mitarbeitende die Aufgaben ziehen, die sie als besonders anregend empfinden, und das Flow-Gefühl erreichen.

Viele Firmen wie Microsoft, Patagonia oder Toyota haben das erkannt und erzeugen gezielt **flowfreundliche Umgebungen** (Pink 2020). Ebenso Stefan Falk, ehemaliger CEO von Ericson, der die Bedingung für zeitnahes Feedback im Flow zum Anlass nahm, Feedbackgespräche zwischen Mitarbeitenden und Management deutlich häufiger stattfinden zu lassen – bei Ericson sechs Mal im Jahr, später in seiner Zeit bei Green Cargo sogar monatlich (Pink 2020).

Meiner Ansicht nach liegt hier für Unternehmen ein gewaltiges, selten gehobenes Effizienzpotenzial, das die Arbeitsleistung und die MOTIVATION der Mitarbeitenden massiv steigern kann. Wenn du dieses Potenzial heben möchtest, kannst du unter anderem Folgendes tun:

- Stelle dein Unternehmen so auf, dass die Mitarbeitenden, die wertschöpfenden Tätigkeiten nachgehen,[56] genug meetingfreie Zeiträume haben, in denen sie sich ungestört in Aufgaben vertiefen können.
- Biete flowfreundliche Arbeitsräume wie Fokusräume (Einzelarbeit) oder Workshopräume (Gruppenarbeit) an.
- Rege deine Mitarbeitenden dazu an, Arbeiten eher in einem Block zu erledigen, als sie über mehrere Tage oder Wochen zu verteilen. Das bedeutet, dein Team sollte sich beispielsweise für zwei Tage in einen Offsite-Workshop zurückziehen und mit einem Ergebnis wiederkommen, als über drei Monate ein wöchentliches Zwei-Stunden-Arbeitsmeeting abzuhalten.
- Erlaube deinen Mitarbeitenden, ihre Aufgaben in einem gewissen Rahmen selbst zu wählen, sodass sie die Aufgaben ziehen, die ihnen das richtige Maß an Herausforderung bieten.

---

56 Wertschöpfende Tätigkeiten sind im Lean Management Arbeiten, die direkt zur Erstellung eines Produkts oder einer Dienstleistung beitragen und für den Kunden erkennbaren Nutzen bieten. Nicht wertschöpfende Tätigkeiten hingegen schaffen keinen direkten Kundenwert, können aber notwendig sein (z. B. Qualitätskontrollen) oder als Verschwendung eingestuft werden (z. B. unnötige Wartezeiten). Zu den nicht wertschöpfenden Tätigkeiten zählt zum Beispiel das Management. Für Manager ist Flow nicht ganz so wichtig, sie vertiefen sich ohnehin selten so tief in Aufgaben. Probleme entstehen, wenn flowunabhängige Manager ihren halbstündig verplanten Tagesrhythmus den Wertschöpfenden aufdrücken, die ihre beste Arbeit vorwiegend im Flow erledigen können.

- Schaffe zeitnahe Feedbackschleifen, die eine unmittelbare Rückmeldung erlauben. In Offsite-Workshops kann zum Beispiel am Nachmittag des zweiten Tages eine Werkschau mit Gallery Walk[57] durch die Geschäftsführung geplant werden.

Garantie der Arbeitsfreude

Ein Beitrag von Dr. Pero Mićić, Gründer und CEO der FutureManagementGroup AG

Viele glauben, dass man die Kultur eines Unternehmens gar nicht verändern kann. Dass Kultur einfach stattfindet. Ich sehe das anders. Ich bin überzeugt davon, dass man Kultur mit Vereinbarungen gestalten kann.

Ich habe folgende Vereinbarung mit meinen Mitarbeitern: »Du hast das Recht und meine Garantie, mindestens 70 Prozent deiner Zeit in Freude zu arbeiten. Bis zu 30 Prozent Mist musst du akzeptieren.« Das ist motivierend und realistisch zugleich. Auch ich selbst muss bis zu 30 Prozent Frust und Ärger akzeptieren. Einfach weil die reale Welt so ist.

Ich frage mindestens zweimal im Jahr systematisch und auch zwischendurch ab, ob die 70 Prozent erfüllt sind. Vor allem aber ist diese Garantie ein Werkzeug der SELBSTORGANISATION. Denn mit dieser Vereinbarung hat der Mitarbeiter die Verantwortung dafür akzeptiert, selbst und regelmäßig zu prüfen, ob die 70 Prozent erfüllt sind, und eigeninitiativ zu kommunizieren, wenn sie nicht erreicht sind und wie sie erreicht werden könnten.

So erfahre ich frühzeitig, wann Mitarbeiter unzufrieden sind und wir deshalb ihr Portfolio an Verantwortungen anders organisieren müssen. Im schlimmsten Falle, wenn die Voraussetzungen für Freude des Mitarbeiters in unserem Unternehmen nicht erfüllt werden können, helfen wir dem Mitarbeiter, in einem anderen Unternehmen mit mehr Freude zu arbeiten.

5.7 Reflexion

- Was motiviert dich persönlich?
- In welcher deiner Karrierestationen warst du hoch motiviert? Was hat diese Arbeitsumgebung ausgezeichnet?
- Hast du den Eindruck, dass deine Mitarbeitenden motiviert arbeiten?

57 Beim Gallery Walk werden die grafischen Arbeitsergebnisse wie in einer Galerie ausgehängt und können von den Gästen unabhängig voneinander erkundet werden. Fragen werden mit bereitstehenden Mitarbeitenden geklärt.

- Kennst du die individuellen Motivatoren deiner Teammitglieder?
- Haben deine Teammitglieder persönliche Ziele? Können sie diese zur Sprache bringen?
- Gibt es Frustration bei deinen Mitarbeitenden? Wodurch wird diese verursacht?
- Sind deine Mitarbeitenden stolz, in eurem Unternehmen zu arbeiten?
- Sehen deine Mitarbeitenden einen größeren Sinn in ihrer Arbeit?
- Streben deine Mitarbeitenden nach Exzellenz oder vermeiden sie vor allem Fehler?
- Gibt es im Unternehmen ein Gefühl von Bequemlichkeit, weshalb wichtige Veränderungen ausbleiben? Wie kannst du die Menschen aus dieser Bequemlichkeit herauslocken?
- Wie oft und wie offen sprecht ihr das Thema MOTIVATION an?
- Betont euer Unternehmen intrinsische oder extrinsische MOTIVATION in seinen Systemen?
- Wo motivierst du/dein Unternehmen durch extrinsische MOTIVATION, obwohl es sich um Aufgaben handelt, die Kreativität erfordern oder EigenMOTIVATION der Mitarbeitenden voraussetzen? Wie könntest du bei diesen Aufgaben die intrinsische MOTIVATION fördern?
- Gibst du deinen Mitarbeitenden das Gefühl, beurteilt zu werden (z. B. durch Lob oder Kritik)[58]?
- Wie kann es gelingen, deinen Mitarbeitenden transparent zu machen, wann sie erfolgreich sind, ohne dass du die Quelle dieser Beurteilung bist?
- Wie oft feiert ihr Erfolge?
- Gelingt es deinen Mitarbeitenden, im Flow zu arbeiten? Was steht dem im Weg?
- Wie kannst du Flow bei deinen Mitarbeitenden fördern?

5.8 Methoden für MOTIVATION

In den einzelnen Unterkapiteln zur Säule der MOTIVATION habe ich bereits diverse Hinweise gegeben, wie du die MOTIVATION deiner Mitarbeitenden beeinflussen kannst. Hier ergänze ich noch einige strukturiertere Hinweise.

Auch hier gilt: Es gibt keine Notwendigkeit, alle hier genannten Methoden umzusetzen. Genauso wenig, wie diese Sammlung als vollständig anzusehen ist. Lasse dich inspirieren, beziehe bei der Auswahl auch deine Mitarbeitenden ein und setzt gemeinsam eine Methode nach der anderen ein – bis ihr feststellt, dass ihr zunächst an einer anderen Säule weiterbauen solltet, um die SELBSTORGANISATION im Betrieb sukzessive zu steigern.

---

58 Auch dabei handelt es sich um eine Form von extrinsischer MOTIVATION, welche die Leistung von Mitarbeitenden senken kann.

Der Mix an Methoden ist bewusst so gewählt, dass es einige umfangreiche Methoden gibt, deren Umsetzung einige Monate in Anspruch nimmt (z. B. Employee First Councils oder Flow-Messung), sowie Quick Wins, die du innerhalb eines Meetings (z. B. Moving Motivators oder Zwei Fragen zur MOTIVATION) oder innerhalb weniger Tage (z. B. Clifton Strengths oder Kudo Karten) wirksam einsetzen kannst.

Identifiziere De-MOTIVATIONsfaktoren

Einer der effektivsten Wege, die MOTIVATION deiner Mitarbeitenden zu steigern, ist, die Faktoren zu streichen, die sie demotivieren. Dazu musst du zunächst wissen, welche das sind. Und da es niemand besser weiß als die Betroffenen selbst, sind Gespräche der Schlüssel zur Erkenntnis. Sei dir bewusst, dass du erst mit einem gewissen Maß an VERTRAUEN mit ehrlichen Antworten rechnen kannst. Ist diese Säule noch nicht ausreichend stabil, können zum Einstieg ins Thema De-MOTIVATION anonyme Befragungen ein erster Schritt sein. Eine Abteilung/ein Team äußert Kritik – und du sorgst für erste Lösungen, damit die Beteiligten sehen, dass ihre Anliegen ernst genommen werden und Konsequenzen in ihrem Sinne erfolgen. Ist das VERTRAUENSlevel bereits groß (genug), frage offen in Einzelgesprächen oder Workshops, was den Mitarbeitenden an ihrer Arbeit dauerhaft den Spaß verdirbt, was sie künftig nicht mehr übernehmen oder akzeptieren möchten.

Ihr könnt zum Beispiel eine »Frustwand« oder »Frustbox« aufstellen, an/in der Zettel landen, sobald eine Person über etwas gestolpert ist, das sie besonders frustriert. In regelmäßigen Abständen leert ihr gemeinsam die Box/Wand und schaut, mit welchen Änderungen ihr diese De-Motivatoren in Zukunft reduzieren oder vermeiden könnt.

Dieses gemeinsame Vorgehen steigert nicht nur die MOTIVATION, sondern erzeugt auch VERTRAUEN in dich als Führungskraft, da die Mitarbeitenden erleben, dass du zuhörst und handelst.

Rollen richtig besetzen

Als Führungskraft ist es schwierig, Menschen für eine Tätigkeit zu begeistern, für die sie nicht intrinsisch motiviert sind. In einer klassischen hierarchischen Organisation kannst du Aufgaben zuweisen – aber das erzeugt nicht automatisch eine hohe MOTIVATION für diese Aufgaben. Im Rahmen von SELBSTORGANISATION ist die Anforderung an MOTIVATION höher, da die Mitarbeitenden Einfluss darauf haben, welche Aufgaben sie übernehmen. Hier musst du individuell die Tätigkeiten identifizieren, für die ein Mitarbeiter die entsprechende MOTIVATION mitbringt.

Damit meine ich nicht, dass nur noch das gemacht wird, was Spaß macht. Aber jede Person bringt ihren eigenen Charakter und eigene Neigungen mit. Mir persönlich sind Abwechslung und das ständige Einarbeiten in neue Themen wichtig. Andere üben gern jeden Tag eine bekannte Tätigkeit aus und bevorzugen die Routine. Manche Menschen sind gern genau und überlegen, während andere spontan sind und aus dem Bauch heraus entscheiden. Wer von den beiden letzteren Typen ist wohl besser geeignet, das Thema Datenschutz für das Unternehmen zu übernehmen?

Als Führungskraft kannst du dazu beitragen, dass Aufgaben so verteilt werden, dass sie zu den Menschen passen, die sie durchführen. Besser noch: Du unterstützt sie dabei, diese Aufgaben selbst zu finden. Der Ansatz ist keine Innovation. Aber vielleicht zeigt dir dieses Kapitel einige neue Methoden, die euch künftig helfen, den richtigen Fit zu erkennen.

Moving Motivators – Motivatoren spielerisch entdecken

Wie kannst du Menschen helfen, ihre persönlichen Motivatoren zu identifizieren? Diese Frage hat Jurgen Appelo in seinem Buch »Managing for Happiness« (Appelo 2011) mit dem Kartenspiel **Moving Motivators** beantwortet. Es basiert auf zehn **MOTIVATIONsfaktoren**, die Appelo aus den Arbeiten von Daniel Pink, Steven Reiss und Edward Deci extrahiert hat[59]:

- Anerkennung,
- Wissbegierde,
- Freiheit,
- Status,
- Sinnerfüllung,
- Ehre,
- Perfektionierung,
- Ordnung,
- Einfluss,
- Verbundenheit.

Moving Motivators ist als spielerische Beschäftigung mit dem Thema gedacht. Die auf Karten gedruckten Motivatoren werden in eine persönliche Reihenfolge gebracht, je nach Wichtigkeit. Die Identifikation der Hauptmotivatoren (über die sich viele bisher keine Gedanken gemacht haben) fördert die Selbstreflexion und ein offenes Gespräch darüber, wie sich bestimmte Veränderungen auf die persönliche MOTIVATION auswirken würden.

59 In den zehn Motivationsfaktoren sind sowohl extrinsische als auch intrinsische Motivatoren enthalten.

Gute Fragen sind zum Beispiel:

- Welche deiner Motivatoren sind bei deinen aktuellen Tätigkeiten stark erfüllt?
- Welchen deiner Motivatoren vermisst du gerade?
- Welche Maßnahmen könntest du ergreifen, um deine wichtigsten Motivatoren besser zu berücksichtigen?
- Wie könnten Teammitglieder von einem Verständnis deiner Motivatoren profitieren?
- Wie würde sich Veränderung X auf deine Motivatoren auswirken?
- Wie könntest du dazu beitragen, die Motivatoren deiner Teammitglieder zu unterstützen?
- Was motiviert dich dazu, an einem neuen Projekt Y teilzunehmen?

Fertige Kartensets zum Download sowie eine ausführliche Anleitung gibt es unter https://management30.com/practice/moving-motivators/ (Abrufdatum: 26.02.2025).

EPIC-Umfrage – Begeisterungsfaktoren messbar machen

Unternehmen führen immer wieder Zufriedenheitsumfragen unter Mitarbeitenden durch. Vineet Nayar, Mitglied der Geschäftsführung von HCL Technologies Ltd., war das zu wenig. Für ihn ist Zufriedenheit ein Zustand, in dem man akzeptiert, dass Dinge sind, wie sie sind. »Wenn ich zufrieden bin, bin ich dann daran interessiert, etwas zu verändern oder zu verbessern?«, fragt er in seinem Buch »Zuerst der Mitarbeiter, dann der Kunde« (Nayar 2013). Er ist der Meinung, dass nur Begeisterung Menschen morgens aus dem Bett springen und Verantwortung übernehmen lässt – insbesondere für Tätigkeiten, die nicht im Arbeitsvertrag stehen.

Daraufhin entwickelte HCLT die Initiative »**Employee Passion Indicative Count (EPIC)**«, die in den drei Themenfeldern »selbst«, »sozial« und »säkular« per Fragebogen die Begeisterung von Mitarbeitenden misst. Das Ergebnis sind die individuellen Top 5 Passion Indicators (ähnlich wie bei Moving Motivators) sowie das jeweilige Level der Begeisterung bezüglich der insgesamt 15 Passion Indicators.

Das Messen dieser Passion Indicators allein ist natürlich nicht ausreichend, um die MOTIVATION im Unternehmen zu steigern. Bei HCLT hatte die EPIC-Umfrage das Ziel, TRANSPARENZ zu schaffen. Im Anschluss an die EPIC-Umfrage galt es, Wege zu finden, wie durch Veränderungen in der Organisation das Begeisterungslevel nach oben getrieben werden kann – um nicht nur ein begeisternder Arbeitsplatz zu sein, sondern auch die Profite des Unternehmens zu steigern.[60] HCLT hat dies unter anderem über Employee First Councils (siehe übernächster Abschnitt) erreicht.

60 Mehr dazu auf https://risingritu.blogspot.com/2012/03/employee-passion-indicative.html (Abrufdatum: 26.02.2025).

Clifton Strengths

Wir machen häufig das besonders gern, was uns liegt und daher leichtfällt. Die Kenntnis der eigenen Talente hilft also, die Position zu finden, in der wir besonders erfolgreich und motiviert sind. Hierbei kannst du deinen Mitarbeitenden unter die Arme greifen, um so die MOTIVATION in deinem Betrieb zu steigern – zum Beispiel durch das gemeinsame Durchführen des Gallup Strength Finder Tests[61]: Mit dessen Hilfe können du und deine Mitarbeitenden die persönlichen Stärken evaluieren. Der Test gibt als Ergebnis die Reihenfolge der 34 Clifton-Strengths-Talente aus, zum Beispiel »Strategisches Denken«, »Beziehungen aufbauen« oder »Umsetzung«. Basierend auf diesen Stärken könnt ihr darüber sprechen, ob die aktuelle Position diese Stärken nutzt – oder ob die Aufgaben in die Schwächen[62] fallen und somit Frust erzeugen. Wer starke Beziehungskompetenzen hat, kann zum Beispiel im Kundenkontakt glänzen oder Networking für das Projekt betreiben, während strategisch denkende Mitarbeitende in Planungs- oder Innovationspositionen ihre Stärken ausspielen können.

Das Ergebnis: eine höhere Zufriedenheit deiner Mitarbeitenden mit ihrer täglichen Arbeit und damit eine höhere Produktivität und Effizienz im Unternehmen. Ein solches stärkenbasiertes Management fördert MOTIVATION und Engagement, da Menschen ihre Fähigkeiten optimal einbringen können und sich wertgeschätzt fühlen.

Employee First Councils

Nachdem HCL Technologies Ltd. die EPIC-Befragung (»EPIC-Umfrage – Begeisterungsfaktoren messbar machen« in Kapitel 5.8) zum Thema Mitarbeiterbegeisterung gestartet hatte, musste das Unternehmen konkrete Wege finden, Begeisterung in der Organisation zu wecken. Dazu wurden Mitarbeitergemeinschaften gegründet (**Employee First Councils**), die sich um Themen wie soziale Verantwortung, Kunst, Gesundheit und Hygiene, Musik und viele weitere drehten (Nayar 2013). Demokratisch organisiert mit gewählten »Ratsvorsitzenden« waren die Councils zunächst dazu gedacht, länderübergreifend Menschen mit derselben Begeisterung zusammenzubringen. 2010 waren über 2500 Personen als Vorsitzende eines Rates aktiv. Der Erfolg war so groß, dass schließlich auch geschäftsrelevante Councils gegründet wurden, die Ideen für Veränderungen und neue Geschäftsgebiete für HCLT lieferten. »Als einige dieser Ideen begannen, neuen Umsatz zu erzeugen, erkannten wir, dass wir wieder über einen unerwarteten Vorteil gestolpert waren: die Erzeugung neuer Geschäftsideen durch unstrukturierte Innovation«, schreibt Vice Chairman Nayar.

---

61 https://www.gallup.com/cliftonstrengths/de/254030/strengthsfinder.aspx (Abrufdatum; 26.02.2025).

62 Diese Schwächen können im Gespräch besprochen werden. Der Test selbst identifiziert ausschließlich Talente, keine Schwächen.

Der wichtigste Effekt in seinen Augen war, dass aufgrund der Councils immer mehr Mitarbeitende im Unternehmen begannen, Verantwortung zu übernehmen und die Geschäftsführung dadurch weniger steuernd eingreifen musste.

Für dich als Führungskraft oder Unternehmer kann dies ein sehr guter Ansatz sein, Mitarbeiterinitiativen zu starten oder zu fördern. Innerhalb der Initiativen kann im besten Fall selbstorganisierte Wertschöpfung geschehen – mindestens aber kommen Mitarbeitende aufgrund ähnlicher Interessen miteinander in Kontakt und knüpfen neue Netzwerke. Beides wird dazu führen, dass die Menschen in deinem Unternehmen mit mehr Begeisterung und MOTIVATION an die Arbeit gehen.

Stolz und Respekt gegenüber dem eigenen Unternehmen fördern

Als Kapitän der Santa Fe sah sich David Marquet mit dem Problem konfrontiert, dass die Crew den Stolz, auf dem U-Boot stationiert zu sein, vermissen ließ – schließlich galt es als eines der schlechtesten Boote der Flotte. Gemäß seinem Motto »acting your way to new thinking« führte Marquet daher ein, dass Gäste in Zukunft mit der »Regel der drei Namen« an Bord zu begrüßen waren: Das begrüßende Crew-Mitglied musste den Namen des Gastes, den eigenen und den des Bootes nennen. Zum Beispiel: »Guten Morgen, Commodore Kenny, mein Name ist Petty Officer Jones und ich heiße Sie auf der Santa Fe willkommen.« Diese Maßnahme, so klein sie auch war und trotz des Fakts, dass die Santa Fe keine Respekt einflößenden Erfolge einfuhr, förderte Stolz und Respekt gegenüber dem U-Boot und setzte damit eine positive Schleife in Gang, die durch weitere Maßnahmen zusätzlich angetrieben wurde.

Nun ist es auf einem Boot der Marine leicht, strikte Vorgaben dieser Art zu machen. Dort akzeptiert die Mannschaft auch Anweisungen, die so detailliert sind, dass sie den Mitarbeitenden in einem Wirtschaftsunternehmen wie Gängelei und Mikromanagement vorkommen würden. Dennoch lohnt es sich, genauer über diese Frage nachzudenken: Welche kleinen Maßnahmen könntest du einführen, um bei deinen Mitarbeitenden ein Gefühl von Stolz auf das eigene Unternehmen zu fördern?

Die TeamBank scheint im Laufe ihrer Transformation eine Antwort auf diese Frage gefunden zu haben. In einem Gespräch mit einer ehemaligen Vorständin der Bank erwähnte diese, dass das einst neu erstellte Credo »Wir sind ehrbare Kaufleute« bei den Mitarbeitenden so gut ankam, dass einige damit begannen, es selbstständig in den Räumen auszuhängen.

Worauf sind deine Mitarbeitenden bereits stolz? Wie könntest du dies weiter fördern, ausbauen oder sichtbarer machen?

»Warum-bleibst-du?«-Interviews

Viele Unternehmen führen mittlerweile strukturierte Interviews mit Personen, die das Unternehmen verlassen. Das ist eine sehr gute Idee, um strukturelle Gründe zu evaluieren, die Menschen aus dem Unternehmen treiben. Was mindestens ebenso hilfreich ist, aber deutlich seltener passiert: ähnlich strukturierte Interviews mit denen zu führen, die bleiben. Denn so wie jedes Produktmanagement verstehen muss, warum die Kunden ein Produkt kaufen, sollte auch jede Personalabteilung verstehen, was die Mitarbeiterschaft am eigenen Unternehmen besonders schätzt. Ansonsten kann es leicht passieren, dass die nächste große Veränderung im Unternehmen (agile Transformation, Veränderungen in der Organisationsstruktur, Neugestaltung der Arbeitsumgebung oder Neuregelungen zum mobilen Arbeiten) eine überraschend demotivierende Wirkung entfaltet, die niemand hat kommen sehen.

Damit die Mitarbeitenden in diesen Interviews ehrlich sind, solltest du überlegen, sie nicht von Führungskräften oder Mitgliedern der Personalabteilung durchführen zu lassen, sondern von neutralen Dritten, die keinen Einfluss auf die Karriere der Befragten haben. Das können Externe oder qualifizierte Interne sein, die nicht karriererelevant für die Interviewten sind, zum Beispiel UX-Designer aus der Entwicklungsabteilung.

Freie Zeiträume für persönliche Projekte schaffen

Ob Googles »20% Zeit«, 3Ms 15%, HCLTs Employee First Councils oder Atlassians FedEx Days (Kapitel 5.4): Viele Unternehmen haben sehr gute Erfahrungen damit gemacht, ihren Mitarbeitenden zeitliche Freiräume zu geben, in denen sie sich statt mit vorgeschriebener Arbeit mit persönlichen Projekten beschäftigen können – solange diese Arbeit dem Unternehmen potenziell nützt.

Auf diese Weise können Mitarbeitende ihre Stärken auf eine Weise einbringen, die Führungskräfte nicht entdecken würden. In den Projekten treffen MOTIVATION und persönliche Stärken aufeinander, sodass innerhalb kürzester Zeit innovative Ideen entstehen können. Typisch für innovative Ideen ist, dass ein Großteil der gestarteten Projekte keine praktische Anwendung findet, auch wenn die Ideen zunächst vielversprechend klingen. Doch die Projekte führen fast immer dazu, dass die MOTIVATION der Mitarbeitenden steigt, sie Verantwortung übernehmen, neue Fähigkeiten erlernen und sich untereinander vernetzen, wenn sie gemeinsam an etwas arbeiten. Und ein kleiner Teil der Ideen hat das Potenzial, das Unternehmen zu verändern oder neue Geschäftsbereiche zu erschließen. Über Google zum Beispiel ist bekannt, dass Projekte wie AdSense in diesen Zeiträumen entstanden sind (Wikipedia: Side project time 2023).

Wenn du befürchtest, durch diese Freigabe 15 bis 20% deiner personellen Kapazität einzubüßen, kann ich dich beruhigen: Bei Atlassian zum Beispiel nahm nur ein Teil der Belegschaft am Experiment teil, sodass letztlich lediglich rund 1,1% der Gesamtarbeitszeit genutzt wurde (Rotenstein 2009). Von 48 Projekten wurden die Ergebnisse aus 16 Projekten in Produkte integriert.[63]

In der Realität wird es für die meisten Mitarbeitenden schwierig sein, sich unter der ohnehin schon hohen Arbeitslast 10 bis 20% der Arbeitszeit für andere Projekte freizuhalten. Umso mehr solltest du mit Unterstützung des Managements dafür sorgen, dass solche kreativ-innovativen Projekte möglich werden. Neben vielen neuen Ideen, die deinem Unternehmen zugutekommen, fördert diese selbstorganisierte Arbeitszeit nicht nur MOTIVATION, sondern auch die Übernahme von Verantwortung (SELBSTBESTIMMUNG), die für erfolgreiche SELBSTORGANISATION so wichtig ist.

Wenn du Mitarbeitende nicht dauerhaft zu einem Teil vom Tagesgeschäft entlasten möchtest, kannst du abgeschlossene Projektzeiträume definieren, zum Beispiel einen Drei- bis Fünftagessprint innerhalb eines Quartals, an deren Ende ein Prototyp stehen soll. Dies kann als Event mit Catering und Abendprogramm organisiert werden, sodass es gleichzeitig als einmaliges Erlebnis die Mitarbeiterbindung steigert. Wie so ein Format im Detail aussehen kann, zeigen beispielsweise die Bücher »Spring« von Jake Knapp (2016) oder »Hackathons« von Andreas Kohne und Volker Wehmeier (2019).

Flow-Messung

Das Erleben von Flow (Kapitel 5.6) ist ein wesentlicher MOTIVATIONsfaktor. Doch wie oft erleben deine Mitarbeitenden bei ihrer Arbeit einen Flow? Daniel Pink (2020) schlägt vor, die Mitarbeitenden einzuladen, den eigenen Flow zu messen, indem sie mehrmals am Tag an zufällig bestimmten Zeitpunkten innehalten (z. B. auf einen Alarmton des Handys hin) und sich die Antworten auf folgende Fragen notieren:

- Was mache ich gerade?
- Wer ist bei mir?
- Wie ist meine seelische Verfassung?
- Befinde ich mich im Flow?

Die gesammelten Daten können in Selbstreflexion oder gemeinsam im Team evaluiert werden, um zu schauen, wann Flow erlebt wird und wie das Flow-Erleben insgesamt verbessert werden kann. Dazu wird nach Mustern gesucht, zum Beispiel nach Tätigkeiten, die besonders häufig als Flow empfunden wurden. Ergänzend kannst du deine Mitarbeitenden bitten, ihre Aufgabengebiete danach zu beurteilen, ob sie interessant,

63 Tatsächlich waren es mehr, aber bei 25 Projekten wurde der Status nicht verfolgt/aktualisiert.

langweilig oder vielleicht sogar überfordernd sind. Damit könnt ihr gemeinsam das für jeden Mitarbeiter passende Challenge-Level herausarbeiten und so das Flow-Erlebnis verbessern.

In jedem Fall sollte dein Ziel sein, deinen Mitarbeitenden so viel Flow-Erlebnisse wie wirtschaftlich sinnvoll einzurichten. Einige Unterbrechungen und langweilige Aufgaben werden nötig sein – zum Beispiel sollte von den Kollegen der IT-Abteilung mindestens einer erreichbar sein, um auf IT-Notfälle zu reagieren. Die Abrechnung von Reisekosten ist für die meisten Mitarbeitenden wohl auch eher ein notwendiges Übel als ein Quell von Begeisterung. Aber sicherlich fallen euch Möglichkeiten ein, die Arbeit relativ verlustfrei umzugestalten, sodass eine Flow-Optimierung stattfindet. Im erwähnten Beispiel der IT-Abteilung kann zum Beispiel vereinbart werden, dass ein wechselnder Ansprechpartner erreichbar ist, auf den alle eingehenden Anfragen umgeleitet werden. Dieser verteilt dann Anfragen, die er selbst nicht beantworten kann, weiter an das Team. Die Reisekostenabrechnung kann zumindest so optimiert werden, dass sie weitestgehend frustfrei funktioniert und von den Mitarbeitenden dann gemacht wird, wenn es in ihren Plan passt.

Dieses Vorgehen der Flow-Optimierung ist auch wirtschaftlich sinnvoll, denn im Flow arbeiten deine Mitarbeitenden nicht nur motivierter, sondern auch schneller und konzentrierter.

Wenn Aufgaben als langweilig empfunden werden, können gamifizierte Challenges (z. B. Zeitlimits) helfen, die Aufgaben wieder interessanter zu machen (Werbach und Hunter 2020). Das sollte jedoch ausschließlich von der durchführenden Person selbst beschlossen und auf keinen Fall vorgeschrieben werden. Hier gilt absolute Freiwilligkeit.

Maker Time

Eine weitverbreitete Methode, das Flow-Erlebnis und damit die MOTIVATION zu stärken, ist die **Maker Time**. Dieses Konzept ist in Unternehmen in der IT-Branche aufgekommen, in der die Bedürfnisse von Management und Entwicklern kollidierten (Graham 2009). Entwickler benötigen für ihre Arbeit ein hohes Maß an Konzentration über einen längeren Zeitraum. Mit anderen Worten: Flow. Dieser Zeitraum sollte sich über zwei bis vier Stunden erstrecken. Du kennst das vermutlich auch von dir, wenn du versuchst, eine längerfristige Aufgabe durchzuarbeiten: Ständige Unterbrechungen mindern die Konzentration und führen dazu, dass deutlich schlechtere Arbeit geleistet wird beziehungsweise sie länger dauert. Manager dagegen verrichten ihre Arbeit vor allem in Meetings und neigen dazu, ihren Tag in 30-Minuten-Intervallen zu planen – und damit auch in die Konzentrationszeiträume der Mitarbeitenden hineinzuschneiden. Wer sich konzentriert mit hoch komplizierten Aufgaben wie Computercode beschäftigen möchte, sollte nicht 45 Minuten nach Beginn des Arbeitstages bereits im ersten 30-Minuten-Meeting sitzen.

Wie wichtig diese Zeiträume sind, wird klar, wenn wir akzeptieren, dass wir nicht acht Stunden am Tag produktiv sind. Gerade für die Tasks, die eine hohe Konzentration benötigen, sind es in der Regel nur wenige Stunden am Tag. Daher ist es wichtig, diese hoch produktiven Phasen *täglich* zu ermöglichen, um die Produktivität der Mitarbeitenden optimal zu nutzen. Die Maker Time zielt genau darauf ab: meetingfreie Zeiträume, in denen wertschöpfende Mitarbeitende, die tiefe Konzentration für ihre Arbeit benötigen, nicht in Termine eingebunden werden dürfen, die keinen Workshop-Charakter haben (in denen also über mehrere Stunden im Flow ein Ergebnis erarbeitet wird).

Wenn du in deinem Unternehmen oder Team Mitarbeitende hast, die Produkte entwickeln, Code schreiben oder ähnliche komplizierte, konzentrationsintensive Aufgaben verrichten, dann überlegt gemeinsam, wie ihr sicherstellen könnt, dass ausreichend Zeiträume für Flow vorhanden sind.[64]

Das Prinzip der Freiwilligkeit

Als Führungskraft wirst du vermutlich gewohnt sein, viele Dinge anzuordnen und Arbeitspakete zuzuweisen. Doch um dein Team künftig in Richtung SELBSTORGANISATION zu entwickeln, braucht es eine Veränderung hin zu mehr Freiwilligkeit und Eigenverantwortung bei der Übernahme von Aufgaben. Dafür braucht es ein gutes Maß an (intrinsischer) MOTIVATION seitens deiner Mitarbeitenden. Die Herausforderung ist, dass diese MOTIVATION zu Beginn noch nicht in dem Maß vorhanden sein wird, wie sie benötigt wird.

Das heißt, es wird einen Zeitraum der Veränderung geben, in dem du Geduld brauchst. Wenn bisher eher streng hierarchisch gearbeitet wurde, wird dieses neue Mindset eine Weile brauchen, um in den Köpfen anzukommen und in Wirkung zu gehen. Dennoch: Beachte von Beginn an so weit wie möglich das Prinzip der Freiwilligkeit und führe es insbesondere dir selbst immer wieder vor Augen. Denn auch für dich wird diese Veränderung eine Umgewöhnung bedeuten. Vereinbare mit deinen Mitarbeitenden zunächst das gemeinsame Ziel, dass Aufgaben in Zukunft freiwillig übernommen werden, anstatt von dir verteilt zu werden. Da du nicht davon ausgehen kannst, dass die Mitarbeitenden oder du das sofort erfolgreich umsetzen werdet, geht am besten in

64 Die in vielen Unternehmen kritisierten Homeoffice-Tage können sehr hilfreich sein, denn dort ist die Kontrolle über den eigenen Flow am höchsten. Es ist auch nicht schädigend für das Unternehmen, wenn E-Mails oder Teams Notifications für eine Weile deaktiviert werden. Im Gegenteil, es dient dem Interesse des Unternehmens, schwierige Aufgaben im Flow – also ohne Ablenkung – schnellstmöglich zu bearbeiten.

Schritten vor. Beispielsweise könnt ihr für eingehende Arbeiten eine Art »Eingangskorb« aufmachen – ein E-Mail-Postfach, ein digitales Verzeichnis oder ein physisches Whiteboard haben sich in verschiedenen Organisationen bewährt. Aus diesem Korb bedienen sich Mitarbeitende, wenn sie Zeit und Energie haben, um eine Aufgabe zu erledigen. Klärt dazu, was ihr gemeinsam erreichen wollt und wie ihr vermeiden wollt, dass Aufgaben liegen bleiben.

Das mag zunächst riskant klingen. Was ist zum Beispiel, wenn ein Mitarbeiter keine Lust oder mehrere Mitarbeitende keine Zeit haben? Was passiert dann mit den Aufgaben?

Genau solche Fragen müsst ihr vorab klären. Gute Fragen sind zum Beispiel:
- Was ist unser gemeinsames Ziel?
- Wie motiviert sind wir, dieses Ziel zu erreichen?
- Was braucht es, damit wir als Team erfolgreich sind?
- Wie gehen wir mit Aufgaben um, die niemand freiwillig übernehmen will?

Anfänglich werden mit Sicherheit einige Aufgaben liegen bleiben. Nun kommt der Zeitpunkt, als Team auf den Status der Veränderung zu schauen und gemeinsam darüber zu reden, was diesbezüglich gut und was schlecht funktioniert (siehe »Retrospektive« in Kapitel 6.7) und die genannten Fragen zu erweitern:
- Wie wichtig sind uns als Team Werte wie Verlässlichkeit und Verbindlichkeit?
- Warum sind trotz unserer Vereinbarungen Aufgaben liegen geblieben, die dringend erledigt werden müssen?
- Welche Systeme (z. B. automatische Erinnerungen, Task Boards etc.) könnten uns helfen, uns an unsere Vereinbarungen zu halten?

Trefft Entscheidungen per Konsent (Kapitel 2.6), damit ihr mit einer Entscheidung nicht das Prinzip der Freiwilligkeit verletzt. Langsam, aber sicher werden deine Mitarbeitenden sichtbar mehr Verantwortung übernehmen. Das braucht seine Zeit, die KOMPETENZ dazu ist nicht von Anfang an im Team vorhanden.

Und ja, anfangs wird der Freiraum vermutlich genutzt, um erst einmal weniger zu arbeiten. Nach und nach steigt aber die MOTIVATION. Mitarbeitende entdecken, warum sie ihren Job gern machen – oder suchen sich neue Betätigungsfelder oder Projekte. Die Produktivität wird anfangs vorübergehend sinken, dafür wird die SELBSTORGANISATION steigen – bis das Team schließlich besser arbeitet als vorher, weil die Teammitglieder ihre Arbeit mit Leidenschaft und Verantwortung machen. Wichtig dazu sind beständige gemeinsame Gesprächsrunden und die TRANSPARENZ über die Arbeitsqualität des Teams (Kapitel 4.9).

Deine Aufgabe in dieser Phase ist die eines Coaches, nicht mehr die einer klassischen, steuernden Führungskraft. Du leitest vor allem durch Fragen. Natürlich darfst du auch Ergebnisse einfordern – dann aber auf Ebene des Teams, nicht auf Ebene einzelner Personen. Und die Wahl der Mittel, diese Ergebnisse zu erreichen, sollte dem Team überlassen werden.

Zwei Fragen zur MOTIVATION

Die folgenden Fragen bringen deine Mitarbeitenden dazu, sich bewusst mit ihrer ArbeitsMOTIVATION auseinanderzusetzen:

1. Auf einer Skala von 1 bis 10, wie motiviert bist du aktuell für deine Arbeit?
2. Warum hast du keine niedrigere Zahl genannt?

Die wichtige Frage ist die zweite, denn sie lässt die Mitarbeitenden darüber nachdenken, was an ihrer Arbeit gut und interessant ist. Sie lenkt den Blick von der üblichen Kritik am Job auf die positiven Aspekte. Das allein schafft dauerhaft MOTIVATION. Es ist eine Art Miniatur-Dankbarkeitsübung.

Die Fragen müssen nicht offen, sie können auch anonym beantwortet werden – idealerweise schriftlich. Der Vorteil an einer anonymen Beantwortung ist, dass auch Aspekte aufgeschrieben werden, die vielleicht in der großen Runde nicht geteilt würden, aber dennoch wichtige Motivatoren sind.[65]

Kudo-Karten

Dankbarkeit kann ein starker Motivator sein. Insbesondere der MOTIVATIONsfaktor Verbundenheit profitiert sehr davon, dass Dankbarkeit innerhalb des Teams ausgedrückt wird. So fühlen sich deine Mitarbeitenden nicht nur verbundener, sondern sehen auch, dass ihre Arbeit einen Wertbeitrag in ihrem Umfeld liefert – dieser Beitrag muss nur sicht- und erlebbar gemacht werden.

Dazu helfen die von Jurgen Appelo in »Managing for Happiness« (Appelo 2016) beschriebenen **Kudo-Karten**: Es handelt sich um Karten in Postkartengröße oder kleiner, die im Arbeitsbereich der Mitarbeitenden ausliegen. Sie tragen je nach Design farbenfrohe Aufschriften wie »Vielen Dank!«, »Glückwunsch!« oder »Super gemacht!« und können zusätzlich individuell beschriftet werden. Sie laden Mitarbeitende dazu

65 Bei Arbeit geht es unter anderem um Geld, manchmal auch um Status oder Macht – Aspekte, die in unserer Gesellschaft anteilig auch einen schlechten Ruf haben. Daher kann es Menschen unangenehm sein, darüber zu sprechen, dass dies zu ihrer MOTIVATION beiträgt.

ein, sich bei anderen zu bedanken, zum Beispiel für gute Zusammenarbeit, ein hilfreiches Gespräch oder eine emotionale, aber konstruktive Meinungsverschiedenheit. Damit kann man gegenseitig für kurze, überraschende Highlights im Arbeitsalltag sorgen und einander für die geleistete Arbeit Wertschätzung entgegenbringen. Das fördert ein positives Miteinander und macht den Sinn auch der eigenen Arbeit über den Dank der Kollegen erlebbar.

Sie beheben außerdem ein in vielen Mitarbeiterumfragen aufkommendes Manko: mangelnde Wertschätzung. Meistens richtet sich diese Kritik an die wenig lobenden und häufig kritisierenden Führungskräfte. Die Kudo-Karten laden dazu ein, Wertschätzung expliziter auszudrücken. Zunächst unter Kollegen, später vielleicht auch über Hierarchieebenen hinweg.[66] Zu Beginn wird sich diese Praxis ungewohnt, vielleicht sogar gekünstelt anfühlen. Aber die meisten Teams entdecken sehr schnell den Wert.

Peer-Reward-Systeme

Zahlreiche Unternehmen bauen bei der Belohnung ihrer Mitarbeitenden für gute Leistungen auf eine von oben »herabgereichte« Belohnung. Die Führungskräfte loben Boni für ihre Mitarbeitenden aus. Doch in vielen Fällen wissen die Führungskräfte gar nicht, wie sich die Person im Alltag verhält. Ist sie kollegial oder optimiert sie egoistisch auf die eigene Zielerreichung hin? Das können die Kollegen in der Regel viel besser beurteilen. Wenn wir das Unternehmen in Richtung funktionierender SELBSTORGANISATION entwickeln wollen, müssen wir früher oder später auch an den Belohnungssystemen schrauben.

Jurgen Appelo (2016) und Daniel H. Pink (2020) schlagen **Peer-Reward-Systeme** vor, in denen sich die Mitarbeitenden gegenseitig belohnen. Pink nennt beispielhaft das Unternehmen Kimley-Horn und Partner, ein Hoch- und Tiefbauunternehmen in North Carolina, bei dem jeder Mitarbeiter, ohne um Erlaubnis zu bitten, einem Kollegen einen 50-Dollar-Bonus geben kann. Das System funktioniere besonders deshalb gut, weil es keine Erwartungshaltung erzeuge (viele Mitarbeitende rechnen den Jahresbonus ja schon als festen Gehaltsbestandteil ein und sind frustriert, wenn er mal ausfällt), sondern im Nachhinein für geleistete Arbeit belohne.

66 Meiner Ansicht nach sollte bei Einführung der Kudo-Karten darauf geachtet werden, dass sich anfangs nur Kollegen beieinander bedanken, die auf demselben Hierarchielevel sind. Dank von/an Führungskräfte/n kann in Organisationen, die das nicht gewohnt sind, schnell einen seltsamen Beigeschmack bekommen. Das musste auch ein Bankvorstand erfahren, der mir im Rahmen eines Seminars erzählte, dass er negatives Feedback auf die Einführung der Karten erhielt, die er freizügig an seine Mitarbeitenden verteilt hatte.

Einige dieser Systeme vergeben kein Geld, sondern abstrakte Punkte, die am Ende des Monats verfallen, wenn sie nicht vergeben werden (Appelo 2016). Diese Systeme nutzen in der Regel einen Würfelwurf oder ein anderes Zufallsereignis, das entscheidet, ob eine Auszahlung erfolgt oder nicht. Beide Aspekte wurden eingeführt, um den Effekt der saisonalen Anstrengungen zu vermeiden, bei denen sich Mitarbeitende kurz vor der Bonusvergabe besonders ins Zeug legen, um danach wieder einen Gang runterzuschalten.

Sind diese Systeme fehlerfrei? Absolut nicht. Sie können ausgenutzt werden, indem sich Mitarbeitende zum Beispiel gegenseitig Boni zuschieben. Sind sie schlechter als bestehende Systeme, die, wie bis hierhin beschrieben, wenig motivieren bis demotivieren, dafür aber zu negativem Verhalten (Verschleierung, Beschönigung, Schummeln) einladen? Meiner Ansicht nach nicht.

Solltest du Peer Rewards einführen, achte darauf, dass es sich immer um eine *nachträgliche* Belohnung handelt und Mitarbeitende nicht vorab Abmachungen über Belohnungen treffen (»Ich gebe dir die 50 Dollar dieses Monats, wenn du meine Präsentation übernimmst«). Diese Wenn-dann-Belohnung trägt dazu bei, die intrinsische MOTIVATION zu untergraben.

Fortschritte sichtbar machen

Immer wieder hört man in Unternehmen den Aufruf, Ergebnisse sollten gefeiert werden – aber selten wird das auch umgesetzt. Es scheint zu sein wie mit den guten Vorsätzen zum neuen Jahr. Die Idee ist gut, aber der Aufwand dann doch zu hoch.

Dabei ist es so wichtig, Fortschritte sichtbar zu machen. Vor allem in der heutigen, schnelllebigen Zeit, in der auf den Abschluss der einen Transformation bereits die nächste folgt. Das Feiern von Fortschritten trägt nachhaltig dazu bei, zu zeigen, dass es vorangeht und man trotz aller Veränderung nicht auf der Stelle tritt – denn so kann sich diese Tretmühle manchmal aus Mitarbeitersicht anfühlen.

Wenn du als Führungskraft diese Events nicht selbst organisieren kannst, weil du stets die nächste Baustelle im Blick hast und kaum innehalten kannst, um das wertzuschätzen, was bereits geleistet wurde, dann delegiere diese Events – aber ignoriere sie nicht. Frage deine Mitarbeitenden, wer die Organisation solcher kleiner Feiern übernehmen möchte. Ich bin sicher, es gibt in jedem Team eine Person oder mehrere, die daran Spaß haben. Erfolge zu würdigen, ist eine zuverlässige Art, um die MOTIVATION hochzuhalten. Jede Person arbeitet gern in einem erfolgreichen Umfeld. Dabei ist nicht die Größe des Erfolgs primär, sondern dass die Mitarbeitenden und ihre Tätigkeit gesehen und wertgeschätzt werden.

Wichtig: Die Erfolge, die gefeiert werden, sollten echt sein – also nachweislich ein Erfolg. Gelegentlich erlebe ich Führungskräfte, die nur aus dem Gedanken heraus, die sinkende MOTIVATION zum Beispiel für ein Vorhaben pushen zu wollen, zur erstbesten Gelegenheit eine Erfolgsfeier ausrufen. Den Mitarbeitenden erscheint der Grund aber nicht als echter Erfolg – sie merken, dass es eigentlich schlecht um das Vorhaben steht und fühlen sich manipuliert.

6 KOMPETENZ

Die fünfte Säule der SELBSTORGANISATION ist KOMPETENZ, die Frage nach den Fähigkeiten der Personen, die selbstorganisiert arbeiten. Während das Fundament VERTRAUEN auf die Leistungs*bereitschaft* abzielt, geht es bei der Säule der KOMPETENZ um die Leistungs*fähigkeit*.

Zum einen braucht es fachliche KOMPETENZ, denn natürlich können wir niemandem Verantwortung übertragen, der nicht im Mindesten die Fähigkeit hat, sie auch zu tragen. Es wäre vermessen zu glauben, dass jede, die wir ins kalte Wasser schmeißen, direkt schwimmen kann. Wir müssen uns nicht wundern, dass SELBSTORGANISATION nicht gelingt, weil Aufgaben einer Führungskraft plötzlich auf Mitarbeitende übertragen wurden, die nicht über das Wissen und Können verfügten, diese Aufgaben in derselben Qualität zu erledigen. In vielen Fällen sind Mitarbeitende mit ihrer Arbeit vertraut und erledigen diese besser als die Führungskraft es könnte. Werden aber neue Aufgaben übertragen, die einen Aufbau von KOMPETENZ benötigen, ist es wichtig, eine langsame Übergabe von Verantwortung zu leben (»SELBSTBESTIMMUNGs-Poker« in Kapitel 2.6).

»Unterführung«

Die Gruppe der Volks- und Raiffeisenbanken hat die besondere Herausforderung, dass in den letzten Jahrzehnten durch Fusionen aus kleinen städtischen und ländlichen Banken große Regionalbanken entstanden, ohne dass alle Strukturen der Bank dieses Wachstum völlig mitvollzogen haben. Aus den Anfängen übrig geblieben sind die Ausläufer eines Führungsverständnisses, dass die Führungskraft die vorher beste Fachkraft sein sollte. Dies resultiert in Teamleitenden, die noch immer tief in operativen Tätigkeiten hängen, da sie oft die Einzigen sind, die entsprechend tiefe Kenntnisse besitzen. Im Gespräch mit einem Vorstand über dieses Thema formulierte er: »Eigentlich haben wir keine Führungskräfte, wir haben Vorarbeiter.« Kai Geisslreither von der Akademie Deutscher Genossenschaften (ADG) beschreibt diesen Zustand als »Unterführung« (Geisslreither 2024): die Abwesenheit ausreichender Kapazität für Führungsaufgaben. Ist die Führungskraft noch im Operativen tätig, bleiben wichtige Führungsaufgaben liegen. SELBSTORGANISATION auf Ebene der Mitarbeitenden wird hierdurch erschwert, denn vor der Übergabe von Verantwortung müsste zunächst ein umfangreicher Wissenstransfer erfolgen – für den bleibt aber keine Zeit. Ganz davon abgesehen, dass es den noch als Fachkraft arbeitenden Führungskräften besonders schwerfällt, Verantwortung an Personen zu übergeben, die die Aufgabe – vermeintlich – schlechter erledigen als sie selbst (schließlich haben viele dieser Führungskräfte noch das alte Selbstbild als beste Fachkraft im Kopf).

Auch SELBSTORGANISATION ist ein Skill, der von Mitarbeitenden erlernt werden muss. Die Übernahme von Verantwortung, eine offene Kommunikation, der Umgang mit höherer TRANSPARENZ: All das sind Fähigkeiten, die in einem stark hierarchisch geprägten Unternehmen nur selten gefordert sind. Besonders relevant: Mitarbeitende müssen nun Entscheidungen treffen, die bisher von ihrer Führungskraft getroffen wurden. Das bedeutet, dass die Führungskräfte ihren Mitarbeitenden die mentalen Modelle, die hinter den Entscheidungen stecken, vermitteln müssen.

Auf den Punkt

KOMPETENZ bezieht sich auf die Fähigkeit einer Person, ihre Aufgaben erfolgreich und zielgerichtet zu bewältigen und im Fall eines Problems angemessen zu handeln. Dies umfasst nicht nur die Fähigkeit, selbstständig zu arbeiten, sondern auch das für SELBSTORGANISATION nötige Teamwork zu beherrschen. Unter KOMPETENZ fallen das Wissen sowie das praktische Können einer Person – und zu Teilen auch Einstellungen und Haltungen, wenn diese sich auf die Leistungsfähigkeit der Person auswirken.

6.1 Mentale Modelle abgleichen

Verhaltenswissenschaftler Peter Senge (Senge 2006) definiert **mentale Modelle** als eine der fünf Disziplinen einer lernenden Organisation. Sie sind eng verbunden mit dem **Systemdenken**: der Fähigkeit, die Welt als ein Netzwerk von miteinander verbundenen Teilen zu sehen und zu verstehen, wie diese Teile zusammenarbeiten, um ein größeres Ganzes zu bilden. Beim Systemdenken geht es darum, die Beziehungen und Wechselwirkungen zwischen verschiedenen Elementen zu erkennen und zu berücksichtigen, anstatt sich nur auf einzelne Teile zu konzentrieren. So wird zum Beispiel eine Richtlinie, die jeder Führungskraft einen wöchentlichen Jour fixe mit jedem Teammitglied vorschreibt, dazu führen, dass der Flow der Mitarbeitenden durch die zusätzlichen Termine eingeschränkt wird (Kapitel 5.6).

Auf den Punkt

Mentale Modelle sind die tief verwurzelten Annahmen, Bilder und Geschichten, die wir in unseren Köpfen haben und die beeinflussen, wie wir die Welt sehen und wie wir handeln. Sie prägen im Wesentlichen unser **Systemdenken**, also die Vorstellung davon, wie die Bestandteile des Systems miteinander interagieren.

Einige Beispiele für mentale Modelle:

- »Digitale Werbung ist effektiver als traditionelle Werbung.«
- »Kunden wollen immer die neuesten technischen Features.«
- »Mehr Druck auf Mitarbeitende führt zu schnelleren Ergebnissen, da weniger Zeit vertrödelt wird.«
- »Mitarbeitende sind produktiver, wenn sie im Büro arbeiten.«

- »Rabatte sind der beste Weg, um den Absatz zu steigern.«
- »Outsourcing ist kostengünstiger als Inhouse-Lösungen.«

Mentale Modelle helfen uns, komplexe Situationen zu vereinfachen und schnelle Entscheidungen zu treffen. Aber sie können auch unsere Sichtweise einschränken und uns daran hindern, neue Perspektiven zu erkennen. Die Qualität unserer mentalen Modelle wird besonders dann relevant, wenn wir Systeme verändern wollen – denn ob die Modelle stimmen oder nicht, wird eine wesentliche Grundlage unseres Erfolges sein. Wer aufgrund falscher Modelle agiert, wird schnell feststellen, dass sein Eingreifen deutlich andere Folgen hat als ursprünglich angenommen.

Ein erfolgreiches Unternehmen braucht also hochwertige mentale Modelle. Oftmals wird das so gehandhabt, dass dem Menschen mit (nachweislich) guten mentalen Modellen (erfolgreiche Fachkräfte) in Führungsrollen befördert werden. Die Idee ist, dass sie diese – in ihrer ehemaligen Rolle als Fachkraft – funktionierenden mentalen Modelle nutzen, um das Handeln ihrer Mitarbeitenden in die richtige Richtung zu steuern. Aber das kann schiefgehen, da eine Führungskraft andere mentale Modelle braucht als eine Fachkraft, und nicht sichergestellt ist, dass die beförderte Fachkraft diese Modelle mitbringt. Hinter diesem Vorgehen bei der Beförderung steckt noch das alte Bild von Führung, in dem Führungskräfte eher Vorarbeiterinnen sind. Unter Bedingungen der SELBSTORGANISATION müssen wir uns von diesem Bild lösen.

Fördern wir SELBSTORGANISATION im Unternehmen, reicht es nicht, wenn nur die Führungskräfte gute mentale Modelle der fachlichen Arbeit besitzen. Das alte Prinzip der Vorarbeiterinnen, die nach funktionierenden mentalen Modellen steuern, läuft bei SELBSTORGANISATION gegen eine Wand. Da viele Entscheidungen nun durch Mitarbeitende getroffen werden, müssen die mentalen Modelle zwischen Mitarbeitenden und Führungskräften abgeglichen werden.[67] Es geht darum, alle mentalen Modelle sichtbar und diskutierbar zu machen. Das bedeutet, sich als Team dieser Modelle bewusst zu werden, sie zu teilen, zu hinterfragen und bei Bedarf anzupassen.

Als Führungskraft musst du:

- deine funktionierenden mentalen Modelle offenlegen und vermitteln.
- dein Team anregen, mentale Modelle gezielt sichtbar zu machen und zu diskutieren.

67 Ich gehe hier davon aus, dass die Führungskraft noch die ehemals beste Fachkraft ist, da das Unternehmen sich gerade auf den Weg der SELBSTORGANISATION begibt, die Beförderung aber zeitlich zurückliegt. In einem Unternehmen mit hoher SELBSTORGANISATION sollte die Grundlage einer Beförderung eine andere sein. In diesem Fall ist es nicht die Führungskraft, die *ihre* Modelle auf die Mitarbeitenden überträgt. Stattdessen muss ein lateraler Austausch zwischen den Mitarbeitenden geschaffen werden.

- mit deinem Team mentale Modelle kontinuierlich hinterfragen und optimieren[68].
- diese Tätigkeit bezüglich deiner mentalen Führungsmodelle mit geeigneten Sparringspartnerinnen (z. B. anderen Führungskräften) durchführen.

Auch im preußischen Militär unter Generalfeldmarschall von Moltke, in dem die Auftragstaktik als Form der SELBSTORGANISATION auf dem Schlachtfeld entwickelt wurde (Kapitel 3.1), wurde erkannt, dass Entscheidungen in Zukunft ein oder zwei Level weiter unten getroffen werden mussten, als das in der Befehlstaktik der Fall war, um flexibel auf den Feind reagieren zu können (Bungay 2011). Diese Erkenntnis war prägend für die Ausbildung der Truppen, in denen nun mentale Modelle der Gefechtsstrategie an Personen vermittelt wurden, die vorher keine solche Ausbildung erhalten hatten.

Der Vorteil ist – neben der Ermöglichung von SELBSTORGANISATION und ihren Vorzügen –, dass auf diese Weise Nachwuchsführungskräfte ausgebildet werden. Santa-Fe-Kapitän David Marquet (Marquet 2012) erreichte mit der Förderung von Führungsdenken in der Mannschaft (Leader-Leader-Modell, Kapitel 1.1), dass die Santa Fe auch nach seinem Abtritt über Jahre hinweg eine überdurchschnittliche Beförderungsquote verzeichnen konnte. Die frühe Auseinandersetzung mit mentalen Modellen der Führung erzeugte eine höhere FührungsKOMPETENZ in der Mannschaft der Santa Fe im Vergleich zu anderen Schiffen der US Navy.

6.2 Kritik- und Konfliktfähigkeit fördern

Eine sehr wichtige KOMPETENZ in SELBSTORGANISATION ist die Fähigkeit zu Kritik – beim Geben und beim Annehmen. Förderst du diese nicht gezielt, wirst du feststellen, dass SELBSTORGANISATION in deinem Unternehmen schnell in die **Harmoniefalle** gerät. Mitarbeitende werden sich kaum untereinander auf Fehler und Probleme hinweisen, weil Kritik als unangenehm für beide Seiten empfunden wird. Insbesondere wenn es an **psychologischer Sicherheit** (Kapitel 7.2) mangelt, also Mitarbeitende Sorge haben, dass eine offene Kritikäußerung die Beziehung schädigt, wird viel gelobt und wenig getadelt. Das ist Gift für SELBSTORGANISATION, in der gegenseitige Kritik ein wichtiges Instrument der Korrektur darstellt. In SELBSTORGANISATION streben wir das Prinzip der **kontinuierlichen Verbesserung** an. Wir feilen beständig an unserem System – was ohne Kritik nicht funktioniert. Da in hierarchischen Organisationen Kritik und Feedback aber in den Bereich der Führungskräfte fallen, sind Mitarbeitende häufig nicht ausreichend ausgebildet, um damit zielführend umzugehen.

68 Gerade das Updaten mentaler Modelle gewinnt an Bedeutung, denn mit dem schnelleren Wandel der Welt geht auch ein kürzeres Mindesthaltbarkeitsdatum mentaler Modelle einher. Was gestern noch eine funktionale Daumenregel war, ist heute schon veraltet. Wenn ein Unternehmen nicht in der Lage ist, seine mentalen Modelle schnell anzupassen, verpasst es die Marktveränderung.

Mitarbeitende müssen befähigt werden, mit Feedback und Kritik zu arbeiten und Konflikte konstruktiv auszutragen, statt sie unter den Teppich zu kehren. Das ist keine leichte Aufgabe und es ist ein langer Lernpfad, der bei vielen tief in die Persönlichkeit hineinführt.

Feedback im Team

Gastbeitrag von Markus Prusis, Agile Coach bei der act'o-soft GmbH

Ein Mitarbeiter im Team äußerte in einem 1:1-Gespräch Unzufriedenheit mit der Einsatzbereitschaft, Erreichbarkeit und Arbeitsqualität eines Kollegen. Insbesondere im Homeoffice sei er schwerer zu erreichen. Zudem wurden als »fertig« gemeldete Themen zwar bearbeitet, jedoch aus seiner Sicht nicht mit der notwendigen Sorgfalt und Qualität. Mit mehr Einsatz hätte eine robustere und nachhaltigere Lösung erzielt werden können.

Der unzufriedene Mitarbeiter sprach die entstandene Spannung in einer regelmäßigen Austauschrunde mit mir an und formulierte deutlich: »Das ärgert mich schon eine Weile und so kann es nicht weitergehen.« Dabei bat er um Unterstützung, um das Thema auf wertschätzende Weise ansprechen zu können. Bis hierhin erst einmal eine ganz normale Situation aus dem Teamalltag und das Vorgehen aus meiner Sicht auch sehr vorbildlich: Die Spannung wurde benannt, die eigenen Grenzen erkannt und Unterstützung gesucht.

Daraufhin fand ein gemeinsames Gespräch statt, um das Feedback vorzubereiten. Im Fokus standen folgende Fragen: Welche konkreten Beobachtungen wurden gemacht? Welche Auswirkungen hat das Verhalten des Kollegen? Welche Bedürfnisse stehen dahinter und welcher konkrete Wunsch soll an den Kollegen formuliert werden? Der Mitarbeiter fühlte sich nach dieser Vorbereitung gut gerüstet und äußerte, zunächst keine weitere Unterstützung zu benötigen. Ich bat um eine kurze Rückmeldung, sobald das Gespräch stattgefunden hat.

In den darauffolgenden Tagen hörte ich jedoch nichts mehr. Auf Nachfrage hin erzählte der Mitarbeiter, dass sich bislang keine passende Gelegenheit ergeben habe. In dem Wissen, dass »perfekte« Gelegenheiten in solchen Situationen gern auf sich warten lassen, schlug ich vor, einen festen Termin zu vereinbaren, auch wenn die Präferenz ursprünglich war, das Gespräch ohne große Formalitäten zu führen. Leider wurde auch dieser Termin schließlich mehrfach verschoben, erst durch ungeplante Abwesenheit, anschließend durch Urlaub.

Wie sich herausstellte, fanden in der Zwischenzeit Gespräche des Mitarbeiters mit anderen Teammitgliedern statt, sodass nun das gesamte Team – mit Ausnahme des betroffenen Kollegen – über die Gefühlslage und das anstehende Gespräch im Bilde war. Während es eingangs noch sehr vorbildlich vonstattenging, war nun ein Punkt erreicht, wo es aus vielerlei Hinsicht ungünstig verlaufen ist. Nicht nur, dass das Feedback inzwischen alles andere als zeitnah erfolgen würde, wurde mehr *über* die betroffene Person gesprochen als *mit* ihr. Neben der Spiegelung dieses Umstands setzte ich für das ausstehende Gespräch eine Deadline bis zum Ende der Woche.

Das Gespräch fand schließlich zwei Tage vor Ablauf der Frist statt. Im Verlauf stellte sich heraus, dass der betroffene Kollege zu der Zeit privat unter starkem Stress stand und es ihm dadurch schwerfiel, sich voll auf die Arbeit zu konzentrieren. Ihm war nicht bewusst gewesen, wie sehr sich dies auf seine Arbeit und das Team auswirkte. Nach dem Gespräch ärgerte sich der Feedbackgeber darüber, das Thema nicht schon früher angesprochen zu haben. Die geänderte Perspektive lies den Unmut verschwinden und ersetzte ihn durch Verständnis und Hilfsbereitschaft.

Dieses Beispiel zeigt einmal mehr, wie wichtig es ist, Feedback zeitnah zu geben. Gleichzeitig verdeutlicht es, wie schwer es oft fällt, Spannungen anzusprechen und Verantwortung für die eigenen Emotionen zu übernehmen. Viel leichter ist es, mit Unbeteiligten darüber zu sprechen. Das Feedback wertschätzend und konstruktiv zu kommunizieren, erfordert nicht nur Mut, sondern auch etwas Vorbereitung – eine Kompetenz, die es zu entwickeln gilt und lohnt. Je häufiger solche Gesprächssituationen durchlaufen werden, desto leichter fällt es. Im Team haben wir beschlossen, regelmäßige Peer Feedbacks durchzuführen, um einen festen Rahmen für solche Themen zu schaffen.

Für eine erste (Selbst-)Reflexion über die eigene Kritik- und Konfliktfähigkeit können folgende Fragen helfen. Um mit gutem Beispiel voranzugehen, solltest du als Führungskraft diese Fragen zuerst angehen.

Reflexion

- Wann reagiere ich empfindlich auf Kritik?
- Welches Gefühl (Trauer, Wut, Angst ...) löst Kritik in mir aus?
- Gelingt es mir, trotz dieser Emotionen ruhig und sachlich zu bleiben?
- Reagiere ich besonders empfindlich auf bestimmte Personen?
- Woher stammt diese Empfindlichkeit?
  - Verwechsle ich zum Beispiel Kritik mit persönlicher Ablehnung?
  - Ist es mir wichtig, alles richtig zu machen? (Warum?)
  - Habe ich Angst davor, durch Kritik meinen Status, mein Ansehen oder meine Beziehungen zu gefährden?

  - Bin ich nur »gut«, wenn ich perfekt bin?
  - Habe ich in der Vergangenheit schlechte Erfahrungen mit Kritik gemacht?
  - Habe ich besondere Emotionen/Einstellungen gegenüber Personen, deren Kritik mich besonders beeinflusst?
  - Löst Kritik in meinem Inneren sofort eine Stimme aus, die meine Leistungen kleinredet?
- Wie gut höre ich zu, wenn mir gegenüber Kritik geäußert wird, und versuche ich wirklich, zu verstehen, was gemeint ist?
- Wie oft und in welchem Maß übe ich selbst konstruktive Kritik, und was lerne ich dabei über meinen Umgang mit Feedback?
- Bin ich offen dafür, Kritik als Chance für persönliches oder berufliches Wachstum zu sehen?

Für diese gemeinsame Lernreise ist es sehr hilfreich, wenn du als Führungskraft eine Ausbildung in systemischem Coaching besitzt. Mit dieser Fähigkeit wird es dir leichter fallen, deinen Mitarbeitenden zu helfen, in die Reflexion über ihr Verhalten zu gehen. Wichtig ist auch, dass du in Bezug auf deine KritikKOMPETENZ mit gutem Beispiel vorangehst.

6.3 Shit happens? – Fehler vs. Irrtum

Egal wie kompetent deine Mitarbeitenden werden, sie werden nie ein KOMPETENZlevel erreichen, in dem sie keine Fehler machen. Das ist schon deshalb unmöglich, weil unsere Welt in vielen Aspekten eine Komplexität erreicht hat, mit der wir nicht fehlerfrei umgehen können, da wir keine verlässlichen Vorhersagen über die Auswirkungen unseres Handelns machen können.

So kann bereits eine scheinbar harmlose Marketingkampagne zum falschen Zeitpunkt zu einem Shitstorm führen, weil sie mit einem unvorhergesehenen Event kollidiert – so geschehen bei Pepsi. Das Unternehmen drehte 2017 einen Werbefilm mit dem Model Kendall Jenner, in dem Kendall vor dem Hintergrund einer friedlichen Demonstration einem Polizisten eine Dose Pepsi reicht, was mit Jubelschreien der Demonstrierenden belohnt wird.[69] Pepsi beabsichtigte dies als »weltweite Botschaft der Einheit, des Friedens und der Verständigung«. Doch die Kampagne wurde von Mitgliedern der vier Jahre zuvor gestarteten Black-Lives-Matter-Bewegung völlig anders verstanden – und zwar als Verharmlosung ihrer Bewegung und der in den USA herrschenden Polizeigewalt. Die Kampagne wurde von Pepsi zurückgezogen.

---

69 https://en.wikipedia.org/wiki/Live_for_Now (Abrufdatum: 31.01.2025).

Diese gestiegene Komplexität macht es nötig, dass wir eine wichtige Unterscheidung treffen, nämlich die zwischen **Fehlern** und **Irrtümern**.

- **Fehler**: ein Ergebnis, das nicht den Erwartungen oder Standards entspricht. Fehler können durch Unachtsamkeit, mangelnde Kenntnisse oder technische Probleme entstehen. Sie sind häufig konkret und messbar, zum Beispiel ein Tippfehler in einem Text oder ein Berechnungsfehler in einer mathematischen Aufgabe. Vor allem aber sind sie prinzipiell als solche erkennbar, wenn genügend Kompetenz bei den Betrachtenden vorliegt.
- **Irrtum**: eine falsche Annahme oder Überzeugung, die auf unzureichenden Informationen oder einer falschen Interpretation der Fakten basiert. Ein Beispiel für einen Irrtum ist, wenn ein Unternehmen sich voll auf die Entwicklung eines technisch überlegenen Produktes konzentriert und dabei die Anforderungen der Kundin an die Leistung überschätzt. Das Produkt bleibt am Markt erfolglos, da günstigere, weniger leistungsfähige Systeme bevorzugt werden. Hier ist es nicht die mangelnde Kompetenz, die das Problem verursachte, sondern der Mangel an Informationen beziehungsweise die Unsicherheit im Kundinnenverhalten.

Mit anderen Worten: **Fehler** sind als solche erkennbar und entstehen häufig aus Unachtsamkeit. Sie sind ein Maß für KOMPETENZ. **Irrtümer** resultieren aus mangelnder Information und Unkenntnis und haben nicht zwangsweise mit der KOMPETENZ der Handelnden zu tun. Arbeiten wir in komplexen Umfeldern und versuchen, eine möglichst hohe Geschwindigkeit in unseren Projekten zu erreichen, steigern wir beides, Fehler und Irrtümer. Während aber Irrtümer kaum zu vermeiden sind, können wir Fehler durch Maßnahmen wie das Vier-Augen-Prinzip mit relativ geringem Aufwand reduzieren.

Die Optimierung von KOMPETENZ sollte darauf zielen, Fehler, soweit wirtschaftlich sinnvoll, zu vermeiden (eine Null-Fehler-Schwelle ist teuer!). Irrtümer werden wir nur dann in den Griff bekommen, wenn wir mehr Zeit in die Informationsbeschaffung investieren – was uns im heutigen Markt oftmals zu langsam macht. Viele Start-ups bevorzugen es, schnell zu handeln und dabei Irrtümer in Kauf zu nehmen, diese aber durch frühe Tests (**Early Prototyping**) schnell als solche zu identifizieren. Das kann auch für etablierte Unternehmen eine sehr gute Strategie sein, um unter Bedingungen der SELBSTORGANISATION zu verhindern, dass Fehler oder Irrtümer größeren Schaden anrichten.

Ein paar Beispiele für Maßnahmen in Richtung Early Prototyping:

- Einen frühen, unfertigen Prototyp einer Fokusgruppe vorführen, um Feedback noch in der Entwicklung zu erhalten.
- Durch Fake-Marketing-Tests überprüfen, ob Kundinnen Interesse an dem Produkt haben, bevor überhaupt in die Produktentwicklung investiert wird. Dabei wird vor

dem Entwicklungsstart ein Marketingmaterial (z. B. Flyer, Prospekt) des Produkts ausgehändigt, um zu schauen, wie Kundinnen darauf reagieren.[70]

- In einem Wizard-of-Oz-Test einen digitalen Service testen, in dem Kundinnen statt mit dem digitalen System unbemerkt mit einem Menschen über ein digitales Interface interagieren.
- Die Produktentwicklung per Crowdfunding finanzieren. Hier zeigt sich schnell, ob eine Kaufbereitschaft zum Preis X existiert.
- Einen neuen Prozess zunächst nur bei einem Teil der Kundschaft anwenden und schauen, ob dieser Prozess positiven oder negativen Einfluss hat.
- In die eigenen Produkte, Newsletter, ins Marketing aussagekräftige Links einbauen, die ins Leere führen – um zu sehen, wie oft diese geklickt werden. So lässt sich das Interesse der Kundinnen messen, bevor das Produkt entwickelt wird.[71]

Das Feedback, das deine Mitarbeitenden in diesen Early-Prototype-Tests erhalten, kann helfen, Irrtümer früh als solche zu erkennen und langfristig die KOMPETENZ zu steigern, da auch mentale Modelle in dem Prozess infrage gestellt werden.

Der Versuch der Fehlervermeidung darf jedoch nicht dazu führen, dass Fehler oder Irrtümer bestraft werden – dies schadet dem VERTRAUEN deiner Mitarbeitenden in dich (Kapitel 7.2). Statt zu strafen, muss der Aufbau von KOMPETENZ erfolgen.

Auf den Punkt

Sowohl Fehler als auch Irrtümer müssen als Teil einer Lernkultur begriffen werden, in der wir versuchen, schlauer aus dem Fehlschlag herauszugehen, als wir hineingegangen sind.

Während wir Fehler durch Optimierung von Prozessen und den Aufbau von KOMPETENZ reduzieren können, wird es uns schwerfallen, in komplexen Umfeldern Irrtümer nachhaltig zu reduzieren, ohne Geschwindigkeit zu verlieren. Sie müssen als zu balancierendes Risiko betrachtet werden. Auf keinen Fall dürfen sie dazu führen, dass du als Führungskraft eine Mitarbeiterin, die einem Irrtum unterlegen ist, als inkompetent oder nicht vertrauenswürdig einstufst. Das würde deine Fähigkeit einschränken, in deine Mitarbeitenden zu vertrauen und ihnen Verantwortung zu übertragen (Kapitel 7.1).

70 Ich habe diesen Test einmal sehr erfolgreich für die Entwicklung eines neuen Services eingesetzt. Wir haben einen Flyer gebaut, Kundenbetreuende gebrieft und sie gebeten, den Service vorzustellen, als sei er bereits erhältlich. Als Entschuldigung nach der Auflösung haben wir einen 15-Euro-Restaurantgutschein ausgegeben – keine Kundin hat negatives Feedback für die »geraubte Zeit« geäußert.

71 Klingt verrückt? Der US-Spieleentwickler Zynga ging genauso vor. Verbunden mit einem Fünf-Wort-Pitch teilte das Unternehmen Promotional Links in seinen existierenden Spielen, um das Interesse zu messen (Olsen 2015).

6.4 Individuelle und TeamKOMPETENZ

In vielen Unternehmen erhält die Förderung individueller KOMPETENZ ihren Raum im Bereich der Personalentwicklung. Für die Entwicklung von TeamKOMPETENZ hingegen gibt es kaum Räume. Einmal im Jahr ein Teambuilding-Event, das als »wir haben gemeinsam einen guten Tag, das bringt uns zusammen« missverstanden wird und im gemeinsamen Kegelabend oder Bogenschießen mündet.

Diese Tatsache erstaunt mich noch immer. Denn an vielen anderen Stellen, an denen Teams eine Rolle spielen, ist es völlig normal, dass an der gemeinsamen KOMPETENZ gearbeitet wird. Ja, auch Fußballspielerinnen arbeiten an ihrer Kondition, ihrer Passgenauigkeit und ihrem Elfmeterschuss – aber sie spielen auch Freundschaftsspiele, um ihr Teamwork als Mannschaft zu optimieren. Feuerwehr, THW, Polizei und Militär veranstalten regelmäßig mit viel Aufwand große Übungen, bei denen sogar Externe (Schauspielerinnen) eingebunden werden.

> **Beispiel: Teambuilding-Maßnahme des THW**
>
> Ein guter Freund von mir arbeitete ehrenamtlich für den Fachzug Führung/Kommunikation des THWs und war an einer groß angelegten Übung beteiligt, die einen Auslandseinsatz in einem von Warlords geführten Staat simulierte. Die Gruppe wurde zunächst in ein »Flugzeug« gesetzt (einen nach außen abgeschotteten Bus) und zu einem Zielort gefahren, an dem sie von Schauspielerinnen mit vorgehaltener Waffe empfangen wurde. Das lokale Regime, so das Szenario, empfand den Besuch des deutschen »Technical-Heavy-Weapons«-Teams als Bedrohung und verhaftete die Gruppe. Während einige von ihnen in einem Verhörkeller ausharren mussten, wurden andere dem Warlord vorgeführt, der mit silberner Zunge, exotischen Speisen und überbordendem Empfang versuchte, Informationen aus der Gruppe herauszubekommen.

Der Aufwand für diese Übung war sicherlich enorm – aber wie sonst will ich ein Team bestmöglich auf ihre gemeinsame Arbeit vorbereiten, wenn ich diese nicht einigermaßen realitätsnah abbilde?

Der Aufbau von TeamKOMPETENZ braucht (Zeit-)Räume. Wir müssen diese schaffen und offenhalten, damit ein Team diese KOMPETENZ aufbauen kann. Im Gegensatz zu Sportteams können wir die Arbeit des Unternehmensalltags nur schwer realistisch simulieren, ohne einen ähnlich großen Aufwand zu betreiben, wie es THW und Co tun – was die wenigsten Unternehmen bezahlen würden.[72] Aber wenn wir nicht wie

72 Es gibt großartige Möglichkeiten, Teamwork in deutlich abstrakteren Simulationen erleb- und reflektierbar zu machen. Siehe dazu auch das Buch »Agile Spiele« (Bleß und Wagner 2023).

die Fußballteams Freundschaftsspiele spielen, dann müssen wir die echten »Spiele« reflektieren lernen.

Nahezu alle agilen Frameworks arbeiten mit speziellen Reflexionsmeetings – oft als **Retrospektiven** bezeichnet (Kapitel 6.7) –, in denen Teams zusammensitzen, um über die gemeinsame Arbeit zu reflektieren, um wertzuschätzen, was gut läuft und um zu verbessern, was nicht so gut läuft. Diese Meetings sind insbesondere da wichtig, wo Abteilungen Schnittstellen miteinander haben. Denn unter derselben Führungskraft innerhalb einer Abteilung findet bereits Optimierung statt – ob in gezielten Austauschräumen oder gesteuert über die gemeinsame Führungskraft. Schwieriger wird es dort, wo Aufgaben von Mitarbeitenden verschiedener Führungskräfte gemeinsam oder konsekutiv bearbeitet werden. Hier fehlt es in der Regel an der gemeinsamen Betrachtung der Gesamtperformance – oft verschlimmert durch schlecht abgestimmte oder gar widersprüchliche Zielvorgaben.

Es gibt keinen Grund, warum diese Meetings nur in einem agilen Kontext eine Rolle spielen sollten. Ja, Teamwork ist wesentlich zentraler in agilen Projekten und Unternehmen als in »klassischen«. Dennoch gibt es heute nur noch wenige Felder, auf denen Einzelpersonen ohne Interaktion mit Kolleginnen aus dem Unternehmen aktiv sind. Unsere Arbeitsaufgaben sind viel interdisziplinärer und vernetzter als früher. Trotzdem wird immer noch auf dieselbe Weise dafür »trainiert« – nämlich, indem wir vorrangig die KOMPETENZ der Einzelnen in ihren Aufgaben steigern. Das reicht aber nicht mehr aus – weshalb du als Führungskraft gut daran tust, deinem Team (und Personen über die Teamgrenzen hinaus) die erforderlichen Zeiträume freizuschaufeln, die es braucht, um die Arbeit in der Gemeinschaft auf das nächste Level zu heben.

Ich empfehle daher, regelmäßig Retrospektiven sowohl in deinem Team als auch mit vernetzten Abteilungen durchzuführen, um auch die KooperationsKOMPETENZ zu steigern.

6.5 Die Auslastungsfalle tötet UnternehmensKOMPETENZ

Ein Unternehmen als Ganzes bleibt nur so lange kompetent in dem, was es tut, wie es regelmäßig seine Prozesse optimiert, Produkte erneuert und Abläufe an Veränderungen im Umfeld anpasst. Sprich, solange es sich kontinuierlich verbessert und innoviert. Das ist keine neue Erkenntnis. Trotzdem bleiben oder landen viele Unternehmen in einem Zustand, in dem Innovation und kontinuierliche Verbesserung stillstehen.

Diesen Zustand beschreibt die **Auslastungsfalle** (Abbildung 7) sehr gut.

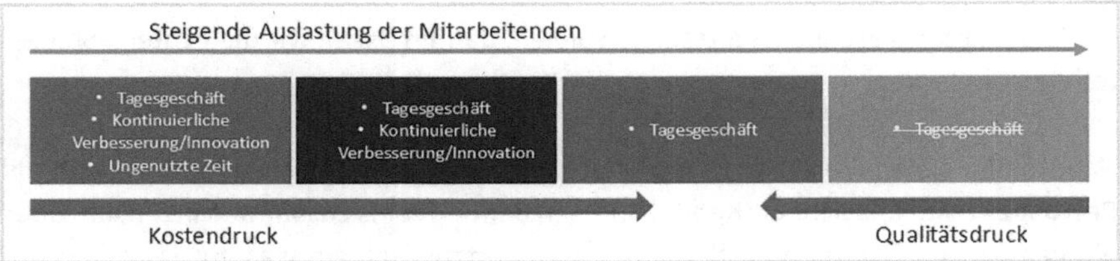

Abb. 7: Auslastungsfalle

Die Abbildung zeigt verschiedene Zustände im Unternehmen, gereiht nach der Auslastung der Mitarbeitenden. Am linken Ende ist die Auslastung gering. Hier haben Mitarbeitende Zeit für Aufgaben im Tagesgeschäft, für kontinuierliche Verbesserung und Innovation und sie verfügen über einen Zeitüberschuss, der nicht effizient genutzt wird (»Däumchen drehen«). Hier wird explizit Zeit verschwendet. Aufgrund von sinnvollen Maßnahmen zur Kostenoptimierung wird die Auslastung erhöht. In der nächsten Stufe funktionieren sowohl das Tagesgeschäft als auch die kontinuierliche Verbesserung und Innovation. Hier sind wir an der perfekten Balance angekommen, ein solches Unternehmen wäre langfristig kompetent und damit erfolgreich.

Auf jedes Unternehmen wirkt jedoch zu jedem Zeitpunkt ein Kostendruck. Werden die Zeiträume für kontinuierliche Verbesserung und Innovation diesem Kostendruck geopfert, führt das in einen Zustand, in dem nur noch das Tagesgeschäft funktioniert. Während Mitarbeitende in diesem Zustand schnell bemerken, dass ihnen die Zeit für sinnvolle Veränderungen fehlt, bekommt das obere Management davon kurzfristig nichts mit. Erst langfristig, oft über mehrere Jahre, wird klar, dass etwas im Unternehmen nicht stimmt. Prozesse sind veraltet, neue Produkte und Innovationen selten geworden. Die Führung des Unternehmens bemerkt aus ihrem Elfenbeinturm heraus nicht, dass ein Zustand erreicht wurde, der nicht nachhaltig ist. Erst wenn die Auslastung so weit gestiegen ist, dass auch das Tagesgeschäft nicht mehr funktioniert, wird ein Gegendruck erzeugt. In diesem Zustand werden entweder nicht alle Aufgaben geschafft oder die Arbeitsqualität sinkt so stark, dass sich Fehler und Kundenbeschwerden häufen. Diese sind für das Management sichtbar und es steuert gegen.

Auf den Punkt

Das Ergebnis dieser beiden gegenläufigen Einflüsse ist, dass sich alle Unternehmen, die ihre Zeiträume für Verbesserung und Innovation nicht verteidigen, in einem Zustand wiederfinden, in dem sie auf Dauer an KOMPETENZ verlieren.

Für dich als Führungskraft ist die Aufgabe damit klar: Zeiträume für den Erhalt beziehungsweise Aufbau von KOMPETENZ (Innovation und Verbesserung) müssen verteidigt werden. Sie müssen in einem gewissen Maße über das Tagesgeschäft priorisiert werden, auch wenn dieses sehr dringend und wichtig erscheint. Andernfalls ist eine nachhaltige Unternehmensführung nicht erreichbar.

6.6 Reflexion

- Welche KOMPETENZen schreibst du dir zu?
- Wie hast du deine Kompetenz am wirkungsvollsten entwickelt? Wer oder was hat dir dabei geholfen?
- Haben deine Mitarbeitenden das Wissen und das Können, um ihre Arbeit zu machen?
- Wo geschehen Fehler, die durch mangelnde KOMPETENZ erklärbar sind? Wie kannst du KOMPETENZ schaffen?
- Können deine Mitarbeitenden Fehler offen eingestehen? Oder müssen sie Angst vor Strafen haben?
- Wenn du mit deinen Mitarbeitenden sprichst, triffst du vorrangig Entscheidungen für sie und weist sie an oder versuchst du, ihnen dein Wissen zu vermitteln und bei der Entscheidungsfindung zu helfen?
- Steht in deinem Team/Unternehmen die individuelle KOMPETENZ im Vordergrund oder bemüht ihr euch aktiv, KOMPETENZen im Bereich der Zusammenarbeit und des Teamworks zu fördern?
- Habt ihr regelmäßige Meetings, in denen ihr darüber sprecht, wie es mit der Zusammenarbeit funktioniert? Finden diese Meetings nur innerhalb des Teams statt oder auch über Teamgrenzen hinweg (entlang von Wertschöpfungsketten)?
- Haben deine Mitarbeitenden die Möglichkeit, eigene Schwerpunkte in ihrer Weiterbildung zu setzen?
- Worauf konzentriert dein Unternehmen die Fortbildungen: Schwächen abbauen oder Stärken fördern?
- Haben deine Mitarbeitenden Zugang zu Metriken, die ihnen dabei helfen, ihre eigene Arbeit zu beurteilen und dadurch zu lernen?

6.7 Methoden für KOMPETENZ

Dein Unternehmen wird bereits Wege gefunden haben, um die KOMPETENZ der Mitarbeitenden zu sichern und zu erhöhen. Ich lehne mich dennoch aus dem Fenster und stelle vier Thesen auf, die auf viele Unternehmen zutreffen dürften:

1. Die Maßnahmen sind eher auf die *Einzel*KOMPETENZ als auf die *Team*KOMPETENZ ausgerichtet.
2. Die KOMPETENZ in SELBSTORGANISATION erfährt bislang wenig Beachtung (es sei denn, ihr habt Agile Coaches oder ähnliche Positionen etabliert).
3. Die KOMPETENZbildung wird vorrangig durch externe Akademien/Schulungsanbieter vorgenommen, was sie kostenintensiv macht.
4. Die Maßnahmen sind noch nicht auf ein Level angehoben, auf dem sie sein müssten, um mit dem immer schneller werdenden Wandel mitzuhalten (Wissen veraltet heute wesentlich schneller als noch vor 10 oder 20 Jahren).

Wenn du diesen Thesen (oder einigen davon) in Bezug auf dein Unternehmen zustimmst, findest du auf den folgenden Seiten einige Methoden, die diese Lücken schließen können.

Retrospektive

Längst nicht nur Sportteams müssen lernen zusammenzuspielen. Auch wenn Menschen im Unternehmen zusammenkommen, sollten sie regelmäßig darüber reflektieren, wie ihre Arbeit läuft. Das passiert in einer **Retrospektive**, bei der das Team über die Zusammenarbeit, die aktuellen Prozesse und notwendige Veränderungen spricht. Während agile Teams dies aufgrund des hohen Maßes an Veränderung alle ein bis vier Wochen tun, können die Abstände in etablierten Strukturen im Tagesgeschäft länger sein – aber gerade über Abteilungsgrenzen hinweg sollte ein solches Meeting regelmäßig stattfinden.

Wie ein Holzfäller im Wald, der seine Axt regelmäßig schleifen muss, damit sie scharf bleibt, müssen Teams ihre Arbeitsprozesse und ihr Verhalten regelmäßig hinterfragen und prüfen, ob diese noch effizient sind. Machen wir das nicht, stumpft die Axt ab und unsere Arbeit, das Fällen der Bäume, wird schwerer. Auf keinen Fall sollten wir in die Falle tappen, dass wir uns vor lauter Arbeit (Bäumefällen) keine Zeit mehr nehmen, die Axt zu schärfen. Das ist der langfristige Tod der Unternehmenseffizienz. Daher müssen Reflexionszeiträume fest eingeplant und eingehalten werden (Kapitel 6.5, Auslastungsfalle).

In einem stabilen Team mit gemeinsamer Führungskraft funktioniert die Zusammenarbeit in der Regel gut. Hier haben das Handeln der Führungskraft und die Nähe unter den Teammitgliedern dafür gesorgt, dass funktionierende Absprachen getroffen und Standards eingeführt wurden. Interessant werden Retrospektiven vor allem dort, wo Teams verschiedener Führungskräfte in einer **Wertschöpfungskette** verbunden sind. Denn der direkte Kontakt von Team und Führungskraft führt häufig nur zu einer lokalen Optimierung. Die globale Optimierung über die vollständige Wertschöpfungskette hinweg – die im Ziel viel wichtiger ist – wird durch die Trennung der Teams behindert. Hier sind regelmäßige Retrospektiven ein gutes Mittel, um die Prozesse zu schärfen und die Kooperation und Wertschöpfung zu optimieren. Davon profitiert das Unternehmen, denn eine Suboptimierung für einzelne Bereiche steigert in der Regel die Gesamtkosten.

Retrospektiven werden besonders im Rahmen von SELBSTORGANISATION ein wichtiges Instrument, denn wo Gruppen von Menschen sich selbst organisieren, können sie auch nur gemeinsam die Vereinbarungen treffen, die ihre Arbeit effektiv und effizient machen. In Retrospektiven kann das Team das Ergebnis seiner aktuellen Arbeitsweise betrachten (TRANSPARENZ), um Ideen für experimentelle Veränderungen zu entwickeln. So steigert es über einen längeren Zeitraum seine KOMPETENZ in SELBSTORGANISATION.

Phasen der Retrospektive

Eine Retrospektive besteht üblicherweise aus folgenden Phasen:

1. **Einführung und Zielsetzung**: Zu Beginn wird das Ziel der Retrospektive klar kommuniziert. Es ist wichtig, eine sichere und offene Umgebung zu schaffen, in der alle Teammitglieder ihre Gedanken und Erfahrungen frei teilen können. Es wird ein Check-in durchgeführt, der alle Teilnehmenden mit einer kurzen Frage aktiviert. Das erhöht die Wahrscheinlichkeit, dass zurückhaltende Menschen während der späteren Phasen ihre Beiträge liefern.
2. **Datensammlung**: In dieser Phase werden Informationen und Daten über die Arbeit der letzten Wochen/Monate oder das Projekt gesammelt. Dies kann durch verschiedene Methoden wie Brainstorming, Timelines, Betrachtung von Businessdaten oder Stimmungsabfragen geschehen.
3. **Datenanalyse**: Die gesammelten Daten werden analysiert, um Muster, Trends und wiederkehrende Themen zu identifizieren. Dies hilft, die wichtigsten Probleme und Erfolge zu erkennen. Meist erfolgt eine Priorisierung für den Fokus der aktuellen Retrospektive.
4. **Maßnahmenplanung**: Basierend auf der Analyse werden konkrete Maßnahmen und Verbesserungsvorschläge entwickelt. Es ist wichtig, dass diese Maßnahmen spezifisch und umsetzbar sind.
5. **Abschluss und Follow-up**: Zum Abschluss der Retrospektive werden die erarbeiteten Maßnahmen festgehalten und Verantwortlichkeiten geklärt. Ein Follow-up-Meeting kann geplant werden, um den Fortschritt der Umsetzung zu überprüfen. In der Regel erfolgt ein abschließendes Check-out.

Die Retrospektive ist ein moderiertes Meeting, wobei die Moderatorin idealerweise eine entsprechend ausgebildete Person außerhalb der Gruppe ist. Bitte sehe davon ab, als Führungskraft die Retrospektive deines Teams zu moderieren. Zum einen gibt dir das zu viel Einfluss auf das Ergebnis. Zum anderen kannst du nicht gut gleichzeitig moderieren und teilnehmen – als einzige Führungskraft im Raum, also als Vertreterin des Unternehmens, ist deine Teilnahme aber essenziell.

Wenn du detaillierte Anleitungen für die Durchführung verschiedener Retrospektiven suchst, empfehle ich dir die Website https://retromat.org/ (Abrufdatum: 26.02.2025) oder das Buch »Agile Retrospektiven« von Derby und Larsen (2018).

Zertifizierung statt Briefing

Hand aufs Herz: Bei dem einen oder anderen Briefing hast du aus dem Fenster geschaut und Vögel beobachtet. Wenn uns etwas erzählt wird, das wir bereits kennen, fällt es uns oft schwer zuzuhören. Vielleicht werden aktuelle Social-Media-Trends wie Minecraft-Splitscreens dazu beitragen, dass unsere Aufmerksamkeit für Briefings in Zukunft höher ausfällt. Bis dahin gibt es eine solide Alternative.

Santa-Fe-Kapitän David Marquet (Marquet 2012) wechselte auf seinem Schiff aufgrund des erwähnten Aufmerksamkeitsproblems von Briefings zu Zertifizierungen. Anstatt dass er wichtige Informationen vor versammelter Mannschaft kommunizierte und dabei in Gesichter starrte, die mindestens zur Hälfte nicht bei der Sache waren, wurden die Informationen vorab zur Verfügung gestellt. Vor dem (Übungs-)Einsatz musste die Mannschaft auf Abfrage hin beweisen, dass sie die Informationen kannte und verstanden hatte. So wechselte Marquet vom Erklären zum Abprüfen. Die Übung wurde nur gestartet, wenn die entsprechende Zertifizierung erteilt werden konnte.

Dieser Wechsel ist ein hervorragendes Mittel, um KOMPETENZ sicherzustellen. Anstatt (fälschlicherweise) anzunehmen, dass die Vermittlung von Informationen verlässlich funktioniert, prüfen wir, ob die Informationen verstanden wurden. Die Zertifizierung bringt dein Team von einer passiven in eine aktive Rolle, in der Verantwortung übernommen werden muss. Außerdem kann es – im Gegensatz zum Briefing – eine klare Entscheidung geben. Ist das Team reif für den Einsatz? Hier kann die Antwort, anders als im Briefing, auch Nein lauten.

Wenn du das nächste Mal ein Projekt-Kick-off planst, überlege dir, ob du nicht genauso vorgehst. Verschicke Informationen vorab und kündige an, dass du beim Kick-off Fragen dazu stellen wirst. Bitte erkläre auch, mit welchem Ziel du das tust und dass es nicht als Schulprüfung zu verstehen ist. Es geht darum, für alle Beteiligten sicherzustellen, dass alle Kenntnisse vorhanden sind, um ein Projekt sinnvoll starten zu können. Während des Termins prüfst du, wie gut das Projekt verstanden wurde – und korrigierst Fehlannahmen, die sich schnell zeigen werden. Sei dabei gerade anfangs nachsichtig mit deinem Team. Viele Mitarbeitende sind es gewohnt, dass sie bei der Vorbereitung mit wenig Arbeit durchkommen, weil im Kick-off bisher vieles stumpf wiederholt wurde. Mache aber klar, dass du künftig eine gute Vorbereitung erwartest.

Durch das Prinzip »Zertifizierung statt Briefing« erzielst du ein viel besseres ALIGNMENT innerhalb deines Teams und damit eine höhere KOMPETENZ für die Projektarbeit.

Peer Teaching

Es müssen nicht immer kostspielige Externe sein, die Fortbildungen im Unternehmen durchführen. Einige Mitarbeitende haben immer einen Wissensvorsprung in einem Thema und eignen sich somit gut als interne Wissensvermittlerinnen. Andere bringen Skills mit, die sie in ihrer aktuellen Position nicht nutzen, die das Unternehmen (an anderer Stelle) aber gut gebrauchen kann. Diese Potenziale lassen sich wunderbar und deutlich kostengünstiger im Peer Teaching heben, bei dem sich Mitarbeitende gegenseitig fortbilden, zum Beispiel in Seminaren, Workshops oder regelmäßigen Kurzlernformaten.

Das funktioniert nicht nur mit Fähigkeiten, die Mitarbeitende seit Jahren einbringen, sondern auch mit solchen, die sie gerade erst gelernt haben.

So richtete ein Bereichsleiter in seinem Bereich ein freies Fortbildungsbudget ein, von dem jeder Mitarbeiter profitieren und Kurse buchen konnte – unter der Vorgabe, dass es eine Verbindung zur eigenen Arbeit geben sollte. Die Hälfte der Kosten einer Fortbildung können Mitarbeitende per »Cashback« nun zurückbekommen, wenn sie im Anschluss an die Fortbildung ein Seminar darüber im eigenen Haus anbieten (das Geld wird nicht ausgezahlt, sondern auf das Fortbildungsbudget angerechnet). Das motiviert nicht nur dazu, das erlernte Wissen im Unternehmen zu streuen, sondern sichert auch den Lernerfolg des externen Seminars – denn durch nichts lernt man besser, als wenn man etwas zum Vermitteln aufbereitet.

Kurzlernformate

Lebenslanges Lernen ist in unserer rasanten, zunehmend unsicheren Welt unumgänglich. Schnelle Änderungen, stetige Innovationen und sich ändernde Markt- und Arbeitsbedingungen fordern uns, unsere KOMPETENZ kontinuierlich anzupassen und zu erweitern. Unternehmen sind angeraten, dieses Prinzip übergreifend zu verankern und kontinuierlich zu fördern.

Studien zeigen, dass sich **Microlearning** – kleine Lerneinheiten von weniger als 15 Minuten – möglicherweise besser eignen, um sich Wissen schnell und effizient anzueignen als längere Lernformate (Mohammed et al. 2018). Dieses Prinzip machen sich schon seit geraumer Zeit auch Lernapps wie Duolingo, Blinkist oder Imprint zunutze. Und auch in deinem Unternehmen solltest du dieses Lernkonzept ausprobieren, denn so nutzt ihr vorhandenes internes Wissen und aktiviert die Mitarbeitenden, ihr Wissen aktiv zu teilen.

In der Praxis kann das zum Beispiel so aussehen, dass Mitarbeitende Microlearning-Inhalte in Form von Lernvideos, Quizzen oder kurzen Intranetartikeln erstellen und diese teilen. Für umfangreicheren Input können es auch längere Liveformate im Bereich von 20 bis 60 Minuten sein, gegebenenfalls mit einer anschließenden Diskussions- und Reflexionsphase. Hierfür sollten regelmäßige Slots eingerichtet werden, in die sich Mitarbeitende mit ihren Lehrangeboten einbuchen. Eine verantwortliche Person koordiniert die Events und kuratiert die Beiträge, sollte zum Beispiel für ein Quartal ein Themenschwerpunkt festgelegt worden sein (»das Quartal der KI«).

Diese Kurzlernformate aktivieren Wissen (KOMPETENZ) und Mitarbeitende (MOTIVATION). Denn sie überfordern nicht und bringen Kolleginnen zusammen. Außerdem helfen sie der Organisation, ein gemeinsames Vokabular zu entwickeln, da durch die Kurse neue Fachbegriffe (z. B. »Agilität«, »organisationale Ambidextrie« oder »Objectives & Key Results«) sauber definiert in der Organisation bekannt gemacht werden.

Coaching

Einen Teil der nötigen KOMPETENZ können Mitarbeitende über Fortbildungsmaßnahmen erlernen. Aber die für SELBSTORGANISATION nötige KOMPETENZ geht weit über das Aneignen von Wissen und Lernen in Seminaren hinaus. Es geht darum, das eigene Handeln zu reflektieren und wo nötig zu verändern. Hier sind gute Coaches Gold wert. Diese können durchaus aus dem eigenen Unternehmen stammen – eine stetige Inanspruchnahme externer Dienstleister kann teuer werden. In jedem Fall sollten Coaches neutral sein. Die eigene Führungskraft oder Mitarbeitende des Personalwesens[73] bringen diese Neutralität nicht mit, da sie ein direktes Interesse an der Performance des Coachees haben.

Idealerweise gibt es unternehmensintern eine Gruppe ausgebildeter Coaches, deren Leistung nicht von einer Führungskraft/der Geschäftsführung beurteilt wird, sondern anhand der Zufriedenheit der gecoachten Mitarbeitenden. So ist sichergestellt, dass die Coaches das Wohl der Coachees über das Wohl des Unternehmens stellen – eine wichtige Grundlage für die Akzeptanz und den Wirkungsgrad des Coachings.

73 Das Personalwesen hat hier meines Erachtens einen Interessenkonflikt, denn es steht eher auf der Seite des Unternehmens als auf der der Mitarbeitenden. Selbst wenn der Auftrag für das Personalwesen formell anders lautet, wird es von der Geschäftsführung bewertet und geleitet, nicht von den Mitarbeitenden. Daher kann nicht vorausgesetzt werden, dass die Mitarbeitenden des Personalwesens die nötige Neutralität mitbringen, die es für ein Coaching braucht.

Mentoring

Jedes Unternehmen hat seine Eigenheiten und seine Kultur. Gerade Neueinsteigerinnen müssen sich einfinden und lernen, wie das Unternehmen tickt, welche Werte, Rollen und Prozesse im Spiel sind. Um diesen Vorgang zu beschleunigen und zu unterstützen, kannst du ihnen eine Mentorin zur Seite stellen. Aber auch für Personen, die eine neue Rolle zum Beispiel in der Führung oder einer anderen Abteilung übernehmen, ist diese Begleitung sehr wertvoll. Eine effektive Betreuung sollte mindestens ein halbes bis zu einem Jahr und mit regelmäßigen Meetings erfolgen.

Mentorinnen sollten Personen sein, die in den für den Coachee relevanten Bereichen/Aspekten eine hohe KOMPETENZ besitzen – denn genau ihnen sollen die Kolleginnen lernen. Zwingend erforderlich ist, dass eine Mentorin sich die Rolle selbst aussucht, denn sonst fehlt es an der nötigen MOTIVATION und der Erfolg des Mentoring wird minimal sein. Ähnliches gilt für die Mentees: Sie sollten Einfluss auf die Wahl der Mentorin haben, um sich ganz auf das Mentoring einlassen zu können.

Wenn du mehr dazu erfahren möchtest, wie du Mentoring in deinem Unternehmen etablieren kannst, empfehle ich das Buch »Mentoring« von Graf und Edelkraut (2017).

Expertinnenkarriere als Alternative zur Führungskarriere

Ein altes Sprichwort besagt: Wenn man die beste Vertrieblerin befördert, verliert man eine gute Vertrieblerin und gewinnt eine schlechte Führungskraft. Mit anderen Worten: Das Unternehmen verschleudert an zwei Stellen KOMPETENZ.

Wie kommt es zu dieser Situation? Aufseiten des Unternehmens liegt der Grund häufig im Halo-Effekt (Heiligenschein-Effekt). Man sieht eine herausragende Fähigkeit einer Person (fachliche Eignung) und überträgt diese unreflektiert auf weitere Fähigkeiten (z. B. Eignung zur Führung). Man nimmt also an, eine gute Vertrieblerin sei auch eine gute Führungskraft – ein häufiger Trugschluss, da es zur Führung andere Fähigkeiten braucht als für den Vertrieb von Produkten und Dienstleistungen.

Aus Sicht der Beförderten gibt es zwei gute Gründe, in die Führungsrolle zu gehen – auch wenn die Person nicht an Führungsaufgaben interessiert ist:

1. **Einfluss auf die Arbeit des gesamten Teams.** Für viele ist es interessant, die eigene (überdurchschnittlich erfolgreiche) Arbeitsweise als Standard zu etablieren. Außerdem mögen es viele, strategische Entscheidungen selbst treffen zu kön-

nen.[74] Leider führt dieses Ziel häufig zur Einschränkung der SELBSTBESTIMMUNG des Teams durch strikte Verhaltensvorgaben.

2. **Höheres Gehalt.** Führungsrollen bringen in der Regel eine höhere Entlohnung mit sich, die die (extrinsische) MOTIVATION für eine Führungsposition pusht. Einige Unternehmen begehen sogar den Fehler, gute Mitarbeitende zu halten, indem man ihnen eine Führungsposition mit höherem Gehalt anbietet – um sie dann doch operativ einzubinden, weil man weiterhin ihre Fachexpertise braucht. Da stellt sich die Frage, warum das höhere Gehalt nicht auch für die Fachrolle zur Verfügung gestanden hätte.

Alternativ kann ein Unternehmen die Karrierelaufbahnen in zwei Richtungen aufspalten: die **Führungs**- und die **Fachkarriere.**

- Die **Führungskarriere** bietet Möglichkeiten für Menschen, die wirklich an der Führung von Menschen interessiert sind. Hier geht es vor allem darum, den Mitarbeitenden die richtigen Arbeitsbedingungen zu schaffen.
- Die **Fachkarriere** bietet Möglichkeiten für Menschen, die weiterhin operativ arbeiten wollen. Auch hier steigt das Gehalt, gleichzeitig werden sie aber angehalten, ihr Fachwissen innerhalb des Hauses zu vermitteln (sie erhalten also Lehr- und Mentoring-Aufgaben) und ihr Einfluss auf strategische Entscheidungen wächst.

So bleibt KOMPETENZ nicht nur erhalten, sondern wird innerhalb der Organisation verbreitet. Immanent wichtig ist es, diese Wege transparent zu kommunizieren und keine falschen Hoffnungen und Erwartungen zu erwecken. Das Unternehmen sollte alle Mitarbeitenden unterstützen, sich klar zu werden, welchen Weg sie wirklich gehen möchten. Beide Seiten sollten dabei einen Fokus auf die intrinsische MOTIVATION legen.

Mitarbeitende bewerten Führungskräfte und Fachabteilungen

Der Aufbau von KOMPETENZ braucht klares Feedback zur eigenen Leistung (TRANSPARENZ). Viele Unternehmen verstehen darunter das Feedback von Führungskräften an ihre Mitarbeitenden. Aber wer gibt den Führungskräften Rückmeldung zu ihrer FührungsKOMPETENZ, ihrem Verhalten, ihrer Vorbildfunktion und der Art, wie sie die Arbeit ihrer Mitarbeitenden strukturieren und unterstützen? Oft beantworten Organisationen diese Frage so, dass es die Führungskraft oberhalb der Beurteilten ist, die dieses Feedback gibt – dabei bekommt diese von der täglichen Arbeit der Führungskraft quasi nichts mit. Diese kann nur von den Mitarbeitenden beantwortet werden.

---

74 Zitat einer Bereichsleiterin, mit der ich über das Thema SELBSTORGANISATION sprach: »Ich bin doch nicht Bereichsleiterin geworden, um nichts mehr entscheiden zu können!«

Da das aber selten geschieht, bleiben blinde Flecken, die Führungskräfte hindern, sich in ihrer Rolle zu entwickeln.

Das betrifft auch die Arbeit von Teams, die anderen Teams zuarbeiten oder mit ihnen zusammenarbeiten. Hier findet kaum eine formelle Beurteilung statt, wie sehr die Leistung des zuarbeitenden Teams dem eigenen Team hilft. Auch hier erfolgt die Bewertung meist auf der ersten, häufig arbeitsfernen Ebene der gemeinsamen Führung, also durch die Abteilungs- oder Bereichsleitung, oder, noch weiter weg, durch die Geschäftsführung – die kaum Einblick in die bereichsrelevanten Umstände oder operativen Tätigkeiten hat. Diese Bewertung kann folglich nur auf dem basieren, was die höhere Führungsebene aus der unteren Ebene mitbekommt, zum Beispiel in vertraulichen Gesprächen mit Mitarbeitenden oder den Führungskräften dieser Teams, selten auch mal durch Businessmetriken und KPIs. Um also sicherzustellen, dass die Teams im eigenen Unternehmen gut kooperieren, muss die obere Führungsebene stets im Austausch mit den unteren Ebenen sein, um frühzeitig Performance-Probleme zu bemerken und einzugreifen – was für ein Aufwand!

In beiden Fällen wäre direktes Feedback besser. In »Zuerst der Mitarbeiter, dann der Kunde« beschreibt Vineet Nayar (2013), wie bei HCL Technologies Ltd. ein Feedback-System aufgebaut wurde, in dem Mitarbeitende auch die Führungskräfte bewerten – und zwar nicht nur die direkten Vorgesetzten, sondern alle, die einen Einfluss auf ihre Arbeit haben. Wenn also beispielsweise Mitarbeitende im Marketing ihre Bewertung abgeben, ist es sinnvoll, auch die Arbeit der Personalchefin und die Leiterin des Facility-Managements zu bewerten, deren Abteilungen Einfluss auf die Arbeitsbedingungen im Marketing haben.

Diese Bewertung erzeugt einen konstruktiven KOMPETENZdruck: Die TRANSPARENZ der Bewertung sorgt dafür, dass die Abteilung oder Führungskraft Probleme mit der eigenen Arbeit erkennt und ihre Leistung verbessert. Da diese Bewertung viel qualifizierter ist als die Bewertung aus dem Elfenbeinturm der oberen Führungskräfte, werden Schwächen und Stärken deutlicher. Die folgenden Entscheidungen basieren somit auf Kenntnissen der realen Arbeitsbedingungen – inklusive Führungsstil – und können wiederum direkt an der Veränderung des Feedbacks gemessen werden.

7 VERTRAUEN

Die fünf Säulen sind wichtig, damit sich SELBSTORGANISATION trägt. Aber keine Säule steht ohne ein stabiles Fundament. Dieses Fundament ist gegenseitiges VERTRAUEN innerhalb der Organisation.

Je komplexer unsere Unternehmen, je größer die Abhängigkeiten zu Partnern innerhalb und außerhalb des Unternehmens werden, je schneller sich Dinge verändern (und wir uns anpassen müssen), desto größer wird die Rolle von VERTRAUEN. Wo wir kein VERTRAUEN haben, muss es durch lückenlose Regelungen (z. B. Verträge, Kontrollsysteme etc.) ersetzt werden – das ist teuer und langsam. VERTRAUEN arbeitet schneller und billiger, weil wir einfach und schnell Abmachungen miteinander treffen können, an die sich beide Seiten halten. Aber vor allem baut es ein Fundament, das stabiler sein und länger tragen kann als jede Regel.

In Umfeldern, in denen nur geringe Abhängigkeiten existieren, in denen eine langfristige Stabilität herrscht und in denen ein hohes Maß an Bürokratie und Prozesstreue besteht, verliert VERTRAUEN hingegen an Bedeutung, denn die das VERTRAUEN ersetzenden Strukturen können aufgebaut und aufrechterhalten werden – spontane Anpassungen sind nicht nötig. Wo genau gemessen wird, wann Mitarbeitende am Fließband stehen und wie viel sie produzieren, benötige man weniger VERTRAUEN in die Mitarbeitenden als dort, wo sie mobil von zu Hause arbeiten. Genau so steht es um die Finanzbuchhaltung, in der doppelte Buchführung und Revision das Risiko von Fehlern und Betrug senken. Viele IT-Systeme erzwingen regelmäßige Passwortwechsel, weil so das Risiko gesenkt wird, dass Mitarbeitende zum Beispiel durch Teilen eines Passworts einer anderen Person langfristig Zugang zu den Systemen geben. Noch immer ist VERTRAUEN die Basis eines gesunden, menschlichen Miteinanders, aber der Unternehmenserfolg wird von seiner An- oder Abwesenheit nicht mehr so stark beeinflusst.

VERTRAUEN wird da benötigt, wo Menschen ein Risiko empfinden – zum Beispiel, enttäuscht oder verraten zu werden. Strikte Regelungen dienen dazu, dieses Risiko zu minimieren, und machen VERTRAUEN weniger relevant. Aber solche Strukturen sind starr und änderungsresistent – und eignen sich längst nicht mehr für eine Welt der ständigen Veränderung.

SELBSTORGANISATION ist besonders dort relevant, wo wir schnell reagieren möchten oder müssen, also in komplexen Umfeldern. Und diese nehmen stetig zu – auch in Unternehmen, die sich bisher in stabilen Umfeldern wägen, nehmen Abhängigkeiten, Engpässe (Personal, Lieferketten etc.) zu. Es wird für Mitarbeitende zunehmend nötig, situativ von starren Regeln abzuweichen und anpassungsfähig zu sein. Dafür müssen

Freiräume entstehen, um flexibel handeln zu können. All das setzt VERTRAUEN voraus. Hier musst du als Führungskraft ins Risiko gehen, weil du vom Verhalten deiner Mitarbeitenden abhängig bist. Positiv formuliert: Du vertraust deinen Mitarbeitenden, dass sie aufgrund ihrer KOMPETENZ und des ALIGNMENT die richtigen Entscheidungen treffen.

Es ist wichtig, hier zwischen zwei Formen von VERTRAUEN zu differenzieren (Sprenger 2007):

- das VERTRAUEN in die **Fähigkeit** einer anderen Person, die besprochenen Leistungen zu liefern beziehungsweise Absprachen einzuhalten (Leistungs*fähigkeit*),
- das VERTRAUEN in den **Willen** einer anderen Person, die besprochenen Leistungen zu liefern beziehungsweise Absprachen einzuhalten (Leistungs*bereitschaft*).

Die **Leistungs*fähigkeit*** ist eine Frage der KOMPETENZ und mit den Inhalten von Kapitel 6 zur Säule der KOMPETENZ im Wesentlichen abgedeckt. Erkennst du einen Mangel auf dieser Ebene, kannst du dem mit Maßnahmen wie Schulungen oder Coachings begegnen. Dieser Mangel ist von außen also gut beeinflussbar.

Anders sieht es mit der **Leistungs*bereitschaft*** aus, die Fokus dieses Kapitels ist. Die Leistungsbereitschaft muss eine Person vor allem mit sich selbst ausmachen (hier gibt es wesentliche Überschneidungen mit der MOTIVATION, die als Grundlage für Leistungsbereitschaft vorhanden sein muss). Wenn ich in diesem Kapitel von VERTRAUEN spreche, dann meine ich das VERTRAUEN in diese Leistungsbereitschaft.

Auf den Punkt

VERTRAUEN ist die Überzeugung, dass eine Person oder Gruppe ehrlich und moralisch aufrichtig ist und Vereinbarungen einhält, wodurch Unsicherheiten und Risiken in Beziehungen oder Entscheidungen reduziert werden. Es bildet dort die Grundlage für eine erfolgreiche Zusammenarbeit und gegenseitige Unterstützung, wo das Risiko eines VERTRAUENsbruchs nicht ausgeschlossen ist.

Für den Erfolg von SELBSTORGANISATION in einem Unternehmen sind **drei VERTRAUENsverhältnisse** relevant:

1. das VERTRAUEN der **Führungskraft in die Mitarbeitenden**,
2. das VERTRAUEN der **Mitarbeitenden in die Führungskraft**,
3. das VERTRAUEN der **Mitarbeitenden untereinander**.

Die Qualität dieser drei VERTRAUENsverhältnisse bestimmt wesentlich, ob SELBSTORGANISATION im Unternehmen gelingt – von der Phase der Transformation bis zum späteren Betrieb. Sie alle müssen aktiv gemanagt und ausgebaut werden, um nachhaltig wirken zu können.

7.1 VERTRAUEN in die Mitarbeitenden

SELBSTORGANISATION kann nur funktionieren, wenn du an die Leistungsbereitschaft und -fähigkeit der Mitarbeitenden glaubst und aufgrund dessen gewillt bist, Verantwortung abzugeben – denn ohne Verantwortungsübergabe gibt es keine SELBSTORGANISATION.

Als Führungskraft bist du bei der Übergabe von Verantwortung immer im Risiko. Auch wenn du nicht verantwortlich für die Ergebnisse bist, sondern für die Personen, welche die Ergebnisse liefern, wirst du von deinen Vorgesetzten vermutlich trotzdem zur Rechenschaft gezogen, wenn etwas schiefgeht.

Während du die Leistungs*fähigkeit* einer Person aber vermutlich gut einschätzen und durch Schulungsmaßnahmen beeinflussen kannst, ist es das VERTRAUEN in die Leistungs*bereitschaft*, also letztlich das moralische VERTRAUEN, das dich als Führungskraft ins Risiko führt. Denn dies ist oft nur schwer einzuschätzen und schwankt auch mit der Zeit, da es stark vom Gemütszustand einer Person beeinflusst wird.

Zu Zeiten der Industrialisierung war dies ein kleineres Problem. Als die Mitarbeitenden vorrangig in der Produktion arbeiteten, konnte die tatsächliche Leistung zu jeder Zeit beurteilt werden. Die bearbeitete Stückzahl, die Arbeitsqualität, die Geschwindigkeit der Bearbeitung: All diese Größen waren sehr gut messbar und so konnte einfache Kontrolle (TRANSPARENZ) das VERTRAUEN in der Regel ersetzen.

Heute sieht die Situation anders aus. Aus handwerklicher Arbeit in den Betrieben ist zu großen Teilen Wissensarbeit geworden. Diese findet nicht am Fließband, sondern in Köpfen und Computern statt. Sie ist kaum messbar und nahezu nicht bewertbar. Wir können nicht einfach die Anzahl der Post-its an der Wand eines Teamraums messen, um zu erkennen, wie produktiv das Team arbeitet. Wir können häufig nicht einmal erkennen, *ob* jemand arbeitet. Der Mitarbeiter, der sich mit geschlossenen Augen in einem Sitzsack am Panoramafenster sonnt, könnte gerade mental eine Präsentation durchgehen. Selbst wenn er sich nur ausruht, kann er damit Mehrwert schaffen, wenn die Pause die Voraussetzung ist, um danach wieder effizient an einer Presseveröffentlichung zu schreiben.

Wie wertvoll der Beitrag eines Wissensarbeiters ist, lässt sich häufig erst Wochen, Monate oder gar Jahre nach Erledigung der Arbeit bemessen. Hinzu kommt, dass die Arbeit deutlich spezialisierter geworden ist. Es ist davon auszugehen, dass du als Führungskraft längst nicht mehr alle Fähigkeiten vorweisen kannst, die sich in deinem Team bündeln. Somit kannst du auch die Arbeitsqualität nicht mehr vollständig bewerten. Arbeit verändert sich rasant, nicht erst seit dem Aufkommen der generativen künstlichen Intelligenz (KI). Wer nur wenige Jahre nicht mehr in einer Fachrolle arbeitet, kann die eigenen »goldenen Regeln« getrost vergessen, denn gültig sind sie längst nicht mehr.

Die Spezialisierung bringt auch mit sich, dass Wertschöpfung heute vor allem in Teams und über Wertschöpfungsketten erzeugt wird – und diese laufen oft über mehrere Abteilungen. Der Beitrag eines einzelnen Mitarbeiters oder einer Abteilung zur Wertschöpfung ist somit häufig nur schwer zu ermitteln. War es die gute Leistung des Vertriebs, welche das Produkt erfolgreich gemacht hat? Oder die gut konzipierte Marketingkampagne? Oder doch das exzellent designte Produkt? Das macht die Bewertung der individuellen Arbeitsqualität ebenfalls kaum möglich.

Zu guter Letzt findet Arbeit nicht mehr dort statt, wo sie beobachtbar ist. Sie ist vom Fließband in den Computer und von dort ins Homeoffice gewandert. Ob und wie deine Mitarbeitenden arbeiten, kannst du heute kaum noch beantworten.

Die Abhängigkeit von VERTRAUEN in die Mitarbeitenden ist im Laufe der letzten Dekaden also massiv gestiegen – und das ist gut so!

Denn wo VERTRAUEN durch Kontrolle ersetzt wird, berauben wir uns der Chance, positive Bindungen aufzubauen. Gegenseitiges VERTRAUEN ist die Voraussetzung für ein gesundes Miteinander. Es fördert das Gefühl von sozialer Verbundenheit und somit auch die MOTIVATION der Mitarbeitenden (Kapitel 5.5). Gerade in einer Zeit des zunehmenden Fachkräftemangels steigt die Bedeutung von VERTRAUEN als Bindung zwischen Mitarbeitenden und Unternehmen. Verbunden mit dem Wissen, dass Kontrolle schwer bis unmöglich zu etablieren ist, sollten Unternehmen also darin investieren, Mitarbeitenden das Gefühl zu geben, dass ihnen vertraut wird und dass sie dem Unternehmen vertrauen können.

Umso trauriger, dass sich weiterhin viele Unternehmen eher mit ihrer Angst vor Kontrollverlust beschäftigen. Als Antwort auf die zunehmende Unvorhersehbarkeit und den schneller werdenden Wandel wird krampfhaft versucht, einzelne Mitarbeitende beziehungsweise ihren Output zu messen, zu bewerten und stärker zu kontrollieren. Bei dir im Unternehmen ist das nicht so? Du vertraust deinen Mitarbeitenden? Dann hast du demnach also keine der folgenden Maßnahmen etabliert?

- Zielvereinbarung mit monetären Anreizen
- Fortschrittskontrolle
- Reisekostenbudget
- Fortbildungsbudget
- formelle Reportings
- CC-E-Mails
- Arbeitszeiterfassung
- Anwesenheitskontrolle per Software
- Freigabe der Kommunikation nach außen (z. B. Interviews)

All diese Systeme sind nichts anderes als »**institutionalisiertes Misstrauen**«, wie Sprenger es in seinem Buch »Mythos Motivation« (Sprenger 2002) nennt. Wir vertrauen Menschen nicht, dass sie ohne formelle Reportings die Deadlines ihrer Projekte einhalten, dass sie beim Buchen von Reisen oder Fortbildungen sparsam bleiben oder zur Arbeit erscheinen, wenn ihre Arbeitskraft benötigt wird. Zielsetzungssysteme könnten sehr wertvolle Beiträge zu ALIGNMENT, TRANSPARENZ und zur Steigerung der KOMPETENZ durch Lernen leisten, wenn ihre Hauptaufgabe nicht darin bestände zu beeinflussen, wie Mitarbeitende ihre Zeit investieren (und das dann noch einmal zu kontrollieren und zu bewerten).[75] Dieses Verhalten hingegen hat, wie in Kapitel 5 gesehen, einen starken negativen Effekt auf die intrinsische MOTIVATION.

Das Misstrauen in die Mitarbeitenden kostet ein Unternehmen Zeit und Ressourcen, denn schließlich müssen all diese Misstrauens-Systeme aufgebaut, betrieben, bedient und kontrolliert werden – und das mit fraglichem Nutzen, denn der Wert von Wissensarbeit ist heute kaum einschätzbar. Wie also wollen wir ihn kontrollieren? Die 10.000 Euro teure Weiterbildung eines Mitarbeiters kann uns im Laufe des Jahres mehrere Hunderttausend Euro an Fehlentscheidungen sparen. Miteinander in eine direkte Verbindung bringen können wir Ursache und Wirkung in diesen Kontrollsystemen nicht.

Doch dieses Misstrauen kostet uns mehr als nur den Betrieb dieser Systeme. Es kostet uns das VERTRAUEN und die Sorgfalt der Mitarbeitenden. Denn sie merken, ob ihnen vertraut wird oder nicht.

Durch das VERTRAUEN in Mitarbeitende entsteht – wenn diese das VERTRAUEN wahrnehmen – eine mentale »Schuld«, die es auszugleichen gilt. Dieses Phänomen der sogenannten **Reziprozität** bewegt uns Menschen, eine Leistung mit einer Gegenleistung vergelten zu wollen. Wir sind kooperative Wesen, die in einer Gemeinschaft leben und sich verpflichtet fühlen, an dieser Gemeinschaft teilzuhaben.[76] Es ist der Grund, wieso Stiftungen so gut damit fahren, uns ein Geschenk zu machen, bevor sie uns um eine Spende bitten. Und es greift auch bei Führungskräften, die ihren Mitarbeitenden einen VERTRAUENsvorschuss gewähren.

Das Gegenteil ist der Fall, wenn du deinen Mitarbeitenden misstraust und sie das spüren lässt – insbesondere dann, wenn es unverdient ist und sie deines VERTRAUENs würdig wären. Sprenger drückt es in seinem Buch »Vertrauen führt« (Sprenger 2007) so aus: »Der Mitarbeiter fühlt sich weniger an Sie gebunden, weniger verpflichtet. Er

75 Hinzu kommt, dass wir unsere Arbeit mittlerweile aufgrund der steigenden Anforderungen und hohen Komplexität in Teams erledigen, unsere Zielsetzungssysteme in der Regel aber immer noch die Leistung Einzelner steuern und kontrollieren. Aber das ist eine andere Diskussion.

76 Auch wenn uns Medien wie Filme, Serien oder Nachrichten immer wieder Fälle zuspielen, in denen selbstsüchtiges Handeln im Vordergrund steht, beweisen Studien, dass wir soziale Wesen sind, die sich gegenseitig unterstützen und Geschenke mit Gegengeschenken ausgleichen.

reduziert seine Bemühungen, das in ihn gesetzte VERTRAUEN zu rechtfertigen.« Spüren wir, dass uns misstraut wird, »fühlen [wir uns] zu unkooperativem Verhalten geradezu ermutigt, da die inneren psychologischen Kosten eines schlechten Gewissens entfallen«. Mit anderen Worten: Warum ehrlich sein, wenn der andere mich ohnehin als unehrlich einstuft?

Wenn du offen misstraust, nimmst du die Gegenseite aus der Verpflichtung, dieses VERTRAUENs würdig zu sein. Es kann sogar sein, dass dein Misstrauen von den Mitarbeitenden als Affront wahrgenommen wird, weil sie vertrauenswürdig sein wollen. Häufig wissen sie gar nicht, woher dein Misstrauen kommt, wie sie es sich »verdient« haben. Sprenger theoretisiert, dass unverstandenes Misstrauen als Form von Ablehnung zu Scham führt. Scham aber ist eine sehr belastende und ohnmächtige Emotion. Und wir Menschen fühlen uns nicht gern ohnmächtig. Sprenger vermutet, dass wir daher versuchen, ins Handeln zu kommen. Doch leider ist es dann häufig nicht die konstruktive Handlung eines VERTRAUENsbeweises, sondern die trotzig-kindische Reaktion, dass wir das Vertrauen gezielt brechen und bewusst gegen die Regeln agieren. Wir rebellieren, so Sprenger, gegen das unverstandene Misstrauen, indem wir uns das Misstrauen »verdienen«.

> *Hältst du ihn für treu, so wirst du ihn auch dazu machen. Denn manche schon haben hintergehen gelehrt, indem sie hintergangen zu werden fürchteten, und dem andern durch Argwohn ein Recht gegeben, sich an ihnen zu versündigen.*
> Seneca

Santa-Fe-Kapitän David Marquet machte ebenfalls negative Erfahrungen damit, wenn Kontrollsysteme aufgebaut werden, um Mitarbeitende zu überwachen und Fehler zu reduzieren: »Was passiert […] ist, dass wir Schiffe anhand der Fehler, die sie machen, bewerten. Das Vermeiden von Fehlern wird zum Hauptaugenmerk der Besatzung und der Führung. Was jedoch auf der Santa Fe geschah, war, dass die Besatzung Angst davor hatte, Fehler zu machen. Der beste Weg, keinen Fehler zu machen, ist, nichts zu tun oder keine Entscheidungen zu treffen. An dem Tag, an dem ich das Kommando übernahm, dämmerte mir, dass die Konzentration auf die Vermeidung von Fehlern hilfreich ist, um die Mechanik von Verfahren zu verstehen und drohende größere Probleme zu erkennen, bevor sie auftreten, aber es ist ein lähmender Ansatz, wenn er zum Ziel einer Organisation wird. […] Erfolg ist [dann] ein Negativum, eine Abwesenheit von Fehlern […]. Die Konzentration auf die Vermeidung von Fehlern lenkt uns davon ab, wirklich außergewöhnlich zu werden.« (Marquet 2012)

Auch wenn es nicht die trotzige Gegenreaktion gegen institutionalisiertes Misstrauen ist, die Marquet entgegengebracht wurde, waren es zumindest blinder Gehorsam und das Vermeiden jeglicher Initiative, unter denen er litt. Eine direkte Folge eines fehlgeleiteten Kontrollsystems, das Mitarbeitenden das VERTRAUEN entzog.

Während es also sein kann, dass VERTRAUEN in einzelne Personen *gelegentlich* enttäuscht wird, hat ein grundlegendes Misstrauen in die gesamte Mitarbeiterschaft *immer* negative Konsequenzen. Anders gesagt: VERTRAUEN kann versagen, Misstrauen tut es immer. Während Misstrauen in Einzelne durchaus gerechtfertigt sein kann, ist breites Misstrauen also nur schädlich.

Da wir künftig ohnehin keine Form der Kontrolle aufbauen wollen, ist der korrekte Weg hin zu SELBSTORGANISATION, auf die Reziprozität von VERTRAUEN zu setzen, statt Misstrauen zu institutionalisieren.

Damit du als Führungskraft diesen Weg erfolgreich gehst, schauen wir uns nun diverse Mechanismen an, die es dir erschweren können, anderen zu vertrauen – insbesondere aus der Position der Führungskraft heraus. Mit dem Ziel, diese künftig zu reduzieren oder gänzlich zu vermeiden.

7.1.1 Misstrauen wird stärker erlebt als VERTRAUEN

VERTRAUEN wird in der Regel eher durch seine Abwesenheit erlebt. Wir nehmen weniger bewusst wahr, dass wir jemandem vertrauen, als dass wir bemerken, wenn dieses VERTRAUEN enttäuscht wird (Sprenger 2007). Das emotionale Empfinden eines enttäuschten VERTRAUENs ist daher deutlich stärker als das eines gerechtfertigten. Wir neigen deshalb dazu, Momente des enttäuschten VERTRAUENs überzubewerten. Dann versuchen wir, uns für die Zukunft abzusichern und Maßnahmen zu ergreifen, damit das nicht wieder passiert. Dabei war unser beständiges VERTRAUEN insgesamt womöglich gerechtfertigter als unser frisch entstandenes Misstrauen. Aber weil uns der VERTRAUENsverlust stärker mitnimmt, als uns die vielen Male belohnt haben, in denen das VERTRAUEN gerechtfertigt war, fokussieren wir auf die Absicherung – und schädigen damit langfristig die Beziehung.

Hinzu kommt der Effekt des **Confirmation Bias** (Bias, dt. Verzerrung, Neigung, Befangenheit, Vorurteil): Wir neigen dazu, Informationen, die unsere bestehenden Überzeugungen oder Hypothesen bestätigen, bevorzugt wahrzunehmen und zu interpretieren, während wir Informationen, die diesen Überzeugungen widersprechen, ignorieren oder abwerten. Dieser Bias sorgt dafür, dass sich eine einmal gebildete Misstrauenshaltung selbst bestätigt – ähnlich wie wir plötzlich überall rote Autos wahrnehmen, wenn wir damit anfangen, uns auf rote Autos zu fokussieren. Eine objektive Beurteilung der Situation ist uns danach kaum noch möglich.

7.1.2 Die Misstrauensspirale

VERTRAUEN ist eine sich selbst verstärkende Spirale aus VERTRAUEN und dem Erleben, dass das VERTRAUEN gerechtfertigt war. Leider gilt dasselbe auch für Misstrauen – und das gleich doppelt. Abbildung 8 zeigt diese doppelte **Misstrauensspirale**: Das Entdecken eines Fehlers oder Verstoßes führt zum VERTRAUENsverlust der Führungskraft, sie schaut in der Folge genauer hin. Das führt einerseits dazu, dass mehr Fehler entdeckt werden, andererseits wird der Kontrollversuch mit hoher Wahrscheinlichkeit bei einem Mitarbeiter dazu führen, dass dieser sich weniger für seine Arbeit verantwortlich fühlt (»Der Chef kontrolliert ja sowieso noch mal alles!«) oder das Erleben des Misstrauens seine MOTIVATION für die Arbeit untergräbt. Dadurch arbeitet er weniger sorgfältig und es geschehen mehr Fehler.

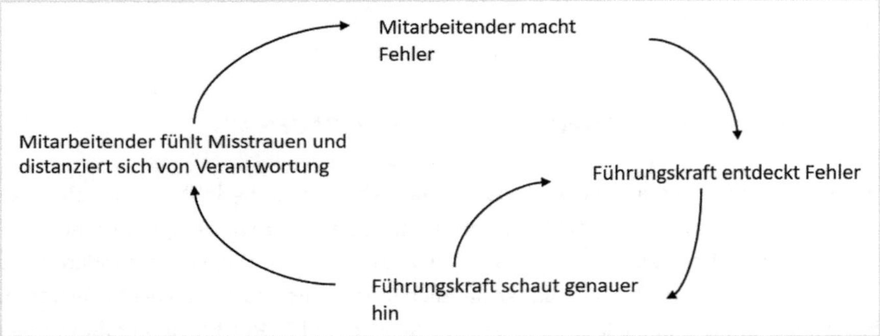

Abb. 8: Misstrauensspirale

Bei meiner Arbeit in Start-ups ist mir diese Spirale häufig über den Weg gelaufen. Auch sehr selbstreflektierte Menschen sind ihrem Verlauf zum Opfer gefallen und wurden zu mikromanagenden Führungskräften. Das Perfide ist, dass sie nicht nur von Verstößen gegen das moralische VERTRAUEN, die Leistungs*bereitschaft*, ausgelöst wird, sondern in der Regel auch von Fehlern auf Ebene der Leistungs*fähigkeit* – die viel häufiger auftreten. Die Lösung wäre also, die (fachliche) KOMPETENZ zu erhöhen, beispielsweise durch Schulungsmaßnahmen. Dennoch werden schnell fehlende Leistungsbereitschaft oder Sorgfalt unterstellt.

Der Ausweg ist, die Spirale *aktiv* zu durchbrechen – sonst wird sie automatisch in eine Situation führen, in der das VERTRAUENsverhältnis gestört ist, die Mitarbeitenden stark kontrolliert werden und damit nicht bereit sind, sich über Maß für ihre Arbeit einzusetzen, da sie sich nicht wertgeschätzt fühlen. Das ist der Tod der SELBSTORGANISATION, denn dann wird Mikromanagement nötig und du als Führungskraft wirst automatisch ins Operative einbezogen, statt dich um die führungsrelevanten Themen – Mitarbeiterführung, Systemgestaltung, Strategiedesign – kümmern zu können.

Dieser Ausbruch aus der Spirale muss mit VERTRAUEN in die Leistungsbereitschaft beginnen. Fehlende KOMPETENZ hingegen kann geschult werden. Das VERTRAUEN in die Leistungsbereitschaft sollte nur ins Wanken kommen, wenn es bewusste Verstöße gab (hier sollte umgehend ein klärendes Gespräch inklusive möglicher Konsequenzen gesucht werden). Fehler dürfen nicht dazu führen, dass die Spirale in Gang gebracht wird.

7.1.3 Innere Saboteure

In seinem Coaching-Programm »Positive Intelligence«[77] spricht CEO-Coach und Stanford-Lecturer Shirzad Chamine von neun **inneren Saboteuren**, die uns Menschen das Leben schwer machen, uns destruktive Glaubenssätze einreden und damit verhindern, dass wir unser Potenzial voll entfalten können. Sechs dieser Saboteure möchte ich vorstellen, denn sie haben starke Auswirkungen auf das VERTRAUENsverhältnis zu deinen Mitarbeitenden. Falls du Aspekte deiner Persönlichkeit in den Beschreibungen dieser inneren Saboteure wiedererkennst, solltest du dich damit auseinandersetzen, wie du dich von ihrer Kontrolle über dich befreien kannst – zum Beispiel über die Teilnahme an Chamines Coaching-Programm, Gesprächen mit systemischen Coaches oder sogar einer Psychotherapie.

Der Kontrolleur
Eigenschaften: angstbedingtes Bedürfnis, die Kontrolle zu übernehmen und Situationen und Handlungen von Menschen nach dem eigenen Willen zu steuern. Große Angst und Ungeduld, wenn dies nicht möglich ist.

Negative Glaubenssätze:
- Alles wird besser, wenn ich es kontrolliere.
- Was ich nicht kontrolliere, wird schiefgehen.

Problem: Der Kontrolleur in dir erlaubt dir nicht, deine Mitarbeitenden so arbeiten zu lassen, wie *sie* das für richtig halten. Du willst alle wesentlichen Entscheidungen selbst fällen. Das gibt den Mitarbeitenden das Gefühl, dass du ihnen nicht vertraust. Machen sie etwas anders, als du es tun würdest, springt in dir sofort das Kontrollbedürfnis an und du ziehst die Zügel enger. Das macht es schwer, VERTRAUEN zu haben und SELBSTBESTIMMUNG zu gewähren.

Das Opfer
Eigenschaften: emotional und temperamentvoll, um Aufmerksamkeit und Zuneigung zu gewinnen. Extreme Konzentration auf innere Gefühle, insbesondere auf schmerzhafte. Märtyrer-Attitüde.

77 https://www.positiveintelligence.com/ (Abrufdatum: 03.02.2024).

Negative Glaubenssätze:

- An meiner Situation sind andere Schuld, nicht ich.
- Andere tun bewusst schlimme Dinge, um mich zu verletzen.

Problem: Du erlebst Fehler (die nun einmal passieren) oder Kritik als persönlichen Angriff gegen dich. Du denkst, dass deine Mitarbeitenden etwas bewusst gegen dich tun. Das zerstört VERTRAUEN. Außerdem gilt: Wer sich als Opfer sieht, wird schnell selbst zum Täter. Du wirst dich wehren – die Personen, die neutral betrachtet keine Täter sind, werden dein Abwehrverhalten aber als Überreaktion empfinden. Dadurch wirst du unberechenbar – und was wir nicht berechnen können, dem vertrauen wir nicht. Im schlimmsten Fall werden sie nun dich als Täter erleben, wodurch das VERTRAUEN besonders stark erodiert wird.

Der Hyper-Achiever

Eigenschaften: abhängig von konstanter Leistung und Erfolg, um Selbstachtung und Selbstbestätigung zu erhalten. Die letzte Leistung wird schnell abgewertet, man braucht mehr.

Negative Glaubenssätze:

- Ich bin weniger wert als andere Menschen.
- Ich kann meinen Wert beweisen, indem ich mehr leiste als andere.

Problem: Als Hyper-Achiever-Führungskraft kannst du nicht allein glänzen, du bist abhängig von der Leistung deines Teams. Und die ist nun einmal nicht immer herausragend. Das heißt, du erlebst Phasen starker Selbstvorwürfe. Insbesondere, weil du als Führungskraft immer in einem starken Spannungsfeld arbeitest, in dem du es nicht allen recht machen kannst. Auch hier entsteht ein VERTRAUENsverlust, sobald etwas schiefläuft, da du dazu neigst, den Fehler emotional überzubewerten. Auch Kritik an dir nimmst du wesentlich schmerzhafter und emotionaler wahr.

Der Übervorsichtige

Eigenschaften: intensive Angst vor allen Gefahren und dem, was schiefgehen könnte. Ständige Wachsamkeit ohne Pausen.

Negative Glaubenssätze:

- Die Welt ist gefährlich, alles kann und wird schieflaufen, wenn ich nicht vorsorge.
- Ich muss pessimistisch denken, ansonsten bleiben Risiken unentdeckt und führen unweigerlich zum Fehlschlag.

Problem: Wie willst du VERTRAUEN entwickeln, wenn du immer mit dem Schlimmsten rechnest? Wenn du stets annimmst, dass alles schiefläuft, wirst du kaum Verantwortung abgeben.

Der People Pleaser
Eigenschaften: versucht indirekt, Akzeptanz und Zuneigung zu erlangen, indem er anderen hilft, ihnen gefällt, sie rettet oder ihnen schmeichelt. Verliert die eigenen Bedürfnisse aus den Augen und wird dadurch nachtragend.

Negative Glaubenssätze:
- Mich mögen die Leute nur, wenn ich etwas für sie tue.
- Ich darf auf keinen Fall mehr verlangen, als ich gebe. Wenn ich mich ausruhe, ohne etwas für andere zu tun, werden sie mich verlassen.

Problem: Wer so denkt, misstraut anderen von Grund auf. Es wird immer unterstellt, dass die anderen gehen, wenn du sie nicht hältst. Das ist keine gute Basis für VERTRAUEN. Außerdem wirst du merken, dass du schnell emotional wirst, wenn dein Gegenüber Signale sendet, die du als Ablehnung interpretierst (auch wenn sie von der Person nicht so gemeint sind) und die in dir deshalb Verlustangst auslösen. Deine emotionale Reaktion können andere schwer deuten – und verlieren das VERTRAUEN.

Der Perfektionist
Eigenschaften: Perfektionismus und das Bedürfnis nach Ordnung und Organisation, das zu weit geht. Der ängstliche Versuch, zu viele Dinge perfekt zu machen.

Negative Glaubenssätze:
- Alles, was nicht perfekt ist, ist nichts wert.
- Ich bin dafür verantwortlich, dafür zu sorgen, dass die Dinge perfekt werden.

Problem: Abgesehen davon, dass Perfektion nur schwer zu erreichen ist, ist deine Vorstellung davon in der Regel eine andere als die deiner Mitarbeitenden. Es sollte also nicht wundern, wenn regelmäßig Spannungen auftreten, weil du das, was deine Mitarbeitenden liefern, nicht perfekt genug und damit im Grunde wertlos findest. Nicht die beste Basis für ein VERTRAUENsverhältnis und somit eine geringe Chance, dass du Verantwortung abgibst.

Solltest du beim Lesen dieser Saboteure festgestellt haben, dass dich mindestens einer von ihnen kontrolliert und damit deine Fähigkeit einschränkt, deinen Mitarbeitenden zu vertrauen, kannst du Folgendes tun:
- Sprich das Problem offen mit deinem Team an. Bitte deine Mitarbeitenden, dich zu unterstützen, indem sie dir Verhalten aufzeigen, hinter dem sie einen der Saboteure vermuten. Das hilft nicht nur dir, sondern lädt auch die Mitarbeitenden ein, einmal zu reflektieren, welche Saboteure sie mit sich herumtragen.

- Suche dir die Unterstützung eines professionellen Coaches/Therapeuten, um zu erforschen, woher die Saboteure kommen und wie du sie verabschieden kannst.[78]

7.1.4 Geringe Zuversicht

Wenn du geringes VERTRAUEN in deine Fähigkeiten hast, mit Problemen umzugehen, oder dazu neigst, generell wenig Zuversicht zu empfinden, wird dir das VERTRAUEN in deine Mitarbeitenden besonders schwerfallen. Du wirst die Risiken schnell höher bewerten als die Chancen. Jede Enttäuschung wird übermäßig stark bewertet, prägt gemäß dem Confirmation Bias (Kapitel 7.1.1) dein Weltbild, was einen positiven Blick in die Zukunft verstellt.

Zwei Impulse, deine Zuversicht zu stärken, möchte ich geben – wohl wissend, dass das nicht von heute auf morgen geht und wir häufig tief liegende Gründe für ein schwach ausgeprägtes VERTRAUEN haben. Doch auch da kannst du auf Unterstützung setzen, durch eine Mentorin, einen Coach oder, so habe ich es gemacht, durch eine Psychoanalyse.

Der erste Ansatz ist, aktiv an einer positiven Sicht auf die Leistungsbereitschaft deiner Mitarbeitenden zu arbeiten. Nimm dir Zeit herauszufinden, warum du so kritisch bist – und was passieren würde, wenn du anderen mit mehr Zuversicht begegnest. Würde die Welt untergehen – oder können Situationen entstehen, von denen ihr alle profitiert? Du kannst das in Alltagssituationen ausprobieren und beobachten, was passiert, wenn du anderen mit mehr Offenheit und VERTRAUEN begegnest.

Der zweite Ansatz: Vertraue deinen Fähigkeiten. Frage andere, welche Stärken sie in dir sehen. Die Außenwahrnehmung ist häufig positiver und neutraler als die Eigenwahrnehmung. Je mehr SelbstVERTRAUEN du hast, umso besser kannst du mit einem gelegentlichen VERTRAUENsmissbrauch umgehen – was dir zunehmend die Angst davor nehmen wird.

Deine Grundeinstellungen wirst du nicht von heute auf morgen ändern. So etwas benötigt manchmal jahrelange (begleitete) Arbeit – aber es lohnt sich, diese zu leisten und jetzt damit zu starten, wenn du bei dir ein Verhalten identifizierst, das du optimieren oder ablegen möchtest. Denn ein Mangel an Zuversicht und VERTRAUEN dir und anderen gegenüber beeinflusst nicht nur deine Fähigkeiten, Menschen im Beruf zu führen, sondern schränkt auch die Qualität deiner privaten Kontakte und Beziehungen ein.

---

78 Das speziell für diese Saboteure entwickelte Coaching-Programm von Chamine findest du auf https://www.positiveintelligence.com/ (Abrufdatum: 17.02.2025).

7.2 VERTRAUEN in die Führungskraft

Stelle dir vor, im Passagierraum eines Flugzeugs hängt eine große Leuchttafel, die anzeigt, ob gerade der Pilot am Steuer ist oder der Co-Pilot. Bei wem würdest du dich sicherer fühlen? Die meisten Menschen würden wohl antworten, dass sie der KOMPETENZ des Piloten mehr vertrauen – und lägen damit falsch. Studien haben festgestellt, dass schwere Unfälle vor allem dann geschehen, wenn die Piloten am Steuer sind (Becker und Ayton 2024). Ein Grund für diesen scheinbar paradoxen Zusammenhang ist die Gesprächskultur im Cockpit – weshalb der Effekt auch stark abhängig vom kulturellen Hintergrund der Airline ist. Piloten fällt es nicht schwer, ihre Co-Piloten auf Fehler aufmerksam zu machen – andersherum ist das nicht sichergestellt. Es besteht kein VERTRAUEN, dass eine Kritik wohlwollend aufgenommen wird, die Angst vor Strafe überwiegt. So werden Fehler übersehen oder verschwiegen, entgehen dem ranghöheren Piloten und führen zu schweren Unfällen. Viele Airlines haben daher spezielle Protokolle rund um die Kommunikation im Cockpit ausgearbeitet, um den Effekt abzuschwächen und die Flüge sicherer zu machen.

Dieser Effekt von fehlendem VERTRAUEN ist nicht auf die Luftfahrt beschränkt. Edgar H. Schein schreibt in seinem Buch »Humble Inquiry« (Schein 2013): »Bei Flugzeugabstürzen und Unfällen in der chemischen Industrie, bei den seltenen, aber schweren Unfällen in Kernkraftwerken, bei den NASA-Katastrophen Challenger und Columbia und bei der Ölpest im Golf von British Petroleum wurde häufig festgestellt, dass Mitarbeiter in niedrigeren Positionen über Informationen verfügten, die die Folgen des Unfalls hätten verhindern oder abmildern können, die aber entweder nicht an die höheren Ebenen weitergegeben oder ignoriert oder übergangen wurden.«

Psychologische Sicherheit

Eine gesunde Fehlerkultur ist wichtig für ein Unternehmen, das SELBSTORGANISATION fördern will. Fehler müssen transparent gemacht und es muss aus ihnen gelernt werden. Ganz egal, wer sie verursacht hat. Dafür brauchen deine Mitarbeitenden VERTRAUEN in dich als Führungskraft, dass du sie dafür nicht bestrafst. Wenn sie durch das Eingestehen oder das Hinweisen auf einen Fehler etwas verlieren, werden sie sich zweimal überlegen, ob sie das Risiko eingehen. Auch hier geht es erneut nicht um das VERTRAUEN in die KOMPETENZ einer Person, sondern um das *moralische* VERTRAUEN. Kann ich meiner Führungskraft vertrauen, dass es mir nicht zum Nachteil ausgelegt wird, wenn ich auf einen eigenen oder den Fehler eines Kollegen hinweise? Diese

Form von VERTRAUEN wird in Fachkreisen **psychologische Sicherheit**[79] genannt und hat wesentlichen Einfluss auf die Unternehmens-Performance.

Sprenger spricht in seinem Buch »Vertrauen führt« (Sprenger 2007) davon, dass Menschen Aufwand betreiben, wenn der Nutzen die Kosten übersteigt. Der Nutzen kann Geld, Ansehen oder eine weitere Beschäftigung sein, aber auch soziale Kontakte, Anerkennung, ein gutes Gefühl oder Stolz auf sich. Nun kannst du den Nutzen nicht immer beeinflussen, wohl aber die Kosten für ehrliche Rückmeldungen. Du kannst Mitarbeitende zum Beispiel belohnen, wenn sie auf wesentliche Fehler hinweisen. Auch wenn es deine sind.

Das historische Beispiel der Vasa

Wie schwerwiegend die Folgen fehlender psychologischer Sicherheit sein können, erfuhr der schwedische König Gustav II. Adolf im August des Jahres 1628.[80] Er wünschte sich die Konstruktion größerer, schwererer Kanonenschiffe. Das Land hatte schwere Verluste in Seeschlachten davongetragen und man war bereit, etwas Neues zu probieren. Leider mussten die schwedischen Werften feststellen, dass »neu« auch »schwierig« bedeutete. Eingriffe des Königs in die Baupläne machten die Aufgabe nicht leichter. Die ursprüngliche Planung für das neue Schiff, die Vasa, sah ein Schiff mit einem Kanonendeck vor. Die Proportionen wurden von dem holländischen Baumeister Henrik Hybertsson entsprechend ausgelegt und der Bau startete 1626. (Nicht klar belegte) Geschichten besagten, dass Gustav II. Adolf wenig später erfuhr, dass der dänische König Christian IV ein ähnlich großes Schiff bauen ließ. Fünf Monate nach Baubeginn habe Gustav II. Adolf daher angewiesen, die Vasa stärker zu bewaffnen, mit einem oberen Kanonendeck in derselben Stärke wie das untere – mit schweren Auswirkungen auf die Lagestabilität der Vasa, die durch die Addition der Kanonen topplastig wurde.

Das Schiff wurde im Sommer 1628 fertiggestellt. Wie alle Schiffe zu dieser Zeit wurde auch die Vasa auf Stabilität getestet, indem 30 Matrosen auf Deck von einer Seite zur anderen rannten, um das Schiff ins Schaukeln zu bringen. Das Ergebnis war ernüchternd: Der Versuch wurde bereits nach drei Läufen abgebrochen, da das Schiff zu kippen drohte. Dem verantwortlichen Team an Handwerkern und Baumeistern fehlte es allerdings an VERTRAUEN in den König – so traute sich niemand, auf das Risiko hinzuweisen. Der König drängte auf die Fertigstel-

79 Unter diesem Begriff verstehen Organisationspsychologen das Gefühl, dass man in einer Gruppe oder Organisation offen und ehrlich kommunizieren kann, ohne Angst vor negativen Konsequenzen wie Bestrafung, Demütigung oder sozialer Ausgrenzung zu haben. Also ein Zustand, in dem Menschen sich sicher genug fühlen, um ihre Meinungen, Ideen und Bedenken frei zu äußern. Mit anderen Worten: gegenseitiges VERTRAUEN.

80 https://de.wikipedia.org/wiki/Vasa_(Schiff) (Abrufdatum: 21.02.2025).

> lung des Schiffs, das lange Zeit im Dock auf seine Kanonen hatte warten müssen. Und so kam es, dass sich die Vasa am 10. August 1628 auf seine Jungfernfahrt begab – um kurz darauf noch vor den Augen der im Hafen versammelten Menge zu versinken. Seitenwinde hatten das Schiff 120 Meter vor der Küste in Neigung gebracht, wobei Wasser durch die für Salutschüsse geöffneten Luken des unteren Kanonendecks eindrang. Die Vasa fand ein schnelles und unrühmliches Ende, zusammen mit 30 unglücklichen Mitgliedern seiner Mannschaft.

Der Effekt von VERTRAUEN/Misstrauen zwischen Mitarbeitenden und Führung reicht aber noch deutlich weiter: Eine Studie über »Befindlichkeit in der Chemischen Industrie« von 2001 (Kiefer et al. 2001) zeigte eine flächendeckende Entfremdung der Belegschaft vom oberen Management. VERTRAUEN in die Führung bestand nur selten. Während nicht alle negativen Gefühle sich deutlich negativ auf die Arbeitsleistung auswirkten, hatte das Misstrauen in die Chefetage eine eindeutige Rückzugstendenz zur Folge. Wer misstraut, ist offensichtlich weniger bereit, sich für die Firma und den Job einzusetzen oder sich zu binden. Für SELBSTORGANISATION, in der wir von den Mitarbeitenden erwarten, dass sie bereitwillig Verantwortung übernehmen, ist dieser Zustand eine Katastrophe.

Durch ein gutes VERTRAUENsverhältnis zwischen Mitarbeitenden und Führungskraft erreichen wir einerseits, aus einer Fehlerkultur – in der Fehler nicht passieren dürfen – eine Lernkultur zu machen – in der Fehler eine Gelegenheit sind, besser zu werden. Zudem ist das VERTRAUENsverhältnis eine grundlegende Voraussetzung für die MOTIVATION von Mitarbeitenden, sich engagiert auf der Arbeit einzubringen.

> **Wenn eine »Fehlerkultur« zum falschen Verhalten führt**
>
> In »Vertrauen führt« (Sprenger 2007) erzählt Sprenger eine fiktive Geschichte eines Küchenjungen auf einem Schiff. Jeden Morgen soll er dem Kapitän eine Tasse Kaffee bringen, aber das stürmische Wetter erschwert seine Aufgabe. Macht er die Tasse voll, verschüttet er im Seegang einen Teil und eine Strafe folgt. Macht er die Tasse nicht voll, verschüttet er nichts, wird aber vom Kapitän für die geringe Menge Kaffee bestraft. Der Küchenjunge findet schließlich eine Lösung, die den Kapitän glücklich macht: Er bringt eine nur teilgefüllte Tasse vor die Tür, spuckt einmal kräftig hinein und übergibt dem Kapitän die nun volle Tasse.

Erschwert wird der Aufbau eines VERTRAUENsverhältnisses durch die Rolle der Führungskraft in der Organisation. Nicht jede Entscheidung ist beliebt. Führungskräfte müssen verändern und damit stören – was nicht jedem Mitarbeiter gefällt oder seinen Erwartungen an die Führungskraft entspricht. Ein gewisses Misstrauen gegenüber der Führung ist seitens der Mitarbeitenden sogar gerechtfertigt, denn eine Führungskraft hat nicht primär ihr individuelles Wohl, sondern das Wohl des Unternehmens (und bei schlechten Führungskräften ihr eigenes Wohl) im Fokus. Guten Führungskräften gelingt es, beides weitestgehend miteinander zu vereinbaren – aber ein Rest dieses Konflikts kann nie ganz aufgelöst werden. Damit du das VERTRAUEN deiner Mitarbeitenden in dich nicht zerstörst, wenn dieser Interessenkonflikt zum Thema wird, ist es besonders wichtig, ein VERTRAUENspolster aufzubauen und transparent mit dem Konflikt umzugehen.

Wie VERTRAUEN in die Führungskraft Veränderungen vereinfacht

Ein Beitrag von Claudia Raabe, Coachin für Unternehmerinnen und Führungsfrauen

VERTRAUEN ist für mich das Fundament jeder erfolgreichen Zusammenarbeit. Als Geschäftsführerin in einem IT-Unternehmen habe ich schnell gemerkt, wie entscheidend es ist, eine offene und vertrauensvolle Beziehung zu meinem Team aufzubauen. Von Anfang an war mir klar, dass ich nicht jede Entscheidung bis ins Detail erklären kann – sei es aus zeitlichen Gründen oder weil manche Informationen vertraulich sind. Trotzdem war es mir wichtig, dass meine Mitarbeitenden meine Entscheidungen mittragen, ohne dass sie das Gefühl haben, blind folgen zu müssen.

Das hat nur funktioniert, weil wir einen offenen Austausch gepflegt haben. Ich habe von Anfang an ehrlich kommuniziert, wo ich stehe und was ich brauche – und genauso habe ich zugehört, was mein Team bewegt. Um das zu erreichen, bin ich aktiv auf meine Mitarbeitenden zugegangen und habe generell nach dem aktuellen Befinden und der Arbeitssituation gefragt, nicht erst, wenn es Schwierigkeiten gab. Diese Alltagsgespräche im normalen Miteinander haben einen guten Rahmen geliefert, in dem vom Gegenüber Themen »inoffiziell« angesprochen werden konnten beziehungsweise kleine Sorgen formuliert wurden. Wir konnten Probleme dadurch ansprechen und lösen, bevor sie überhaupt richtig groß wurden.

Oft haben die unterschiedlichen Blickwinkel, die wir zu den Themen mitgebracht haben – der Teamlead, ich als Vorgesetzte, andere unbeteiligte Kollegen –, dazu geführt, dass mit einem Perspektivenwechsel die Situation von den Beteiligten anders eingeschätzt wurde. Das hat nicht nur mir die Arbeit erleichtert, sondern auch meinem Team das Gefühl gegeben, dass ihre Perspektiven zählen. Themen, die für den einen Mitarbeiter besondere Bedeutung haben, sind für den anderen überhaupt nicht relevant und führen zu Unzufriedenheit und Demotivation. Durch den Austausch kam es nicht zu unnötigen Eskalationen beziehungsweise dem emotionalen Abwenden durch das Team. Wir alle konnten in dieser Kultur, ohne Rückschläge zu befürchten, kritische Punkte ansprechen. Entweder wurde der Grund für Entscheidungen oder Vorgehensweisen besser erklärt oder es haben Anpassungen stattgefunden. Diese Klarheit und Verlässlichkeit hat erneut auf das VERTRAUENskonto eingezahlt. Infolgedessen wurde mir von meinem Team viel VERTRAUEN entgegengebracht. Wenn ich mal keine Hintergründe zu einer Entscheidung liefern konnte, sind sie trotzdem mitgegangen – nicht, weil sie »mussten«, sondern weil sie mir vertraut haben, dass ich das Beste für das Unternehmen im Blick habe.

In einem besonderen Fall ging es um neue Strukturen in meinem Bereich. In den meisten Unternehmen ist genau das der Moment, in dem VERTRAUEN besonders auf die Probe gestellt wird. Es ist klar, dass nicht mehr alle ihre Position behalten werden. Jetzt heißt es, auf mich zu vertrauen, dass ich es schaffe, trotzdem jeden in der passenden Rolle mitzunehmen oder fair über eine Veränderung zu sprechen. Das mir entgegengebrachte VERTRAUEN hat uns hier enorm vorangebracht. Es hat die Zusammenarbeit nicht nur angenehmer gemacht, sondern auch effektiver. Wir waren schneller, klarer und haben Herausforderungen oft im Keim erstickt und uns besser in der neuen Situation eingefunden.

Für mich ist das der Beweis: VERTRAUEN in der Führung ist kein Nice-to-have. Es ist die Grundlage dafür, dass Menschen wirklich zusammenarbeiten, ihre besten Ideen einbringen und wir gemeinsam wachsen können.

Wenn Mitarbeitende über einen längeren Zeitraum hinweg versuchen, offen mit der Führung über Probleme zu sprechen, aber kein Gehör finden, werden sie damit aufhören – mit starken negativen Folgen für das VERTRAUENsverhältnis und die Unternehmenskultur als Ganzes.

Wenn Mitarbeitende aufhören, Kritik zu äußern

Ein Beitrag von Lasse Rheingans, Inhaber der New Work- und Organisationsberatung Rheingans GmbH

Was VERTRAUEN wirklich bedeutet, zeigte sich für uns bei Rheingans in einem unserer Beratungsprojekte. Die Organisation, die wir berieten, hatte mit steigender Fluktuation und hohen Ausfallquoten zu kämpfen. Die Geschäftsführung war ratlos: Wie konnte das in einer Organisation passieren, in der »jeder über alles reden kann« und VERTRAUEN ein zentraler Leitwert war? In Einzelgesprächen wurde deutlich, dass das in Gruppengesprächen betonte VERTRAUEN nicht gleichmäßig verteilt war. Viele berichteten, dass sie versucht hatten, Missstände anzusprechen – etwa das Verhalten einer bestimmten Führungskraft. Manche formulierten ihre Kritik konstruktiv und brachten Vorschläge ein. Doch die Geschäftsführung vertraute darauf, dass die Führungskraft das Problem selbst regelt. Diese nahm Rückmeldungen jedoch oft nicht ernst oder tat sie als überempfindlich ab. Mitarbeitende hatten das Gefühl, dass ihre Bemühungen nichts bewirkten. Mit der Zeit hörten viele auf, Kritik zu äußern. Sie fürchteten, als illoyal zu gelten. Andere kündigten still und ohne Erklärung. »Es hat keinen Sinn, etwas zu sagen, wenn sich nichts ändert«, hörten wir immer wieder. Diese Stille führte dazu, dass die Organisation in eine Art Scheinwelt abdriftete, in der VERTRAUEN zwar betont, aber nicht gelebt wurde.

Unsere Arbeit begann damit zu erarbeiten, was VERTRAUEN für die Mitarbeitenden wirklich bedeutete. Sie beschrieben es als Sicherheit, offen reden zu können, ohne Konsequenzen zu befürchten, und als den Glauben, dass Anliegen ernst genommen werden. Doch diese Sicherheit fehlte. Ein zentraler Schritt war, die angesprochene Führungskraft in Gespräche einzubinden, die auch ihr eigenes Selbstverständnis hinterfragten. Parallel dazu wurden Feedbackprozesse überarbeitet, regelmäßige Updates eingeführt und ein offenerer Austausch über die langfristigen Ziele angeregt. Es war ein holpriger Weg, der Skepsis und Rückschläge mit sich brachte. Doch mit der Zeit trauten sich Mitarbeitende wieder, Verantwortung zu übernehmen und ihre Meinung zu äußern. Die Ergebnisse waren eindeutig: Projekte kamen wieder in Bewegung, die Fluktuation stagnierte und die Zusammenarbeit in den Teams wurde produktiver. Die Organisation gewann eine neue Dynamik, die verloren schien. Die größte Lektion aus diesem Projekt war, dass VERTRAUEN mehr ist als ein Wert auf dem Papier – es ist ein Fundament, das täglich gepflegt werden muss. VERTRAUEN beginnt bei jedem Einzelnen: VERTRAUEN in sich selbst und die eigenen Fähigkeiten. Es wächst durch das VERTRAUEN in andere – dass Kolleg:innen, Führungskräfte und die Organisation bereit sind zuzuhören und gemeinsam Lösungen zu finden. Und es gipfelt in einem VERTRAUEN in die Zukunft – dem Glauben daran, dass der gemeinsame Weg nicht nur belastbar, sondern auch lohnenswert ist. Der Prozess hin zu VERTRAUEN erfordert Mut: schwierige Themen anzusprechen, Verantwortung zu übernehmen und sich selbst zu hinterfragen. Wenn VERTRAUEN gelingt, schafft es die Grundlage für langfristigen Erfolg. Zudem schafft VERTRAUEN Zuversicht: in einer Welt, in der Risiken und Unsicherheiten immer weiter zunehmen, ein großer Wert.

7.3 VERTRAUEN unter den Mitarbeitenden

SELBSTORGANISATION verlangt, dass jede Person im Unternehmen Verantwortung übernimmt – durchaus über den eigenen Tellerrand hinaus. Das bedeutet, dass Menschen häufiger mitreden wollen und die Entscheidungen anderer mehr hinterfragen, als dies bei klaren Hierarchien der Fall ist. Die zusätzliche Entscheidungsfreiheit, die mit der Verantwortungsübergabe einhergeht, kann im negativen Fall ausgenutzt oder unverantwortlich genutzt werden. Auch in diesem Fall wird es Gesprächsbedarf zwischen den Mitarbeitenden geben.

All das setzt eine gute Kommunikationskultur unter den Mitarbeitenden voraus, die sich unter anderem gegenseitig darauf hinweisen, wenn etwas schlecht läuft – und zwar so, dass beide Seiten mit einem guten Gefühl auseinandergehen. Es muss eine Möglichkeit geben, Kritik zu üben ohne die Befürchtung oder Angst, dass diese offene Meinungsäußerung die gegenseitige Beziehung dauerhaft trübt.

Ist das nicht der Fall, mündet SELBSTORGANISATION in einer **(Pseudo-)Harmoniekultur**, in der alles »großartig« und »sagenhaft« ist, was die anderen tun – bis einem der Kragen platzt und die angestauten Emotionen durchbrechen. Der Konflikt explodiert, um danach wieder unter den Teppich gekehrt zu werden. Eine solche Kultur ist keine produktive. Ihr fehlen die offene Meinungsäußerung (TRANSPARENZ) und die Kritikfähigkeit (KOMPETENZ), die es für ein funktionierendes Miteinander braucht (VERTRAUEN).

Google hat vor vielen Jahren eine interne Studie initiiert, um herauszufinden, was hochproduktive von weniger produktiven Teams unterscheidet. Unter dem Titel »Project Aristotle« untersuchte die Studie Hunderte von Google-Teams und analysierte verschiedene Faktoren, die zur Effektivität und Leistung der Teams beitragen könnten (Duhigg 2016). Heraus kam, dass es wesentlich auf das Maß der **psychologischen Sicherheit** (Kapitel 7.2) ankam, die innerhalb des Teams herrschte.[81] Je mehr sich Teammitglieder vertrauen, desto offener kommunizieren sie miteinander und desto mehr Probleme können sie lösen. Außerdem macht die Arbeit mehr Spaß in einem Umfeld, in dem ich den Kollegen vertraue – was wiederum die MOTIVATION steigert.

Da Teamwork in unserer heutigen Welt täglich wichtiger wird und die Fähigkeit von Experten, als Einzelkämpfer Innovationen zu erschaffen, an ihre Grenzen stößt, kommst du als Führungskraft nicht darum herum, dich aktiv mit dem Thema psychologische Sicherheit innerhalb deiner Organisation zu beschäftigen. Stelle eine Basis des VERTRAUENs innerhalb deiner Belegschaft sicher, die stark genug ist, um offene Kritik zu erlauben. Dieser Zustand entsteht nicht von allein und vor allem nicht durch gemeinsame Barabende oder Bowling-Events. Lade zu Kritik ein und mache ihre positiven Aspekte erlebbar, indem du mit bestem Beispiel vorangehst und dich kritisieren lässt. So zeigst du, dass die Erfahrung, in einem sicheren Rahmen wertschätzend Feedback zu erhalten, positiv und befreiend sein kann. Stärke die Kritikfähigkeit deiner Mitarbeitenden, fördere ein Mindset von Wachstum und Verbesserung und schafft gemeinsam eine Kultur, in der Feedback als wertvolle Ressource zur kontinuierlichen Weiterentwicklung betrachtet wird. Unsere zunehmend komplexeren und verwobeneren Organisationen verstärken die gegenseitige Abhängigkeit und erfordern, dass wir vertrauensvoll und offen miteinander umgehen können.

---

81 Weitere wichtige Faktoren, die laut der Studie einen wesentlichen Beitrag zur Teameffizienz leisten, sind Klarheit der Ziele, Zuverlässigkeit der Teammitglieder, Bedeutung der Arbeit und der Glaube an den Einfluss der eigenen Arbeit auf das Ergebnis.

Die wenigsten Unternehmen fördern dies gezielt. Schulungen zu Kritikfähigkeit und offenem, fairem Feedback erhalten in der Regel vor allem Führungskräfte – denn im veralteten Verständnis vieler Unternehmen sind diese immer noch die einzigen, deren Job es ist, Feedback zu geben. SELBSTORGANISATION jedoch erfordert, diese Fähigkeiten (KOMPETENZ, Kapitel 6.2) bei allen Mitarbeitenden aufzubauen.

Dennoch tendieren Unternehmen immer noch dazu, Mitarbeitende gegeneinander auszuspielen. Sie erzeugen gewollt oder ungewollt eine Konkurrenzsituation, indem sie besser bezahlte Stellen limitieren auf beispielsweise Führungs- oder Expertenpositionen. Sie spielen Mitarbeitende durch zahlenbasierte Vergleiche gegeneinander aus. Sie fordern, dass Konflikte über Führungspersonen ausgetragen werden, anstatt sie untereinander zu regeln.

Die Folgen gezielter Konkurrenz

Ein mir bekannter Unternehmensvorstand war der Auffassung, durch das Ausspielen seiner Bereichsleitenden deren Motivation zu fördern. Schwächelte ein Bereich, so ging er zu der entsprechenden Führungskraft: »Wieso läuft dein Laden nicht? Der Bereich von XY läuft hervorragend. Was ist denn bei dir los?« Damit erzeugte er eine Konkurrenzkultur, in der ein hoher Leistungsdruck herrschte, VERTRAUEN zwischen den Bereichsleitenden gering ausgeprägt war und Kooperation kaum infrage kam. Denn jemand anderem zu helfen, bedeutete, die eigene Position durch Verbrauch von Ressourcen zu schwächen.

Das Ergebnis war eine Bereichsleitenden-Runde, die einander argwöhnisch beäugte und teilweise nur widerwillig zusammenarbeitete. Nur jüngere, neue Führungskräfte lebten ein anderes Verhalten und blühten auf, als der Vorstand das Unternehmen verließ und sein Nachfolger Kooperation in das Zentrum seiner Führungskultur stellte. Trotz der Veränderung änderte sich das Verhalten der älteren Bereichsleitenden nur langsam. Zu lange waren sie der Misstrauenskultur des scheidenden Vorstands ausgesetzt.

Im schlimmsten Fall führt eine solch übertriebene Konkurrenzkultur nicht nur zu einer geringeren Kooperationsbereitschaft, sondern fördert sogar Regelverstöße und schädliche Verhaltensweisen.

Konkurrenz bedingt schädliches Verhalten

Während meines Studiums der Chemie an der Universität Bielefeld erzählten wir uns viele lustige Geschichten über die »Kooperationsbereitschaft« der Jura-Studenten. Wir alle hatten erlebt, wie Studierende dieser Fakultät in der Bibliothek saßen und fein säuberlich mit Rasierklingen Seiten aus Lehrbüchern entfernten oder mit einem Lineal und Filzstift wichtige Zeilen schwärzten. Einer Freundin von mir wurde von Studienkollegen einmal absichtlich ein falsches Datum für eine Prüfung genannt, um zu verhindern, dass sie an der Klausur teilnahm. Was schrecklich klingt, ist das logische Resultat einer Prüfungsordnung, in der nicht absolut, sondern relativ gewertet wird – wo also jeder Student einen klaren Vorteil hat, wenn die Besten nicht an der Klausur teilnehmen.

Statt die Konkurrenz unter den Mitarbeitenden zu betonen, muss das gemeinsame Werk in den Vordergrund gestellt werden. Kooperation entsteht da, wo wir gemeinsame Herausforderungen zu überwinden versuchen. Es geht darum, mittels ALIGNMENT ein erstrebenswertes Ziel zu entwickeln und die Mitarbeitenden davon zu überzeugen (nicht zu überreden), dieses Ziel anzugehen. Dann tritt die – nie ganz zu eliminierende – Konkurrenzsituation unter den Mitarbeitenden in den Hintergrund und macht Platz für ein VERTRAUENsverhältnis.

7.4 Sollte VERTRAUEN bedingungslos sein?

Nun haben wir die drei wichtigen VERTRAUENsbeziehungen innerhalb einer Organisation betrachtet. Aber wie weit muss das VERTRAUEN gehen? Soll es bedingungs- und grenzenlos sein? Sollen wir jedem Mitarbeiter blind und bedingungslos unser (moralisches) VERTRAUEN schenken? Ich bin der Meinung, das wäre naiv und vor allem kaum umsetzbar. Wir haben vermutlich alle bereits schlechte Erfahrungen mit VERTRAUEN gemacht, die schmerzhaft waren. Blindes VERTRAUEN wird uns daher eher nicht mehr möglich sein. Es wäre auch nicht gesund, denn in jeder größeren Gruppe gibt es Menschen, denen wir nicht vertrauen können. Gesundes VERTRAUEN beinhaltet also auch eine Portion Misstrauen. Oder mit den Worten von Ronald Reagan: »Trust, but verify!« (Vertraue, aber validiere!)[82].

Wichtig ist, dass sich dieses Misstrauen in Grenzen hält und bei der beteiligten Person kein Eindruck von grundlosem Misstrauen entsteht – und hier sind der Empfänger und sein Eindruck wichtiger als der Sender. Du solltest dazu die Kontrolle auf das Wesentliche begrenzen. Bei SELBSTORGANISATION sind das die gelieferten Ergebnisse, nicht der gewählte Weg oder Prozess. Für diese Kontrolle reicht es meist schon aus, TRANSPARENZ über erzielte Ergebnisse zu schaffen.

Wirst du gelegentlich in deinem VERTRAUEN enttäuscht? Wird es jemanden geben, der dein VERTRAUEN ausnutzt und dir oder der Organisation schadet? Ja, das ist zu erwarten. Das sollte aber nichts daran ändern, dass du weiter in VERTRAUEN inves-

82 Was keinesfalls dasselbe ist wie »Vertrauen ist gut, Kontrolle ist besser«.

tierst – nur vielleicht nicht mehr bei dieser Person.[83] Was dein Vorhaben, SELBSTORGANISATION zu etablieren, deutlich gefährdet, ist, aus dem enttäuschten VERTRAUEN heraus zu generalisieren. Damit stellst du alle übrigen Mitarbeitenden – die sich des VERTRAUENs erwiesen haben – unter Generalverdacht. Um zukünftige Verstöße zu verhindern, baust du (aufwendige) Kontrollsysteme auf, die das Risiko des VERTRAUENs durch Kontrolle ersetzen. Damit institutionalisierst du Misstrauen und schwächst die emotionale Bindung zwischen Mitarbeitenden und Unternehmen (Kapitel 7.1).

7.5 VERTRAUEN aufbauen – Aufgabe der Führungskraft

Damit SELBSTORGANISATION gelingt, braucht es eine Unternehmenskultur, in der die drei VERTRAUENsbeziehungen (Kapitel 7) stabil sind. Das passiert in der Regel nicht von selbst, sondern will aktiv gemanagt werden. Das bedeutet Arbeit an dir selbst (damit du Mitarbeitenden vertraust) und Arbeit mit deinen Mitarbeitenden, damit ihr und sie untereinander das nötige Vertrauensverhältnis aufbauen.

Ist bereits ein VERTRAUENsverhältnis vorhanden, darf es niemand verspielen. Allen voran nicht du in deiner Rolle als Führungskraft. Als Vorbild solltest du dich vor allen anderen an folgende VERTRAUENsregeln halten (und deine Mitarbeitenden bitten, dies ebenfalls zu tun):

- Sei konsequent und nachvollziehbar in deinem Verhalten.
- Gehe transparent mit deinen Fehlern um (dein Team sieht sie so oder so) und versuche nicht, sie auf andere abzuwälzen.
- Rede weder Fehler noch Situationen schön.
- Benenne Probleme offen und fair.
- Kommuniziere deine Gedanken offen, aber aus einer Haltung der Bescheidenheit heraus, die nicht die ganze Wahrheit kennt.
- Handele nach den Regeln, die du selbst gesetzt hast, und fordere das nicht nur vom Team.
- Halte gegebene Versprechen ein. Sei transparent mit den Gründen, wenn du eines brechen musst. Biete in diesem Fall einen Ausgleich an.
- Kommuniziere klar und präzise. Vermeide Zweideutigkeiten und stelle sicher, dass dein Team versteht, was du sagst und warum.
- Teile Erfolge und gib Anerkennung. Betone die Leistungen des Teams, nicht (nur) deine eigenen.
- Sei erreichbar. Schaffe eine Atmosphäre, in der Mitarbeitende keine Scheu haben, dich anzusprechen.

---

83 Wenn eine Person wiederholt dein (moralisches) VERTRAUEN enttäuscht, hast du die Optionen, stärkere Kontrollsysteme, um die Person aufzubauen oder die Zusammenarbeit zu beenden. Ich empfehle Letzteres, denn erfahrungsgemäß finden Menschen früher oder später Wege um Kontrollsysteme herum.

- Stehe deinem Team gerade in schwierigen Situationen bei. Sei ein verlässlicher Rückhalt, wenn Herausforderungen auftreten.
- Zeige echtes Interesse am Wohlergehen deines Teams und der einzelnen Mitglieder.

Jedes Mal, wenn du gegen eine dieser Regeln verstößt, wirst du einen Teil des VERTRAUENs deiner Mitarbeitenden verspielen. Wenn du sie einhältst, gewinnst du VERTRAUEN dazu. Allerdings verspielt es sich schneller, als es sich bildet. Daher fokussiere dich auf den Aufbau, nicht den Abbau von gegenseitigem VERTRAUEN und einem wertschätzenden, offenen Miteinander.

VERTRAUEN aufbauen

VERTRAUEN ist kein Selbstläufer. Aber je eher du es säst, desto schneller kannst du es ernten. Die Chance liegt darin, dass du das Fundament für SELBSTORGANISATION aktiv und gezielt aufbaust. In Kapitel 7.7 findest du dazu Methoden und Anregungen. Eines haben die meisten dieser Methoden gemeinsam: Es geht darum, sich verwundbar zu machen.

Auf den Punkt

VERTRAUEN ist im Prinzip die Abwesenheit einer Angst – nämlich der, hintergangen oder enttäuscht zu werden.

Vor psychologischem Hintergrund ist Angst »eine tief in unserem Gehirn verankerte Reaktion auf Gefahren« (Luerweg 2024). Einer der vorrangigen Therapieansätze für spezifische Ängste ist die **Konfrontationstherapie** (Böhnlein et al. 2020, Neudeck und Wittchen 2012), bei der Patienten der Ursache ihrer Angst in einem gefährdungsfreien Setting ausgesetzt werden und sie den angstauslösenden Reizen nicht ausweichen können. Die Angst muss eine Weile ausgehalten werden, bis sie schließlich abklingt. Das erzeugt eine Gewöhnung an die Angst auslösenden Reize beziehungsweise ein Verlernen der Angst. Oder mit den Worten eines landläufigen Sprichworts: »Der Weg aus der Angst führt durch die Angst.« Die betroffene Person setzt sich also der Situation aus (geht ins Risiko), ihr Gehirn bemerkt, dass nichts Schlimmes passiert und reduziert künftig die negativen Erwartungen.

Meiner Erfahrung nach lässt sich dies gut auf das Gewinnen von VERTRAUEN (die Reduktion der Angst vor der Enttäuschung) übertragen. Der Weg zu einem besseren VERTRAUENsverhältnis ist also, ins Risiko zu gehen und zu vertrauen – um dann zu erleben, dass das VERTRAUEN gerechtfertigt war. Das vermindert nicht nur die eigene Angst vor der Enttäuschung, sondern wird von der anderen Seite als Geschenk bewertet, was wiederum das Bedürfnis nach Ausgleich (Reziprozität) auslöst. Dadurch, dass wir vertrauen, erhöhen wir also bereits die Wahrscheinlichkeit, dass sich die andere Seite dieses VERTRAUENs würdig erweist.

Reinhard Sprenger (2007) bezeichnet diesen Schritt als »sich verwundbar machen«.

Verwundbarkeit schafft VERTRAUEN.
Reinhard Sprenger

Im Grunde geht es bei **Verwundbarkeit** darum, eine Abhängigkeit einzugehen, zum Beispiel indem du darauf vertraust, dass eine wichtige Abmachung von der Gegenseite eingehalten wird. Um den VERTRAUENsaufbau beidseitig zu fördern, ist diese Abhängigkeit idealerweise symmetrisch: Beide Seiten können die Kooperation beenden und müssen vertrauen, dass die andere Seite sich an die Abmachung hält.

Ich möchte in Bezug auf Verwundbarkeit zwischen zwei Ebenen unterscheiden – fachlich und persönlich.

Auf der **fachlichen Ebene** machst du dich verwundbar, wenn du dich in deiner Position als Führungskraft von deinen Mitarbeitenden abhängig machst, zum Beispiel indem du wichtige Aufgaben an sie delegierst, für die dich andere im Unternehmen verantwortlich machen. Indem du die Verantwortung weitergibst, vertraust du darauf, dass diese Verantwortung in deinem Sinne genutzt wird.

Weitere Beispiele für **fachliche Verwundbarkeit** sind:

- Mitarbeitenden ein hohes Maß an SELBSTBESTIMMUNG übergeben, ohne sie zu kontrollieren.
- Mitarbeitenden gegenüber Unwissen zeigen, auch wenn dies die Erwartungen an eine »perfekte Führungskraft« enttäuscht.
- Mitarbeitenden einen aktiven Einfluss auf die eigene Position geben, zum Beispiel, indem du in Mitarbeitergespräche einen (ehrlichen!) Teil mit Feedback zu deiner Führungsleistung einbettest oder dich jedes Jahr von deinen Mitarbeitenden in die Führungsposition wählen lässt.
- Mitarbeitenden die Möglichkeit geben, Projekte eigenständig zu leiten und dabei Fehler zu machen, ohne dass du sofort eingreifst.
- Deinen Erfolg abhängig machen von Mitarbeitenden, die für dein Team unerlässlich sind.[84]
- Mitarbeitenden die Möglichkeit geben, ihre eigenen Ziele und Prioritäten zu setzen, auch wenn diese nicht hundertprozentig deinen Erwartungen entsprechen.

Es gibt jedoch zwei wesentliche Probleme mit dieser Form des VERTRAUENsaufbaus:

1. Diese Schleife dauert oft sehr lang, denn zwischen dem Schenken von VERTRAUEN und der Erkenntnis, dass es gerechtfertigt war, vergeht Zeit – Tage, Wochen oder

84 Da hierin ein großes wirtschaftliches Risiko steckt, ist das kein Weg, den du bewusst gehen solltest.

Monate. Daher dauert der Aufbau von VERTRAUEN über diese Schleife länger als über die Schleife auf persönlicher Ebene.

2. In der Realität vieler Unternehmen ist es für Mitarbeitende nicht einfach, jede an sie übertragene Verantwortung wahrzunehmen. Viele Mitarbeitende sind überlastet und können nicht alle Aufgaben erfüllen. Daher wird diese Schleife möglicherweise zu einer Negativspirale, in der das VERTRAUEN eher enttäuscht als bestätigt wird.

Aus diesen Gründen empfehle ich, die zweite Alternative zu wählen: die Verwundbarkeit auf der persönlichen Ebene.

Auf der **persönlichen Ebene** machst du dich verwundbar, indem du Informationen über dich teilst, die du instinktiv zurückhalten möchtest. Das kann bedeuten, dass du offen über deine Gefühle sprichst oder persönliche Schwächen offenbarst. Vielleicht hast du schwere Zeiten hinter dir und erzählst davon (ohne deine Mitarbeitenden damit zu belasten). Oder du zeigst Seiten von dir, die sonst eher im privaten Umfeld zur Sprache kommen und dir auf der Arbeit bisher unangenehm waren. Was immer es ist, es wird nur dann eine Verwundbarkeit erzeugen, wenn dein Bauchgefühl dir sagt, dass du gerade eine Spur zu offen bist (ansonsten empfindest du kein Risiko und es gibt nichts, an das sich dein Gehirn gewöhnen kann).[85]

Die persönliche Ebene eignet sich nicht nur, um dein VERTRAUEN in Mitarbeitende zu stärken, sondern auch, um das VERTRAUENsverhältnis zwischen deinen Mitarbeitenden zu fördern. Es geht darum, dich und deine Mitarbeitenden aus der Komfortzone zu locken (Abbildung 9). Denn genau dann kommt ihr in die Lernzone, in der sich VERTRAUEN aufbaut. Ladet euch gegenseitig ein, Einblicke in Persönliches zu gewähren. Achtet aber darauf, niemanden in die Angstzone zu bringen. Im Methodenteil (Kapitel 7.7) findest du einige Ansätze, um dich und dein Team in diese Lernzone zu führen.

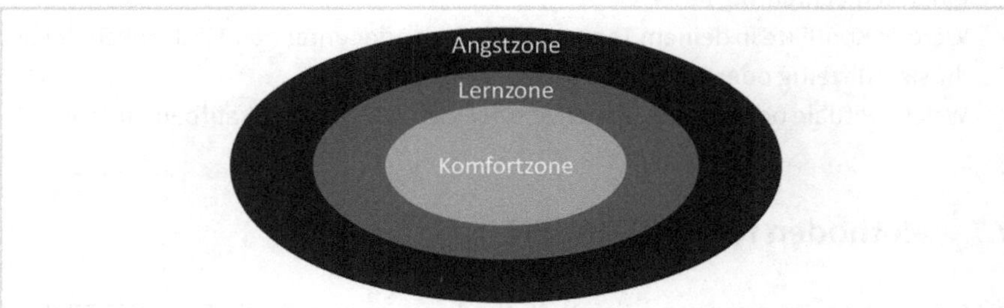

Abb. 9: Raus aus der Komfortzone, rein in die Lernzone

85 Dabei geht es nicht darum, dass andere VERTRAUEN in dich schöpfen, weil du dich verletzlich zeigst, sondern dass du positive Erlebnisse damit hast, dich anderen so anzuvertrauen. Diese Offenheit und das Gefühl der Verwundbarkeit bringen genau die Angst in dir hoch, die du bewältigen möchtest, um mehr VERTRAUEN zu gewinnen.

Da diese Form der Verwundbarkeit ihre Wirkung schon während des Gesprächs erzielt, ist ein VERTRAUENsaufbau über die persönliche Ebene deutlich schneller als über die fachliche. Er setzt allerdings voraus, dass du dein Team gut genug kennst, um das richtige Niveau zu finden und niemanden in die Angstzone zu bringen. Die Einbindung eines professionellen Trainers kann hier sehr hilfreich sein.

7.6 Reflexion

- Vertraust du deinen Mitarbeitenden?
- Wobei vertraust du deinem Team nicht?
- Womit zeigst du deinen Mitarbeitenden, dass du ihnen nicht vertraust?
- Welche Systeme und Prozesse in deinem Unternehmen sind im Grunde institutionalisiertes Misstrauen? Könntest du diese abbauen?
- Woran merkst du, dass dein Team dir vertraut?
- Woran merkst du, dass dein Team dir nicht vertraut?
- Vertrauen deine Mitarbeitenden dem Unternehmen als Ganzes? Vertraust du ihm?
- Gibt es Personen in deinem Team/Unternehmen, die sich ausgegrenzt fühlen?
- Habt ihr eine Kultur der Schuldigensuche oder des Lernens und Problemlösens?
- Werden in deinem Team/Unternehmen Probleme offen angesprochen?
- Kritisieren dich deine Teammitglieder offen? Was macht das mit dir?
- Hältst du deine Versprechen gegenüber deinen Mitarbeitenden?
- Fällt es dir leicht, Fehler einzugestehen?
- Lebst du, was du predigst? Wo weichst du ab?
- Hast du in letzter Zeit eine Entscheidung gefällt, die für Mitarbeitende schlecht nachvollziehbar war?
- In welchen Quadranten würdest du deine Kommunikation im Radical-Candor-Schema (Kapitel 7.7) einordnen? In welchen Quadranten driftest du ab, wenn du einen schlechten Tag hast?
- Werden Konflikte in deinem Team ausgetragen oder unter den Tisch gekehrt? Löst ihr sie frühzeitig oder erst, wenn sie explodieren?
- Welche Rituale oder Events dienen speziell dem VERTRAUENsaufbau im Team?

7.7 Methoden für VERTRAUEN

Dieses Kapitel zeigt dir anhand einiger Methoden, wie du und dein Team VERTRAUEN aufbauen könnt. Da sich über die fachliche Ebene VERTRAUEN automatisch aufbaut, solange die Zusammenarbeit gut funktioniert, beschränke ich mich hier auf Methoden für die persönliche Ebene. Außerdem findest du weitere Anregungen, wie du eine vertrauensvolle Kommunikationskultur etablieren kannst.

Kartendecks mit persönlichen Fragen

Wie erzeugst du Situationen, in denen ihr – du und dein Team – ins persönliche Risiko geht? Eine Möglichkeit ist, dass ihr euch als Team zusammensetzt und eines der vielen am Markt erhältlichen Kartendecks mit gesprächsanregenden Fragen nutzt. Ein sehr gutes Set ist »Deep Talk« von Take it Serious. Ihr zieht eine der Karten und jede Person in der Runde gibt, wenn sie es möchte, eine Antwort auf die Frage.

Ein paar Beispiele:
- Was ist das Beste, das dir in letzter Zeit passiert ist?
- Was sind deine persönlichen Ziele für dieses Jahr?
- Wie würdest du dich jemandem vorstellen, ohne dabei deinen Job oder deine Hobbys zu nennen?
- Wie sieht für dich ein perfekter Tag aus?
- Über welches Geschenk hast du dich zu Weihnachten am meisten gefreut?
- Hast du Angst davor, älter zu werden?
- Wann ging es dir das letzte Mal schlecht? Was hat dir geholfen, dich besser zu fühlen?
- Was ist eine Seite von dir, die wir auf der Arbeit nie zu Gesicht bekommen?
- Welche Situation aus deinem Leben ist dir bis heute peinlich?

Die Teammitglieder sind explizit eingeladen, über die eigene Komfortzone hinauszugehen – freiwillig, nie erzwungen. Schließlich soll es darum gehen, positive Erfahrungen zu sammeln. Diese Methode erfordert Fingerspitzengefühl– geht lieber langsam vor als zu schnell.

Wichtig: Es geht nicht vorrangig darum, dass sich die Teammitglieder kennenlernen. Ja, das hilft, Verständnis füreinander zu schaffen, und liefert einen Beitrag zu VERTRAUEN. Aber der VERTRAUENsaufbau durch das Gefühl, gerade etwas zu riskieren, ist ungleich stärker. Die Idee ist, sich auf eine Weise zu zeigen, die sich leicht unwohl anfühlt – und dann dafür akzeptiert zu werden.

Abenteuerevents

Events wie gemeinsames Bowling oder ein Essen im Restaurant führen zwar dazu, dass sich das Team besser kennenlernt, aber diesen Events fehlt in der Regel das Verlassen der Komfortzone. Gemeinsam etwas zu tun, was sich riskant anfühlt, baut deutlich schneller VERTRAUEN auf. Daher sind Abenteuerevents wie gemeinsame Besuche eines Kletterparks, Raftingtouren oder Bungee-Sprünge deutlich effektiver.

In nahezu jeder Stadt gibt es Anbieter solcher Teambuilding-Events, bei denen professionelle Pädagogen das Team aus der Komfortzone bringen. Die professionelle

Begleitung ist wichtig, denn das Angstlevel ist individuell.[86] An die Lernzone grenzt die Angstzone, in der die Erfahrung negativ wird und deine Mitarbeitenden VERTRAUEN in die Gruppe eher verlieren als dazugewinnen.

Improvisationstheater

Im (Improvisations-)Theater ist es möglich, dass Menschen ihre Scham ablegen und sich auf der Bühne in einer Weise zeigen, die sie im Alltag nie offenbaren würden. Dafür hat das Theater eine Reihe von Trainingsmethoden entwickelt, mit der Gruppen ihrem Schamgefühl begegnen – und es verlernen können. Viele dieser Methoden eignen sich hervorragend, um Menschen mit Bedacht aus der Komfortzone zu locken. Ein gemeinsamer Improvisationstheater-Workshop auf den Brettern einer Bühne kann daher Wunder für das Teamgefühl wirken. Auch hier ist eine professionelle Begleitung wichtig, damit die Erfahrung für alle eine positive wird.[87]

Radical Candor

Das Modell von Kim Scott (2017) eignet sich sehr gut, um eine Kultur der Offenheit und damit auch des langfristigen VERTRAUENs aufzubauen (siehe Kapitel 4.9).

Humble Inquiry

Kommunikation kann VERTRAUEN fördern oder erschweren – je nachdem, wie sie gestaltet ist. Eine vertrauensvolle Kommunikation muss meiner Ansicht nach die Grundbedingungen von Edgar H. Scheins **Humble Inquiry** (»bescheidene Anfrage«) erfüllen (Schein 2013). Es ist ein Konzept, das Schein entwickelt hat, um die Kommunikation und Zusammenarbeit in Organisationen zu verbessern. Es basiert auf der Idee, dass effektive Kommunikation und Zusammenarbeit aus einer Haltung der Bescheidenheit und Neugier erfolgen sollten. Die zentralen Aspekte der Humble Inquiry lauten:

- **Bescheidenheit**: Anstatt davon auszugehen, dass man alle Antworten kennt, geht man mit einer bescheidenen Haltung an Gespräche heran. Man erkennt an, dass jede Person wertvolle Perspektiven und Informationen beiträgt, die man selbst möglicherweise nicht hat.

---

86 Ich persönlich leide unter starker Höhenangst. Ein gemeinsamer Besuch in einem Kletterpark oder ein Bungee-Sprung wären Events, die mich direkt aus der Komfortzone in die Angstzone katapultieren würden.

87 Wenn du Interesse daran hast, einen solchen Workshop für dein Team auszurichten, bieten ich oder meine Netzwerkpartner euch gern etwas Passendes an.

- **Neugier**: Humble Inquiry fördert eine im positiven Sinne neugierige Haltung, die darauf abzielt, mehr über die Gedanken, Gefühle und Erfahrungen anderer zu erfahren. Man stellt offene Fragen, um ein tieferes Verständnis zu gewinnen, anstatt voreilige Schlüsse zu ziehen. Informationen werden auf eine Weise erfragt, die nicht impliziert, dass man für sich bereits eine Antwort gefunden hat.
- **Aktives Zuhören**: Dies ist ein wesentlicher Bestandteil der Humble Inquiry. Man hört aufmerksam zu, ohne zu unterbrechen oder zu urteilen, und zeigt echtes Interesse an dem, was die andere Person zu sagen hat.

Die durch Humble Inquiry geförderte Kommunikationskultur der Offenheit, des Respekts und der Zusammenarbeit ist eine sehr gute Grundlage für VERTRAUEN im Team. Durch eine bescheidene und neugierige Haltung fühlen sich Menschen wertgeschätzt und respektiert. Da Input aus allen Blickwinkeln willkommen ist, fördert diese Kommunikation eine kollaborative Arbeitsweise, bei der alle Beteiligten ihre Ideen und Erfahrungen einbringen. Dies führt zu einer reicheren und vielfältigeren Diskussion, die bessere Entscheidungen und Lösungen ermöglicht.

Humble Inquiry ist eine Fähigkeit, die über einen längeren Zeitraum erlernt werden muss, denn die innere Haltung der Bescheidenheit ist nicht für jeden einfach zu erreichen. Vielleicht hast du bereits das Gefühl, ein Bild von einer Situation zu haben. Dein Gehirn hat aus den sichtbaren Puzzlestücken ein vermeintliches Gesamtbild gebastelt. Die Offenheit zu entwickeln, dass dieses Bild falsch sein kann, ist herausfordernd. Wenn du nur vorgibst, ein offenes Mindset zu haben, wird dein Gegenüber das merken. Deine Fragen werden rhetorisch wirken. Die Haltung der Bescheidenheit zu entwickeln, muss daher dein erster Schritt sein.

Durch Humble Inquiry machst du dich verwundbar[88] – und das erfordert Mut. Denn meist wird von einer Führungskraft erwartet, dass sie eine Situation genau versteht und kontrolliert. Humble Inquiry (er)fordert jedoch das Gegenteil, denn du musst innerlich davon überzeugt sein, dass du die Situation nicht vollständig durchschaust. Du gestehst also – konträr zum vermeintlichen Idealbild von Führung – einen Makel ein.

Tit-for-Tat-Strategie

VERTRAUEN zu predigen, ist gut und schön – aber was tust du, wenn VERTRAUEN sich im Nachhinein als die falsche Wahl herausstellt? Wenn du erkennst, dass eine Person dich hintergangen hat? Ich rede nicht von Enttäuschungen auf Ebene der Leistungs*fähigkeit* (KOMPETENZ) und nicht von Fehlern oder Irrtümern. Ich spreche davon, was

88 Was aber, wie in Kapitel 7.5 beschrieben, dazu führen kann, dass beiderseitiges VERTRAUEN aufgebaut wird.

du tun kannst, wenn die Leistungs*bereitschaft* (VERTRAUEN) nicht gegeben war. Wenn eine Person dir bewusst mehr versprochen hat, als sie liefern konnte oder wollte. Wenn dich jemand hinters Licht geführt hat, um einen Vorteil für sich herauszuschlagen.

Die Spieltheorie besagt, dass in diesem Fall die Strategie des **Tit for Tat** (frei übersetzt: »Wie du mir, so ich dir«) zum Tragen kommen sollte.

Tit for Tat ist besonders im Kontext des Gefangenendilemmas bekannt geworden. Es wurde von Anatol Rapoport entwickelt[89] und ist eine einfache, effektive Strategie für wiederholte Interaktionen, also Situationen, in denen VERTRAUEN mehrmals gewährt werden muss. Die Grundprinzipien:

1. **Kooperativ beginnen**: Zu Beginn der Interaktion kooperierst du mit deinem Gegenüber. Dies signalisiert Bereitschaft zur Zusammenarbeit und schafft eine positive Grundlage.
2. **Kooperation fortsetzen, Defektion bestrafen**: In den folgenden Runden spiegelst du das Verhalten deines Gegenübers. Wenn die andere Person kooperiert, tust auch du es weiterhin. Wenn sie defektiert (nicht kooperiert), defektierst du ebenfalls und begründest dein Verhalten. Dieses Prinzip der Gegenseitigkeit sorgt dafür, dass kooperatives Verhalten transparent belohnt und nicht kooperatives Verhalten transparent bestraft wird.
3. **Vergebung**: Wenn die andere Person nach einer Defektion wieder kooperiert, verzeihst du und kooperierst erneut. Dies ermöglicht es, nach einem Fehltritt zur Zusammenarbeit zurückzukehren. Diese Chance gibst du in der Regel einmal und erst nach einer gewissen Zeit. Wird die weitere Kooperation erneut enttäuscht, bietest du keine Kooperation mehr an. Versuche in diesem Fall, die Zusammenarbeit zu beenden.

Die Tit-for-Tat-Strategie hat sich in vielen Simulationen und realen Szenarien als erfolgreich erwiesen, da sie eine Balance zwischen Kooperation und Selbstschutz bietet.

Wichtig ist, dass deine Mitarbeitenden – sowohl der Spielpartner als auch die Zuschauenden – verstehen, wieso du bestrafst. So zeigst du deutlich, dass du Kooperation nicht nur anbietest, sondern auch einforderst.

Befördern und Einstellen nach Vertrauen

Bei der Auswahl neuer Führungskräfte und Mitarbeitenden kann es sich langfristig lohnen, nicht vorrangig auf die KOMPETENZ der Person, sondern auf ihre VERTRAUENswürdigkeit zu achten. KOMPETENZ kann geschult werden. Einfluss auf die VER-

89 https://de.wikipedia.org/wiki/Tit_for_Tat (Abrufdatum: 04.02.2025).

TRAUENswürdigkeit einer Person zu nehmen, ist dagegen schwer. Ein schlechtes VERTRAUENsverhältnis zwischen dir und dem neuen oder beförderten Mitarbeiter zieht meist eine Glasdecke für SELBSTORGANISATION nach sich.

Die Folgen des unmoralischen Verhaltens einer zum Beispiel egozentrischen Person können außerdem so weitreichend sein, dass sie dem Unternehmen langfristig schaden – selbst nach Weggang der Person. So können egozentrische Führungskräfte schnell die ArbeitsMOTIVATION einer ganzen Abteilung zerstören – ein Zustand, der selbst unter einer neuen Führungskraft nur langsam rückgängig zu machen ist. Es lohnt sich also, darauf zu achten, solche Personen erst gar nicht einzustellen oder in eine Position zu bringen, in der sie solchen Schaden verursachen – auch wenn sie möglicherweise die fachlich beste Wahl sind. Robert Sutton hat diesem Gedanken mit »Der Arschloch-Faktor« (2008) ein ganzes Buch gewidmet.

Wenn du bei der Einstellung und Beförderung vorrangig auf die VERTRAUENswürdigkeit schaust, wird das nicht nur die Wahrscheinlichkeit verringern, einen solchen Schadensfall durch VERTRAUENsbrecher zu erleiden, sondern auch dazu beitragen, dass SELBSTORGANISATION in eurem Team ein solideres Fundament erhält.

8 Der Weg zum Unternehmen in SELBSTORGANISATION

Ja, du kannst die Wertschöpfung in deinem Unternehmen steigern, indem du SELBST-ORGANISATION innerhalb der bestehenden Strukturen steigerst. Zum Beispiel, indem du Verantwortung an Mitarbeitende abgibst (SELBSTBESTIMMUNG), Ziele klar setzt und kommunizierst (ALIGNMENT), Demotivationsfaktoren beseitigst (MOTIVATION) und das VERTRAUENsverhältnis innerhalb deiner Gruppe stärkst.

Viel größer fällt der Effekt jedoch aus, wenn du bereit bist, bestehende (hinderliche und unflexible) Strukturen aufzugeben und ein System zu bauen, das SELBSTORGA-NISATION nachhaltiger stützt, als es das aktuelle jemals könnte. Denn viele der Säulen werden stark von der Unternehmensstruktur beeinflusst. Ein klassisches Problem ist zum Beispiel die Einteilung in Fachabteilungen. Wertschöpfung geschieht entlang eines Wertstroms, der meist über mehrere dieser Fachabteilungen läuft. In einem Beratungsunternehmen könnte ein Wertstrom so aussehen:

1. **Kundenanfrage und Bedarfsermittlung**: Der Vertrieb oder eine Beraterin nimmt die Anfrage einer potenziellen Kundin entgegen und klärt die spezifischen Anforderungen und Ziele des Projekts.
2. **Angebot**: Basierend auf der Bedarfsermittlung wird ein Angebot erstellt, das den Umfang, die Kosten und den zeitlichen Rahmen des Projekts definiert.
3. **Projektplanung**: Das Projektteam wird zusammengestellt, Rollen und Verantwortlichkeiten werden verteilt und ein detaillierter Projektplan mit Meilensteinen und Ergebnissen wird entwickelt.
4. **Durchführung des Projekts**: Das Team arbeitet in enger Zusammenarbeit mit der Kundin an der Umsetzung der vereinbarten Maßnahmen, zum Beispiel Workshops, Analysen, Strategien.
5. **Qualitätssicherung**: Ergebnisse werden regelmäßig geprüft und mit der Kundin abgestimmt, um sicherzustellen, dass sie den Anforderungen entsprechen.
6. **Projektabschluss und Übergabe**: Die finalen Ergebnisse werden präsentiert und es erfolgt eine Übergabe an die Kundin, gegebenenfalls mit einer Schulung oder Follow-up-Empfehlungen.
7. **Nachbereitung und Feedback**: Die Kundin gibt Feedback zum Projekt und das Unternehmen nutzt diese Erkenntnisse zur Verbesserung interner Prozesse und Leistungen.

Nun hat es Vorteile, diesen Wertstrom durch unterschiedliche, voneinander getrennte Abteilungen durchführen zu lassen. Du kannst Schritt 1 und 2 in einer Vertriebsabteilung optimieren, Schritt 3, 4 und 6 werden von einem Beraterinnenteam durchgeführt, während die zentrale Qualitätssicherung die Schritte 5 und 7 durchführt, um als objektive Einheit die vom Beraterinnenteam gelieferte Qualität zu prüfen. Der Vorteil: In den spezialisierten Bereichen sind die Mitarbeitenden eng im Austausch miteinander, sie werden von einer gemeinsamen (ebenfalls spezialisierten) Führungskraft geführt und können ihre Prozesse immer weiter optimieren.

Das Problem ist, dass dieses System ein hohes Maß an Steuerung verlangt. Einige der für SELBSTORGANISATION wichtigen Säulen haben eine Glasdecke. Zum Beispiel ist die Leistung einzelner Abteilungen am Gesamterfolg nur schwer messbar, weshalb TRANSPARENZ limitiert ist. War der erhaltene Großauftrag nun der Verdienst des Vertriebs? Oder ist der Auftrag zustande gekommen, weil die Beraterinnen in einem anderen Unternehmen einen guten Job gemacht haben und es zu einer Empfehlung kam? Wenn ein Auftrag mehr Aufwand erfordert als im Angebot angesetzt, ist das der Fehler des Vertriebs, weil dieser zu niedrig angeboten hat? Oder der Fehler der Beraterinnen, die nicht effizient genug gearbeitet haben? Diese Fragen erzeugen schnell zwei Fronten und werden kaum konstruktiv geklärt – schließlich erschwert die Trennung in zwei Abteilungen den Aufbau von VERTRAUEN. Da man den eigenen Kolleginnen näher ist als der Nachbarabteilung, fehlt es zudem an MOTIVATION, um etwas für »die andere Seite« zu tun, zum Beispiel Aufwand in etwas zu investieren, was der anderen Seite hilft. Da die Abteilungen von verschiedenen Führungskräften geleitet werden, kann auch ALIGNMENT fehlen, weil die Führungskräfte ihre Ziele nicht gut miteinander abgestimmt haben. Die Auftrennung macht es außerdem schwieriger, selbstbestimmt Abläufe zu verändern, da häufig das Einverständnis der anderen Fachabteilung nötig ist.

SELBSTORGANISATION profitiert davon, dass diese Struktur verändert wird. Das Auflösen der Fachabteilungen und der Aufbau paralleler Teams, die den gesamten Wertstrom abdecken, schafft eine bessere Grundlage für SELBSTORGANISATION. Dem Team fällt es leicht, seine eigene Leistung zu messen. Das Level an VERTRAUEN und ALIGNMENT steigt durch den beständigen Austausch im eigenen Team. Da alle Tätigkeiten innerhalb des eigenen Teams durchgeführt werden, sind Veränderungen schnell umgesetzt, die SELBSTBESTIMMUNG ist hoch. Die MOTIVATION zur Kooperation ist ebenfalls hoch, da jede Tätigkeit, die eine Mitarbeiterin für ein Teammitglied durchführt, auf den gemeinsamen Erfolg einzahlt.

Auf den Punkt

Um SELBSTORGANISATION zu fördern, sollten aktuelle Strukturen hinterfragt und so (neu) gestaltet werden, dass sie die fünf Säulen und das Fundament stärken.

Der Nachteil dieser Strukturveränderung liegt in der KOMPETENZ, denn die Mitglieder der Wertschöpfungsteams werden einen teameigenen Arbeitsstil entwickeln. Das senkt die Standardisierung innerhalb des Unternehmens. Ob dies die KOMPETENZ stärker senkt als die hohe LeistungsTRANSPARENZ und die direkte Nähe zu anderen Teilen des Wertstroms diese steigern, muss unternehmensindividuell betrachtet werden.

Die neue Struktur fördert in jedem Fall die Flexibilität des Unternehmens, da die auf Wertschöpfungsteams basierende Struktur ein viel höheres Maß an SELBSTORGANISATION erlaubt. Die selbstorganisierten Teams können deutlich schneller auf Marktveränderungen reagieren. Der Preis sind aufgeweichte Unternehmensstandards und eine geringere Fachspezialisierung. Ich bin mir sicher, dass in diesen ereignisreichen Zeiten die Vorteile die Nachteile stark überwiegen.

Vergleichbares Optimierungspotenzial wird es auch in deinem Umfeld geben. Dieses Kapitel soll dir helfen, einen Blick dafür zu bekommen, wo strukturelle Veränderungen helfen können, SELBSTORGANISATION zu fördern. Du wirst einige Beispiele für erfolgreiche Veränderungen finden sowie allgemeine Prinzipien kennenlernen, die in anderen Unternehmen gut funktioniert haben. Der abschließende Methodenteil bietet Hilfestellungen, diese Veränderungen in der Praxis umzusetzen.

8.1 Kooperation wertschöpfender Teams

Wie beschrieben sind interdisziplinäre Teams, die einen gesamten Wertstrom von Anfang bis Ende verantworten, ein gutes Prinzip für ein hohes Maß an SELBSTORGANISATION. Mit solchen Teams ist es leichter, ihre Leistung zu erkennen (TRANSPARENZ), was es für die Führung auch leichter macht, ihnen VERTRAUEN zu schenken und ihnen ein hohes Maß an SELBSTBESTIMMUNG zuzugestehen. Außerdem ist das ALIGNMENT des Teams klarer und die Verbesserung des gesamten Wertschöpfungsprozesses (KOMPETENZ) einfacher, da alle Schritte innerhalb des Teams erledigt werden.

Was kannst du aber tun, wenn diese wertschöpfenden Teams zu groß werden? Wenn sie die im Agilen oft als magische Grenze angesehene Größe des »Zwei-Pizza-Teams«[90] überschreiten? In diesem Fall lassen sich die Wertströme in parallele Wertstromteams splitten. Die beiden Teams arbeiten dann unabhängig voneinander an derselben Wertschöpfung, gegebenenfalls mit einer leichten Spezialisierung. Um Prozessverbesserungen in Team A auf Team B zu übertragen (und andersherum), sollten die Teams in engem Kontakt bleiben – insbesondere, weil es bei Teilen ihrer Tätigkeiten Abhängigkeiten geben wird (z. B. die gemeinsame Nutzung von Infrastruktur, Maschinen, Software etc.).

Aber was ist, wenn der Beitrag, den einzelne Teammitglieder zur Wertschöpfung beitragen, gering ist und daher keine Vollzeitmitgliedschaft im Team gerechtfertigt scheint – zum Beispiel IT-Administration, Rechtsberatung oder Personalverwaltung? Brauchst du dann doch wieder getrennte Abteilungen, die als »Linie« organisiert sind und den Wertstromteams zuarbeiten?

90 Anzahl der Personen, die man mit zwei großen Pizzen satt kriegt, etwa zehn oder weniger.

In seinen Büchern »Organisation für Komplexität« (Pfläging 2014) und »Zellstrukturorganisation« (Pfläging und Hermann 2024) schlägt Niels Pfläging vor, Teams in klare Abhängigkeiten voneinander zu bringen. Ein Team erbringt eindeutig definierte Dienstleistungen für das andere Team. Ähnlich den Zellen eines Organismus sind die Teams auf die Bearbeitung eines Wertstroms optimiert – entweder für einen externen oder einen internen Kunden, in der Regel andere Teams. Beispiele für Teams mit internen Kunden sind ein Team für die digitale Infrastruktur des Unternehmens, die Personaldienstleistung, die Unternehmensstrategie oder eine Rechtsberatung.

Um TRANSPARENZ und SELBSTBESTIMMUNG hochzuhalten, lohnt es sich, einen internen Marktplatz zu schaffen, in dem Teams ihre Leistungen füreinander tatsächlich abrechnen. Natürlich ist die Definition angemessener Preise keine einfache Aufgabe. Aber so kann ein Team direkt messen, welchen Wert es erzeugt. Es steht außerdem in einer begrenzten Konkurrenz zu externen Dienstleistenden, was dafür sorgt, dass eine beständige Preis- und LeistungsTRANSPARENZ besteht. So bleiben auch marktferne Teams mit internen Kundinnen leistungsfähig.[91] Mindestens muss die Leistungsbewertung eines Teams vom transparenten, regelmäßig eingeholten Feedback der internen oder externen Kundin abhängig gemacht werden.

Diese LeistungsTRANSPARENZ ist sowohl für die Teams als auch für dich enorm wichtig, um SELBSTORGANISATION auf die Wertschöpfung zu optimieren. Denn sowohl das Team als auch du müssen genau erkennen können, auf welchem Niveau die Leistung gerade ist: das Team, damit es sich kontinuierlich selbst monitoren und verbessern kann, und du, damit du loslassen und vertrauen kannst – denn du würdest umgehend sehen, wenn etwas schiefläuft.

Strukturveränderungen für mehr SELBSTORGANISATION bei allsafe

Beitrag von Detlef Lohmann, geschäftsführender Gesellschafter der allsafe GmbH & Co. KG

Die Transformation von einer abteilungs- und funktionsorientierten Struktur hin zu einer prozessorientierten Arbeitsweise erforderte die Bildung multifunktionaler Teams, die klassischen Projektteams ähneln. Was früher eine Abteilung war, ist jetzt ein »Prozess«. Jeder Prozess wird als eigenständiges Projekt betrachtet, beispielsweise entspricht der Herstell- und Logistikprozess dem Projekt »Erfüllung von Kundenaufträgen«. Alle notwendigen Ressourcen werden direkt dem

91 In vielen Unternehmen mit Fachabteilungen lässt sich beobachten, dass die Leistungen dieser Abteilungen auf Dauer stagnieren, da kein direktes Benchmarking mit der Entwicklung außerhalb des Unternehmens stattfindet. Prozesse werden nicht verbessert oder digitalisiert, neue Managementmethoden nicht angewendet. Es fehlt Leistungsdruck. Einzig der Kostendruck der permanenten Personaleinsparungen bewegt diese Abteilungen – aber oft nicht in die richtige Richtung.

Prozess zugewiesen, um eine autonome Arbeitsweise zu ermöglichen. Persönliche Kommunikation und verbale Absprachen ersetzen Telefonate, Chats oder E-Mails, um offene Themen effizient zu klären. Mitarbeiter erhalten die Befugnis, weitgehend eigenständig Entscheidungen ohne Einbindung von Vorgesetzten zu treffen. Der Prozessleiter übernimmt eine dienende Führungsrolle und trägt die Verantwortung für den Prozesserfolg, während alle Prozess-Mitarbeiter gemeinsam Output erzeugen und garantieren. Der Output eines Prozesses dient automatisch als klar definierter Input für den nächsten Prozess.

Innerhalb der allsafe-Prozesse wird die Zusammenarbeit in verschiedenen Formen praktiziert:

- **Netzwerk (Co-Generation)**: Zusammenarbeit, bei der Offenheit für neue Ideen und die Bereitschaft, Zufällen eine Chance zu geben, im Vordergrund stehen. Dieser Ansatz fördert Innovation und Flexibilität durch die Einbindung vielfältiger Perspektiven und KOMPETENZen. Co-Generation ist bei allsafe die wesentliche Form der Zusammenarbeit im Marktbearbeitungs- und Verkaufsprozess.
- **Crew (Co-Creation)**: Förderung von Innovation und Effizienz, indem die kollektive Kreativität und das Wissen aller Beteiligten für die Entwicklung neuer Ideen und Projekte genutzt werden. Offene Kommunikation, VERTRAUEN und die Bereitschaft, traditionelle Rollen und Abläufe neu zu definieren, sind hier unerlässlich. Co-Creation wird bei allsafe im für neue beziehungsweise verbesserte Entwicklungen verantwortlichen Produktentstehungsprozess angewandt.
- **Team (Co-Laboration)**: Gemeinsames Arbeiten an Aufgaben oder Projekten, indem die Mitarbeiter eines Teams ihre Fähigkeiten und Ressourcen bündeln, um ein gemeinsames Ziel zu erreichen. Dieser kollaborative Ansatz fördert den Austausch von Ideen, verbessert die Effizienz und führt oft zu innovativen Lösungen, die allein nicht erzielt werden könnten. Bei allsafe arbeitet der Herstell- und Logistikprozess vorwiegend in Teamarbeit.
- **Gesamtheit (Co-Operation)**: Dieses Konzept betont die Bedeutung der Zusammenarbeit, bei der alle Beteiligten ihre Fähigkeiten und Ressourcen einbringen, um ein gemeinsames Ziel zu erreichen. Es trägt maßgeblich dazu bei, komplexe Aufgaben und Herausforderungen gemeinschaftlich zu bewältigen, und baut auf flexible und effiziente Arbeitsweise und direkte Kommunikation. Alle Mitarbeiter von allsafe kooperieren, um gemeinsame Ziele zu erreichen.

8.2 Prinzipien, die SELBSTORGANISATION fördern

Wenn du dein Unternehmen so strukturieren möchtest, dass bereits seine Struktur SELBSTORGANISATION fördert, dann solltest du dich an folgenden Prinzipien orientieren:

- **Messbare Leistung**: Der Beitrag, den ein Team zum Unternehmenserfolg leistet, sollte klar messbar[92] sein.
- **Kleine Teams**: Je größer ein Team, desto schwieriger wird es, dieses Team leistungsfähig zu halten. Diskussionen finden kein Ende, der Zusammenhalt sinkt. Als solide Teamgröße hat sich eine Zahl von maximal zehn Teammitgliedern etabliert. Dies ist eine Daumenregel, von der abgewichen werden kann.
- **End-zu-End-Verantwortung**: Um SELBSTBESTIMMUNG zu fördern, sollte das Team so aufgebaut werden, dass es die vollständige Verantwortung für den Wertschöpfungsstrom hat, von Anfang bis Ende. Ein Team in der Produktion sollte also auch die Qualitätskontrolle abdecken.
- **Unterbrechungsfreies Arbeiten**: Die Teams und das System um sie herum sollten so aufgestellt sein, dass jedes Team möglichst wenig Abhängigkeiten nach außen hat und diese so optimiert sind, dass das Team möglichst ohne Unterbrechungen[93] eine Aufgabe nach der anderen strukturiert bearbeiten kann. Das steigert nicht nur die MOTIVATION, sondern unterstützt die Wertschöpfung, da Planbarkeit und Liefergeschwindigkeit massiv steigen. Statt mehrere Projekte parallel offen zu haben, gilt das Motto »stop starting, start finishing«.
- **Wertschöpfende und unterstützende Teams**: Du solltest beim Bau der Struktur darauf achten, dass die Wertschöpfungsteams End-zu-End-Verantwortung haben. Dabei wird schnell ersichtlich, dass es Aufgaben gibt, welche das Team nicht selbst erledigen kann, zum Beispiel die Übersicht über Datenschutzrichtlinien behalten oder die eigene IT-Infrastruktur verwalten. Hier braucht es unterstützende Teams, die sich darauf spezialisieren, diese Dienstleistung intern anzubieten (Kapitel 8.1). Sie sollten einen klaren Auftrag und eine eindeutige Kundin haben. Ihre Leistung sollte – wie auch bei den wertschöpfenden Teams – möglichst messbar sein, ein internes Abrechnungssystem kann helfen. Mindestens sollten sie von ihren internen Kundinnen bewertet werden. Auch diese Teams sollten End-zu-End-Verantwortung für ihre Aufgabe besitzen.
- **Entscheidungsverantwortung nach unten geben**: Entscheidungen sollten dort getroffen werden, wo das meiste Verständnis über eine Aufgabe besteht – meist ist das dort, wo an ihr gearbeitet wird. Also sollten Mitarbeitende in der Produk-

92 »Messbar« ist sogar zu kurz gegriffen, »gemessen« trifft es besser. Schließlich hilft eine Messung nur, wenn sie regelmäßig durchgeführt und anschließend ausgewertet wird. Ich kenne Unternehmen, in denen Mitarbeitende darüber klagen, dass zwar regelmäßig mit viel Aufwand Kennzahlen erhoben werden, sie aber genau wissen, dass diese von niemandem betrachtet werden.

93 Mit Unterbrechungen meine ich hier keine Pausen, sondern Blockaden, welche die Weiterarbeit an einer Aufgabe verhindern wie Rückfragen, Zuarbeiten, Entscheidungen oder Freigaben. Siehe dazu auch Single Points of Contact.

tion Maschinenwartungen anfordern können, im Idealfall auch über den Kauf neuer Maschinen entscheiden. Mitarbeitende sollten in einem gewissen Rahmen ihr Arbeitsequipment und ihre Software wählen können. Wenn Fortbildungen ausgewählt werden, sollte das Personalwesen Empfehlungen geben dürfen, aber nicht für Mitarbeitende entscheiden, welcher Kurs und welcher Anbieter gewählt wird.

- **Single Points of Contact (SPOCs)**: Viele agile Frameworks arbeiten damit, dass sie die Kontaktpunkte zwischen Teams auf eine Person bündeln. So ist in Scrum der Product Owner dafür zuständig, Kontakt zu Stakeholderinnen zu halten und innerhalb des Teams in deren Sinne zu entscheiden. So wird vermieden, dass das Team Anfragen an die Stakeholderinnen stellen und auf deren Antwort warten muss. Dies würde den Fortschritt des stark fokussierten Teams blockieren und es zu Multitasking zwingen.[94] Die SPOCs sind mit den Bedürfnissen der Stakeholderinnen des Teams vertraut und können für diese entscheiden, was die Wertschöpfung des Teams beschleunigt. Sie sind für das Team die »Entscheiderin im Raum«. Andersherum sind sie Ansprechpartnerin für Teamexterne, damit das Team nicht in seiner Arbeit gestört wird. Für verschiedene Verantwortungsbereiche kann es durchaus verschiedene SPOCs im Team geben. Bei Scrum gibt es neben der Product Ownerin, die für alle Fragen zur Produktentwicklung zuständig ist, auch die Scrum Masterin, die für die Leistungsfähigkeit des Teams verantwortlich ist. Gibt es zum Beispiel Fragen zur Teamzusammensetzung, ist die Scrum Masterin eine gute erste Ansprechpartnerin (auch wenn sie diese Fragen nicht beantwortet, sondern in das gesamte Team trägt). Das Ziel der SPOCs ist vor allem eine schnelle, teamnahe Entscheidung mit klarer Verantwortlichkeit. Es geht nicht darum, eine Art Führungskraft im Team aufzubauen.
- **Klare Rahmen und Aufgaben für Teams**: Jedes Team muss genau wissen, wofür es zuständig ist und wie es sich von anderen Teams abgrenzt. Da sich diese Vereinbarungen ändern werden (schließlich wollt ihr als Unternehmen anpassungsfähiger werden), müssen sie transparent einsehbar sein.
- **Eindeutige Rollen**: SELBSTORGANISATION kann schnell zu verwirrenden Strukturen führen. Es ist wichtig, eindeutige Rollen und damit auch klare Verantwortlichkeiten festzulegen und diese für andere in der Organisation nachvollziehbar und transparent zu machen. Gerade wenn das Unternehmen flexibler werden soll, werden sich Rollenverantwortungen schneller ändern und Transparenz darüber wird wichtiger.
- **Feste Zuteilung zu Teams**: Da die Teams für gelungene SELBSTORGANISATION viel miteinander reden müssen, lohnt es sich nicht, eine Person mit nur wenigen Prozent ihrer Arbeitszeit einem Team zuzuteilen. Diese Person wird einen Hauptteil ihrer Zeit in Meetings verbringen und kaum zur Wertschöpfung beitragen. Statt

94 Wenn ein Team an eine Rückfrage stößt oder eine Genehmigung einholen muss, kann es vielleicht mit der aktuellen Aufgabe nicht fortfahren. Es muss dann an etwas anderem arbeiten. Das verhindert, dass das Team stringent eine Aufgabe von Anfang bis Ende durcharbeitet. Dadurch verlängern sich die Durchlaufzeiten der Aufgaben, was Verzögerungskosten mit sich bringt.

also eine Kollegin drei verschiedenen Teams zuzuteilen, versuche, sie möglichst klar einem Team zuzuordnen. Das kann dazu führen, dass du bestimmte Spezialisierungen (z. B. Qualitätskontrolle) in einem solchen Maß einstellen musst, dass ihre Kapazität nicht voll ausgelastet ist.[95] Aber diese Personen finden sicherlich andere Dinge, die sie in ihrer Restzeit erledigen können. Alternativ findest du vielleicht Personen in einem Team, welche sich weiterbilden und die Spezialisierung erlernen wollen. Als Faustregel gebe ich mit, dass kein Teammitglied mit weniger als 50 % der Arbeitszeit der anderen Teammitglieder verfügbar sein sollte.

8.3 Umgang mit Widerständen

Auf dem Weg zu dieser neuen Struktur wirst du mit Widerständen rechnen müssen. Das ist normal bei jeder Veränderung – und sogar ein positives Zeichen. Vielleicht denkst du, »wenn ich das gut begründe, sollten doch alle dafür sein«. Doch das ist in der Realität aus verschiedenen Gründen nicht der Fall. Ausbleibender Widerstand ist kein Zeichen dafür, dass alle die Veränderung unterstützen, sondern dass niemand an die Veränderung glaubt und sie daher nicht ernst genommen wird.

Ein gutes Buch, das dich durch diese Phase begleiten kann, ist »Führungsstark im Wandel« von Alexander Groth (2016). Auch wenn es auf Führungskräfte ausgerichtet ist, die mitten in einer Transformation stecken, die sie nicht selbst ausgelöst haben (und du hoffentlich nach dem Lesen meines Buches selbst die Auslöserin der Veränderung bist), findest du zahlreiche gute Tipps, wie du mit Widerstand deiner Mitarbeitenden umgehen kannst. Einige weitere Tools findest du im Methodenteil in Kapitel 8.4.

Aus meinen Jahren im (agilen) Change-Management habe ich für mich folgende Lektionen mitgenommen:

- **Widerständlerinnen können großartige Verbündete sein, wenn du sie überzeugen kannst.** Nach dem Motto »In jeder Zynikerin steckt eine enttäuschte Optimistin« steckt in vielen Widerständlerinnen eine Person, die sich sehr für das Unternehmen, ihr Team, ihre Sache einsetzt. Diese Power kannst du möglicherweise für dich gewinnen, wenn es dir gelingt, die Person zu überzeugen. Arbeite dich aber nicht daran ab. Finde ein gesundes Maß und wende dich anderen zu, wenn die Person sich nicht überzeugen lässt.

95 Diese Redundanzen sind ein typischer Nachteil agiler Teams. Die Vorteile in Sachen Anpassungsfähigkeit und Liefergeschwindigkeit selbstorganisierter Teams überwiegen diese Nachteile jedoch in der Regel. Vergleiche das mit den Paukespielerinnen in einem Orchester. Sie sitzen die meiste Zeit des Stücks »untätig« herum, sind aber essenziell für das stürmische Finale. Niemandem würde es einfallen, sie auf drei parallel spielende Orchester aufzuteilen und mit Taxen »just in time« zwischen den Aufführungen hin- und herzufahren.

- **Es braucht ein klares Ziel, das nicht verhandelbar ist.** Ich bin großer Freund davon, über (fast) alles in einer Transformation verhandeln zu können. Schließlich möchte ich, dass Menschen selbstbestimmt mitgestalten können. Aber das Ziel der Transformation und die Tatsache, *dass* es eine Transformation gibt, dürfen nicht verhandelbar sein. Kommuniziere von Anfang an klar, dass sich dieses Schiff nun auf eine Reise zu einem neuen Ort begibt – und dass alle auf dieser Reise willkommen sind, dann aber auch mit anpacken müssen.
- **Nicht alle müssen mitgenommen werden.** Es wäre naiv zu glauben, dass jede Person, die sich im alten System wohlgefühlt hat, dies auch im neuen tut. Dafür müssten dein altes und dein neues System quasi identisch sein – und dann bräuchte es keine Transformation. Dementsprechend ist davon auszugehen, dass einige sich nicht mit dem Neuen abfinden werden. Biete allen an, dass sie für die Reise an Bord bleiben können, aber biete ebenfalls an, dass alle, die nicht mitreisen wollen, an einem Steg trocken aussteigen können.
- **Offener Widerstand ermöglicht Diskussion, stummer Widerstand ist ein Problem.** Es gibt Menschen, die stimmen allem zu, setzen es dann aber nicht um. Dieser stumme Widerstand ist schwer zu erkennen und noch schwerer zu beheben. Ich hatte immer gute Diskussionen mit Menschen, die offen in die Konfrontation gehen und sich (sachlich) mit mir auseinandersetzen. Personen hingegen, die stummen Widerstand durch Unterlassung leisten, waren immer eine Herausforderung. Ich habe allerdings gelernt, dass man diese Leute sehr leicht erkennen kann, wenn man sich an das alte Sprichwort erinnert: »Wer will, findet Wege, wer nicht will, findet Gründe.« Beobachte das Verhalten der Personen: Sind sie bemüht, Lösungen zu finden, oder zeigen sie vor allem mit dem Finger auf Probleme? Wenn sie Letzteres tun und nicht offen mit dir in die Diskussion gehen, sind es vielleicht Leute, die am Steg aussteigen sollten.

Ein hilfreiches Werkzeug beim Umgang mit Widerständen kann das »**Modell der logischen Ebenen**« von Dilts sein (Diehl 2019) (Abbildung 10). Das Modell stammt aus der Neurolinguistischen Programmierung (NLP) und besagt, dass eine Veränderung schwierig ist, wenn sie auf der unteren Ebene angreift, aber die oberen Ebenen beeinflussen muss. Sprich: Änderungen auf oberen Ebenen beeinflussen die unteren, aber nicht andersherum. Wenn du also eine Veränderung im Verhalten von Personen bewirken möchtest, solltest du bei ihren Fähigkeiten und Glaubenssätzen anfangen, nicht bei ihrer Umwelt.[96]

96 Viele agile Transformationen beginnen mit einer Veränderung der Arbeitsumgebung. Da werden Großraumbüros mit Whiteboards und Konferenz- sowie Fokusräumen eingerichtet, Berge von Post-its angeschafft, Kreativräume eingerichtet – um sich dann zu wundern, dass sich das Verhalten der Mitarbeitenden nicht in Richtung agiles Arbeiten verändert.

Hier eine kurze Auflistung der Ebenen (von unten):

- **Umgebung**: die äußeren Umstände und Bedingungen, in denen wir handeln. Wo und wann wir arbeiten.
- **Verhalten**: das, was eine Person tut. Es beschreibt, wie sich die Person im Alltag verhält.
- **Fähigkeiten**: die Kompetenzen und Strategien, die eine Person besitzt, um ihr Verhalten auszuführen.
- **Glaubenssätze und Werte**: die Überzeugungen und Prinzipien, die unser Handeln leiten.
- **Identität**: das Selbstbild und die Rolle einer Person, das »Wer bin ich?«.
- **Ziel/Sinn**: der übergeordnete Sinn, der Bezug zu einer größeren Gemeinschaft oder einem höheren Ziel.

Abb. 10: Logische Ebenen nach Dilts

Wenn du bemerkst, dass irgendwo ein zäher Widerstand gegen Veränderungen herrscht, überlege, ob der Widerstand vielleicht eine Änderung auf einer höheren Ebene voraussetzt, zum Beispiel auf der Ebene der Glaubenssätze oder der Identität. Du kannst nie die Identität deiner Mitarbeitenden verändern – aber du kannst an vielen Punkte ansetzen, um Veränderung anzustoßen, zum Beispiel auf der Ebene ihrer Arbeitsidentität. Sind deine Entwicklerinnen bloße Programmiermaschinen oder Architekturgestaltende? Ist dein technischer Kundenservice reiner Techniksupport oder auch Vertrieb? Auch so mancher verhärtete Glaubenssatz kann in einem offenen Gespräch erkannt werden. Vielleicht gelingt es dir, die Person erkennen zu lassen, dass dieser Glaubenssatz nicht mehr und/oder nicht für alle Gültigkeit hat.

8.4 Methoden zur Transformation

Dieses Buch ist kein detaillierter Leitfaden für eine Unternehmenstransformation. Auf den nächsten Seiten findest du aber Hilfsmittel, um Veränderungsmaßnahmen zu planen, zu kommunizieren und umzusetzen. Ich empfehle dir allerdings dringend, vor weitreichenden Veränderungen entweder professionelle Begleitung zu suchen (Coaches und Unternehmensberaterinnen) oder tiefer in die Materie der Unternehmenstransformation einzutauchen, zum Beispiel über entsprechende Weiterbildungen.

Change Story

Menschen lieben Geschichten seit Jahrtausenden und geben sie ebenso lange weiter. Heute nennen wir es Storytelling. Und sie sind weiterhin ein wunderbares Mittel, Botschaften oder Informationen in Form von Geschichten aufzubereiten. Das gilt auch für dein Transformationsvorhaben. Die **Change Story** als Format für die Kommunikation eines Change greift genau das auf. Entlang der Heldenreise[97] ausgerichtet, enthält die Change Story alle wichtigen Informationen über den Change[98]:

- **Was ist unsere bisherige Geschichte?** Wo kommen wir her? Was hat uns bislang stark gemacht? Wer sind wir? Damit erzeugst du zu Beginn ein Gefühl der Gemeinschaft und betonst auch, was trotz Veränderung erhalten bleibt, woran deine Mitarbeitenden sich auch weiterhin orientieren können.
- **Was verändert sich, sodass wir uns verändern müssen?** Wer eine gute Begründung für die Notwendigkeit erhält, dem fällt es leichter, sich der Transformation anzuschließen.
- **Wo wollen wir hin?** Wo liegt das Ziel der Transformation? Und wie wird es sich für uns anfühlen, wenn wir dort sind? Ein möglichst genaues Zielbild nimmt die Angst vor dem Ungewissen, die wir oft empfinden, wenn wir zwar wissen, dass eine Reise ansteht, aber nicht, wo sie uns hinführt.
- **Was sind die Hindernisse auf dem Weg?** Keine Transformation läuft glatt, wir werden mit Stolpersteinen rechnen müssen. Da ist es nur fair (und zeugt von KOMPETENZ), wenn du das frühzeitig deutlich machst.
- **Warum müssen wir erfolgreich sein?** Was passiert, wenn sich nichts ändert? Was gewinnen wir, wenn wir den Change erfolgreich umsetzen? Nach den (möglicherweise demotivierenden) Hindernissen brauchen deine Mitarbeitenden eine Erinnerung daran, warum die Transformation wichtig ist.

---

97 Die Heldenreise ist ein universelles Erzählmuster, das von dem Mythenforscher Joseph Campbell in seinem Buch »The Hero with a Thousand Faces« (2008) beschrieben wird. Sie stellt den typischen Weg einer Heldin in Geschichten und Mythen dar.

98 Siehe dazu auch mein Interview mit Change-Beraterin Bianca Prommer im Podcast »Neue Arbeit, Neues Führen« (Eickenberg 2024).

- **Was tun wir jetzt konkret?** Hier stellst du den Plan vor, den du aufgesetzt hast, um die Veränderung erfolgreich zu machen. Besonders wichtig sind die nächsten kleinen Schritte, die ihr gehen werdet.
- **Denkt daran, dass …** Als MOTIVATION, dass ihr auch diesen Change schafft, könnt ihr gemeinsam zurückblicken, denn dies ist nicht die erste Herausforderung, der sich das Unternehmen (erfolgreich) gestellt hat. So schaffst du eine positive Sicht auf die Fähigkeitsressourcen des Unternehmens.

Mit einer sorgfältigen Planung und Kommunikation der Change Story kannst du die Wahrscheinlichkeit, dass der Change gelingt, deutlich steigern und Widerstände verringern.

Wichtig ist, dass ein einmaliger Kontakt mit der Change Story nicht ausreicht. Nutze verschiedene Kanäle, um die Kernbotschaften zu wiederholen, zum Beispiel Intranet, Versammlungen, Poster, Rundmails, Ansprachen auf Firmenfeiern. Einmal ist schnell etwas überhört, erst die Wiederholung verankert es. Sorge unbedingt auch für eine zentrale Ansprechpartnerin für aufkommende Fragen.

Lean Change Management

In seinem Buch »Lean Change Management« (Little 2016) stellt Autor und Change Consultant Jason Little sein Modell eines iterativen Change-Prozesses vor. Die Idee dahinter ist simpel: Die Transformation eines Unternehmens ist ein komplexes Vorhaben. Daher sollten Methoden verwendet werden, die für Komplexität geschaffen wurden – Agile und Lean Startup.

Veränderungen werden von Little als kleine **Experimente** konzipiert, die ausprobiert und auf Wirksamkeit überprüft werden. Der sich in Schleifen wiederholende Ablauf ist Folgender:

- **Einsichten gewinnen**: den aktuellen Zustand der Organisation ermitteln, zum Beispiel in Gesprächen oder (informellen) Treffen.
- **Optionen aufstellen**: Auf Basis der gewonnenen Einsichten stellst du Hypothesen auf, dass ein bestimmter Eingriff eine bestimmte Wirkung hat.
- **Experimente aufsetzen**: Du wählst eine oder mehrere Optionen aus und führst Experimente durch, um zu sehen, ob die erwünschte Wirkung eintritt. Du kannst das Experiment zunächst räumlich oder zeitlich begrenzen, indem du zum Beispiel die Abläufe in nur einer Abteilung veränderst. Nun startet die Subschleife der Experimente.
  - **Vorbereiten**: Hier planst du die Veränderung gemeinsam mit den davon betroffenen Personen.

- **Einführen**: In dieser Phase wird die Veränderung gelebt. Achte darauf, dass veränderte Prozesse und Abläufe nicht umgangen werden.
- **Überprüfen**: Nach einer für jedes Experiment definierten Zeitdauer evaluierst du das Experiment gemeinsam mit den beteiligten Personen. Ist das Ergebnis positiv, kannst du entweder die Veränderung durchführen oder das Experiment räumlich/zeitlich ausweiten.

Das Schöne an diesem Prozess ist, dass du ihn mit deinen Mitarbeitenden gemeinsam gehst. Durch den experimentellen Charakter schreibst du nichts vor, sondern machst Vorschläge, was ihr ausprobieren könntet – das macht es deinen Mitarbeitenden leichter, sich darauf einzulassen, denn sie haben bei der Überprüfung ein Mitspracherecht, ob die Veränderung wirklich gelungen ist. Das vermeidet den Frust, der bei Veränderungen fast zwangsläufig entsteht, und stärkt die MOTIVATION spürbar. Du vermeidest auch die Situation, dass eine Veränderung sich als Verschlechterung herausstellt, sie aber nicht rückgängig gemacht werden darf, da sonst jemand (du?) sein Gesicht verlieren würde.

Impact Mapping

Gojko Adžić entwickelte seine Methode des **Impact Mapping** (Adžić 2009), um Produktmanagerinnen zu helfen, mit ihrer Software einen Impact im Verhalten der Nutzenden zu erzielen. Ich habe die Erfahrung gemacht, dass sich die Methode auch bestens eignet, um Experimente für das Lean Change Management zu kreieren.

In einer Mindmap werden vier Ebenen abgebildet:

- **Ziel**: Welches langfristige Ziel möchtest du in deiner Organisation erreichen?
- **Akteurinnen**: Welche wesentlichen Akteurinnen, die den Status quo aufrechterhalten, gilt es im Zuge der Veränderung zu beeinflussen?
- **Impact**: Welche konkreten Verhaltensänderungen braucht es bei den entsprechenden Akteurinnen, damit du dein Ziel erreichst?
- **Maßnahme/Experiment**: Was sind deine konkreten Maßnahmen (gern zunächst in Form eines Experiments), die diesen Impact erzeugen können?

Arbeite dich vom Ziel nach außen und identifiziere so, welche konkreten Maßnahmen oder Experimente dich deinem Ziel näherbringen könnten. Sieh dabei die gesamte Mindmap als eine Sammlung von Hypothesen an, die sich als falsch herausstellen können. Denn zunächst sind diese Zusammenhänge nichts weiter als Vermutungen, die du mit den Methoden des Lean Change Management erhärten solltest.

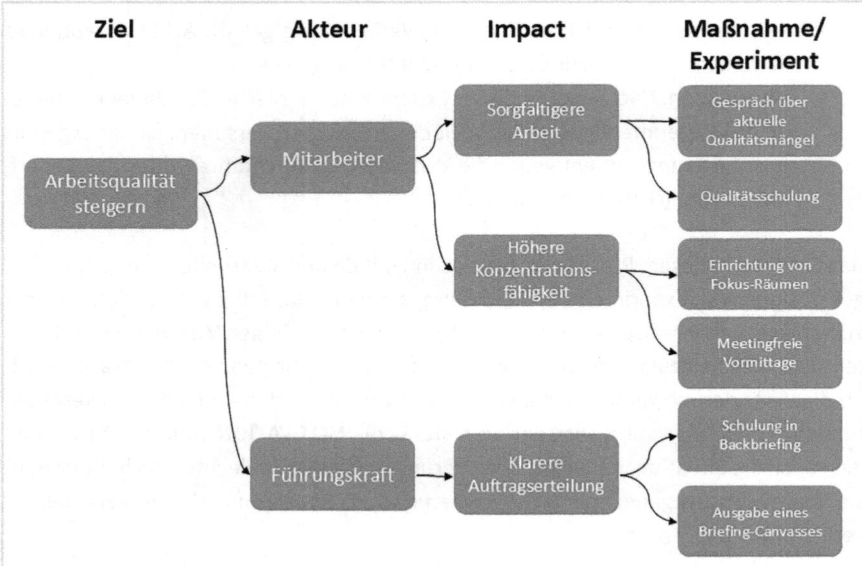

Abb. 11: Impact Mapping – Beispiel mit dem Ziel, die Arbeitsqualität in einem Betrieb mit Projektarbeit zu steigern

Organisation in Kreisstrukturen und Zellen

Sowohl Organisationsformen wie die Soziokratie und die Holakratie als auch Niels Pflägings Zellstrukturdesign (Pfläging und Hermann 2024) basieren auf dem Prinzip autonomer Teams (»Kreise« genannt), die miteinander in klaren Abhängigkeiten verknüpft sind. Diese Organisationsformen besitzen – richtig aufgestellt – ein hohes Maß an SELBSTORGANISATION. Sie zeichnen sich neben der Dezentralisierung von Entscheidungen durch eine hohe Anpassungsfähigkeit ihrer Struktur und einen Fokus auf Wertschöpfung aus. Diese Strukturen können ein gutes Zielbild für die Struktur deines Unternehmens sein. Wichtig ist beim Aufsetzen, dass sie entlang von Wertströmen so aufgebaut sind, dass ihre Leistung in hohem Maße transparent ist.

Da die genannten drei Organisationsformen sehr komplex sind und sich nicht in einem kurzen Abschnitt zusammenfassen lassen, möchte ich hier nur darauf verweisen. Für eine Vertiefung empfehle ich neben dem oben referenzierten Buch von Pfläging und Hermann insbesondere »Soziokratie« von Barbara Strauch und Annewiek Reijmer (2018). Eine kurze Übersicht findest du auch im Netz beim Soziokratiezentrum Deutschland[99] beziehungsweise im TEDx Talk »Holacracy – A Radical New Approach to Management« von Brian Robertson[100].

99 https://soziokratiezentrum.de/soziokratie-kennenlernen/ (Abrufdatum: 14.02.2025).
100 https://youtu.be/tJxfJGo-vkI?si=RK6d2H6FV1mygYd9 (Abrufdatum: 14.02.2025).

ADKAR

Das **ADKAR-Modell** kann dir helfen herauszufinden, auf welcher Stufe dein Transformationsprozess hakt. Es wurde von der Firma Prosci entwickelt und beschreibt die fünf wesentlichen Schritte, die Beteiligte durchlaufen müssen, damit eine Veränderung gelingt.

1. **Awareness (Bewusstsein)**: das Verständnis haben, dass die Veränderung notwendig ist und aus welchen Gründen.
2. **Desire (Wunsch)**: die Motivation besitzen, aktiv an der Veränderung teilzunehmen.
3. **Knowledge (Wissen)**: die nötigen Informationen besitzen, um die Veränderung umzusetzen. Die Ziele kennen, die es auf dem Weg zu erfüllen gilt.
4. **Ability (Fähigkeit)**: über die Fähigkeiten verfügen, die neuen Prozesse auch tatsächlich anwenden zu können.
5. **Reinforcement (Verstärkung)**: positive Verstärkungen erleben, damit sich das neue Verhalten auf Dauer festigt.

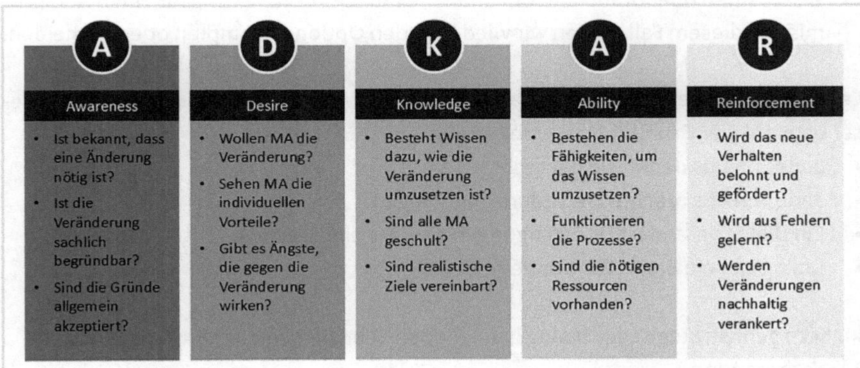

Abb. 12: ADKAR-Modell

Wenn du merkst, dass dein Vorhaben ins Stocken kommt, weil eine Gruppe von Personen oder Einzelne nicht mitziehen wollen, finde heraus, auf welcher der fünf Stufen der Grund dafür liegen könnte. Das hilft dir, gezielte Maßnahmen zu planen (siehe »Lean Change Management«). Deine Maßnahmen müssen auf der niedrigsten nicht erfüllten Stufe angreifen, um wirksam zu sein. Zum Beispiel wird es wenig helfen, die Fähigkeiten einer Person zu schulen, die innerlich nicht überzeugt davon ist, dass eine Veränderung nötig ist.

Kommunikation bei starkem Widerstand – der strategische Dialog

Es ist normal, dass im Rahmen einer Veränderung Meinungen aufeinanderprallen. Entscheidend ist, wie wir den Diskurs führen. In seinem Buch »Talking Across The Divide« beschreibt Justin Lee (2018), wie wir durch einen gut geführten Diskurs Brücken bauen können.[101] Seiner Ansicht nach ist das Problem, dass unsere kommunikative »Standardeinstellung« bei Meinungsverschiedenheiten die ist, dass wir entweder kämpfen, vermeiden oder einen Kompromiss eingehen.

- **Kämpfen**: Wir versuchen, die andere Seite mit der Macht unserer Argumente auf unsere Seite zu ziehen. Wenn das nicht funktioniert, eskalieren wir – werden laut, üben Druck aus, drohen mit negativen Konsequenzen. Doch je weiter wir eskalieren, desto tiefer graben sich beide Seiten ein, bis sie nicht mehr zugeben können, im Unrecht zu sein.
- **Vermeiden**: Wir einigen uns darauf, uns nicht zu einigen, und bringen das Thema nicht wieder auf. Gelöst wird dadurch nichts. In Zukunft müssen alle Beteiligten stattdessen auf Zehenspitzen um das Thema herumtanzen. Oder wir entscheiden, dass wir das Problem in Zukunft vermeiden, indem wir die Person selbst meiden. So manche Freundschaft oder Familie ist bereits an diesem Verhalten gescheitert.
- **Kompromiss eingehen**: In vielen Fällen ist es gut, sich in der Mitte zu treffen. Aber in einigen Fällen bedeutet ein Mittelweg, dass beide Seiten nicht bekommen, was sie möchten oder brauchen. Und manche Dinge sind zu wichtig für einen Kompromiss. In diesem Fall greifen wir wieder zu den Optionen kämpfen oder vermeiden.

Lee schlägt ein viertes Kommunikationswerkzeug vor, den **strategischen Dialog**. Dieser baut auf vier Grundüberzeugungen auf:

- Jede von uns denkt, sie hat recht.
- Jede von uns möchte die andere überzeugen.
- Ein Dialog verändert Überzeugungen eher als eine Debatte.
- Dialog ist kein Ersatz für Handeln.[102]

Im Kern geht strategischer Dialog in folgenden Schritten vor:

1. Vorbereitung
2. Dialog
   - strategisches Zuhören
   - strategisches Storytelling
   - Wiederholung, um Barrieren[103] abzubauen

101 Justin Lee wuchs als Kind konservativer evangelischer Christen in den USA auf – ein Haushalt, der sehr starke Meinungen über Homosexualität und Homosexuelle pflegte. In seiner Pubertät erkannte Justin, dass er homosexuell ist. Seitdem versucht er, als Gesellschaftsaktivist einen Dialog zwischen der LGBTQIA+-Bewegung und fundamentalen Christinnen zu fördern. Verglichen damit erscheinen die Herausforderungen eines durchschnittlichen Change-Prozesses machbar.

102 Dieser vierte Grundsatz meint, dass ein Zusammensitzen am Verhandlungstisch nicht bedeutet, dass man nicht parallel auch handelt, zum Beispiel streikt. Wer Missbrauch in einer Beziehung erlebt, sollte Gespräche mit dem Partner führen, aber auch (physischen) Abstand schaffen. Wer sieht, wie Schulkameradinnen gemobbt werden, sollte nicht nur hoffen, dass ein klärendes Gespräch alles löst, sondern auch einschreiten. Und wer eine Transformation umsetzt, sollte diese nicht pausieren, während mit Personen im Widerstand über die Ausgestaltung gerungen wird.

103 Lee nennt die wesentlichen Barrieren a) Verteidigung des Egos, b) Team-Loyalität, c) Komfort und d) Fehlinformation.

3. Nächste Schritte
   - eine Bitte äußern
   - Reflektieren und Evaluieren des Dialogs

Strategisches Zuhören ist ein Informations-Sammel-Prozess, der dir hilft, den besten Zugang zu deinem Gegenüber zu finden. Was will die Person erreichen? An was glaubt die Person? Was denkt sie, was du erreichen willst? Was sind ihre Informationsquellen? Welche Formulierungen nutzt sie? Worüber macht sich die Person Sorgen? Was habt ihr gemeinsam?

Als die Person, die zum Dialog auffordert, solltest du auch diejenige, die zuerst zuhört. Frage aktiv nach, interessiere dich für die Meinungen und Überzeugungen deines Gegenübers. Es geht um echtes, offenes Zuhören. Ja, du willst dein Gegenüber überzeugen. Aber du willst es nicht manipulieren. Es geht darum, Sichtweisen zu teilen. Wenn du mit dem Mindset herangehst, dass du eine Diskussion gewinnen willst, wird es dir nicht gelingen, dein Gegenüber zu einer neuen Sichtweise zu bewegen.

Das Zuhören ist vor allem deshalb so wichtig, weil du anschließend nicht aus deinen Werten, sondern aus den Werten deines Gegenübers argumentieren solltest – am besten in seiner Sprache. Dafür musst du diese allerdings kennen. Idealerweise findest (und betonst) du Gemeinsamkeiten, damit aus zwei getrennten Ansichten auf verschiedenen Seiten des Dialogs eine gemeinsame Seite wird, die auch gemeinsam eine Lösung sucht.

In der obigen Aufzählung findest du statt »strategisches Argumentieren« den Begriff »**strategisches Storytelling**«. Das liegt daran, dass Geschichten die menschliche Meinung besser beeinflussen als Fakten. Schon allein deshalb, weil eine Person über Fakten debattieren kann, aber nicht über deine persönlichen Erlebnisse. Das heißt nicht, dass du keine Sachargumente liefern musst, im Gegenteil. Aber deine Argumente sollten immer begleitet werden von einer greifbaren Geschichte, welche diese Argumente untermauert. In Bezug auf dein Transformationsvorhaben ist es wichtig, dass du durch eine Story ein greifbares, positives Bild des zukünftigen Zustands – nach der Transformation – zeichnest. Womöglich aus Erfahrungen aus anderen Unternehmen?

Deine ersten Geschichten sollten die gefundenen Gemeinsamkeiten betonen. Vielleicht redest du darüber, wie du früher dieselben Ansichten geteilt hast wie dein Gegenüber – und was dich dazu bewogen hat, diese zu überdenken. Dabei sollten Emotionen eine starke Rolle spielen, denn sie sind es, die hinter nahezu all unserem Handeln stecken.

Zeige durch Geschichten auch auf, was am Status quo problematisch ist – ohne dein Gegenüber zum Problem zu machen. Die Person darf nicht zum Bösewicht deiner Geschichte werden. Sie soll eine Geschichte erkennen, in der sie die Heldin sein darf. Sie soll Probleme erkennen, die sie vorher nicht gesehen hat, und sich dafür interessieren, diese zu lösen.

Im strategischen Dialog geht es darum, die Sichtweise der anderen Person – im Rahmen ihrer Überzeugungen – als verständlich anzusehen. Es geht nicht darum, der Person zu beweisen, dass sie falschliegt, sondern sie zu überzeugen, ihre Meinung zu ändern, indem sie akzeptiert, dass es andere Fakten und Sichtweisen gibt, die sie bislang nicht berücksichtig hat. Gesichtswahrend und ohne Belehrungen.

Am Ende des strategischen Dialogs kommst du zu dem Punkt, an dem du eine konkrete Bitte äußerst. Hier geht es darum, eine kleine Veränderung im Verhalten der anderen Person zu erzeugen, nicht ihr gesamtes Handeln umzukrempeln – auch wenn du dir langfristig mehr Impact wünschst. Denn die Veränderung muss in das Weltbild der Person passen – und das hast du vermutlich nur ansatzweise beeinflusst. Trotzdem kann diese Verhaltensänderung eine langfristig hohe Wirkung haben, denn kleine Veränderungen haben in der Regel einen Dominoeffekt. Durch den Effekt der kognitiven Dissonanz[104] bewirken Veränderungen im Verhalten oft eine Anpassung der Überzeugungen und Glaubenssätze.

104 Kognitive Dissonanz beschreibt den inneren Konflikt, der entsteht, wenn Menschen widersprüchliche Überzeugungen, Werte oder Handlungen erleben. Es ist das Spannungsgefühl, wenn das, was wir denken, sagen oder tun, nicht miteinander im Einklang steht – wenn wir zum Beispiel wissen, dass Rauchen ungesund ist, es aber dennoch tun. Um die Dissonanz zu verringern, können wir unser Verhalten ändern (mit dem Rauchen aufhören) oder das Risiko herunterspielen. Aus Bequemlichkeit tendieren wir oft zu Letzterem.

Auf ein Schlusswort

Wenn du als Führungskraft deine Last auf mehrere Schultern verteilen willst, wenn du interessiert daran bist, deine Mitarbeitenden zu mehr Eigenverantwortung zu bewegen, dann hoffe ich, dass mein Modell der fünf Säulen dir dazu Ideen und Impulse gegeben hat. SELBSTORGANISATION zu fördern wird helfen, eure Zusammenarbeit auf stabilere Beine zu stellen, denn dann laufen nicht alle Fäden durch deine Hand – mit dem ständigen Risiko, dass du einmal ausfällst. Wie hoch du und deine Mitarbeitenden das Dach der SELBSTORGANISATION dabei ziehen wollt, ist euch überlassen. Achtet in jedem Fall darauf, dass ihr auf der Reise dorthin die Säulen und das Fundament gleichmäßig aufbaut, sodass diese das Dach auch wirklich tragen.

Diese Reise solltest du nicht als Führungskraft in der geschlossenen Kammer ausgestalten und beschließen – beziehe deine Mitarbeitenden früh ein und lass sie mitentscheiden. Denn fremdbestimmte SELBSTORGANISATION scheitert bereits an fehlender SELBSTBESTIMMUNG.

Sowohl du als auch deine Mitarbeitenden werden auf dem Weg zu mehr SELBSTORGANISATION Geduld brauchen. Manchmal scheinen sich die Dinge nicht schnell genug zu bewegen. Es lohnt sich, regelmäßig einen Blick zurück zum Anfang zu richten, wie eine Wanderin, die langsam einen Berg hinaufsteigt und beim Blick über die Schulter merkt, wie weit sie schon gekommen ist. Feiert euren Fortschritt regelmäßig, um ein motivierendes Gefühl von erfolgreicher Veränderung im Team zu etablieren.

In regelmäßigen Abständen solltet ihr überlegen, ob die Unternehmensstrukturen in der aktuellen Form SELBSTORGANISATION fördern oder beginnen, sie einzuschränken. Dann ist es an der Zeit, Veränderungen an dem System, in dem ihr arbeitet, vorzunehmen.

Mit diesem Buch über die fünf Säulen hoffe ich, euch einen guten Reiseführer an die Hand gegeben zu haben, der gleichzeitig bei der Orientierung hilft und einen Überblick über die Optionen gibt, wie ihr die Reise bewältigen könnt. Dieses Buch konnte bei Weitem nicht bei allen Aspekten in die Tiefe gehen, insbesondere was die Methoden zum Aufbau der Säulen angeht. Das heißt, dass auch für die Reise zu mehr SELBSTORGANISATION lebenslanges Lernen nötig ist. Die referenzierten Quellen sollen eine Hilfe sein.

Das Investment, Wissen aufzubauen und Arbeit in den Aufbau der sechs Bauelemente zu stecken, wird sich bezahlt machen. Die Geschwindigkeit, mit der sich unsere Welt verändert, wird eher zu als abnehmen, wie die letzten Jahre (KI, geopolitische Veränderungen, erste Auswirkungen des Klimawandels, globale Pandemie) gezeigt haben.

Dazu braucht es anpassungsfähige Unternehmen, in denen Mitarbeitende Freiräume zum Improvisieren haben, wenn sie schnell reagieren müssen. SELBSTORGANISATION ist ein wichtiger Baustein dieser Anpassungsfähigkeit.

Wenn ich mir eine Sache von dir wünschen würde, bevor du nun das Buch zuschlägst und zur Seite legst, wäre es die folgende: Notiere dir *jetzt* auf einem Stück Papier, in deiner Notizen-App oder auf Post-its an deiner Wand zwei konkrete nächste Schritte, die du in den nächsten zwei Wochen erledigen möchtest, um SELBSTORGANISATION in deinem Umfeld zu fördern.

Fertig? Dann wünsche ich dir viel Erfolg bei diesen ersten Schritten deiner – oder besser eurer – Reise.

Bernhard Eickenberg

Danke

Dieses Buch wäre nicht möglich gewesen ohne die Mithilfe zahlreicher großartiger Menschen. Zunächst einmal sind da Bianca Prommer, Claudia Raabe, Detlef Lohmann, Klaus Okrafka, Lasse Rheingans, Markus Stöhr, Dr. Pero Mićić und Walter Herter mit ihren wunderbaren Gastbeiträgen und Daniel Dubbel mit seinem treffsicheren Vorwort. Ein besonderes Danke geht an Markus Prusis, der mir nicht nur mit seinem Gastbeitrag, sondern auch mit dem immer wieder inspirierenden Austausch über die letzten Jahre ein toller Wegbegleiter bei der Reise zu diesem Buch war. Markus, bestimmt ein Viertel meiner beträchtlichen (Sach-)Bibliothek lässt sich auf deine Buchtipps zurückführen!

Ebenfalls danken möchte ich der Akademie Deutscher Genossenschaften, insbesondere Kai Geisslreither. Du hast mit mir gemeinsam den ersten Workshop über den Inhalt dieses Buches aufgesetzt. Eine wertvolle Möglichkeit, die Inhalte erstmalig zu testen und Feedback zu erhalten. Danke für das dahinterliegende Vertrauen.

Das Buch wäre nicht halb so flüssig lesbar, wenn nicht meine Lektorin Juliane Sowah sorgfältig jeden meiner Sätze analysiert und viele davon kritisiert hätte. Vielen Dank, Juliane, deine Anmerkungen waren Gold wert.

Danke auch an den Haufe Verlag, denn die Begeisterung, mit der mein Themenvorschlag zu Beginn dieser Reise angenommen wurde, hat mir geholfen, den manchmal auch zähen Prozess einer Buchveröffentlichung an- und weiterzugehen. Das Vertrauen und die Gestaltungsfreiheit, die ich hier erfahren habe, ehrt mich.

Weiterhin möchte ich meiner Familie danken, denn das Buch ist ein Highlight einer längeren Reise, die ohne sie nicht möglich gewesen wäre. Ihr habt mich beim Studium unterstützt. Und – auch wenn ihr die Hände über dem Kopf zusammengeschlagen habt – dabei, nach der Promotion das Gelernte an den Nagel zu hängen und eine neue Karriere in der Welt der agilen Start-ups zu wählen.

Und last, but most definitely not least, gilt der Dank meiner Lebenspartnerin Natália Fontana. Du hast mich beim Schreiben des Buches moralisch unterstützt und es ausgehalten, dass in der Zeit weitaus öfter und länger als sonst eine geschlossene Zimmertür zwischen uns lag, während ich konzentriert am Schreiben war. Eu amo você.

Der Autor

Dr. Bernhard Eickenberg ist Agile Coach und Berater für unternehmerische SELBSTORGANISATION. Er begleitet Unternehmen, die sich in einer sich ständig wandelnden Arbeitswelt neu aufstellen möchten. Sein Schwerpunkt: eine Unternehmenskultur gestalten, in der Mitarbeitende mehr Verantwortung übernehmen und sich selbst rund um Wertschöpfung organisieren. Seit 2016 unterstützt er Teams und Führungskräfte dabei, agile Methoden und selbstorganisierte Strukturen in der Praxis zu verankern – immer mit einem Fokus auf pragmatische Lösungen und nachhaltige Veränderungen.

Bernhard Eickenberg ist davon überzeugt, dass die besten Ergebnisse dann entstehen, wenn Teams Verantwortung übernehmen und Führung nicht durch Kontrolle, sondern durch Unterstützung geprägt ist. In seinen Workshops und Coachings zeigt er Führungskräften, wie sie durch Vertrauen, Verantwortungsübergabe und klare Kommunikation eine Kultur schaffen können, die leistungsstark und menschlich ist.

Als ehemaligem Naturwissenschaftler liegt es ihm nahe, Muster und Modelle aufzudecken, wenn er Probleme und Herausforderungen analysiert. So hat sich im Laufe der Jahre das Modell der fünf Säulen der SELBSORGANISATION herauskristallisiert. Getreu dem naturwissenschaftlichen Motto »Alle Modelle sind falsch, gute sind hilfreich« leistet er seinen Beitrag, dass Change-Vorhaben hin zu mehr SELBSORGANISATION und Verantwortungsübernahme gelingen.

Podcast »Neue Arbeit, Neues Führen«

Mit seinem Podcast »Neue Arbeit, Neues Führen« teilt der Autor seine Erfahrungen und Einsichten zu den Themen Agilität, SELBSTORGANISATION und moderne Führung. Dabei geht es ihm weniger um theoretische Konzepte, sondern darum, wie sich diese Themen in den Arbeitsalltag integrieren lassen. Das Format mischt themenspezifischen Input mit Interview-Folgen, in denen agile Führungskräfte und Berater:innen ihre praktischen Erfahrungen teilen.

Quellenverzeichnis

Adžić, Gojko (2009): Impact Mapping: Making a big impact with software products and projects, 1. Aufl., Provoking Thoughts.

Anderson, Steve (2017): Technology Timeline – Time To Reach Mass Adoption. https://steveanderson.com/2017/04/03/technology-timeline-time-to-reach-mass-adoption/. Abrufdatum: 30.12.2024.

Appelo, Jurgen (2011): Management 3.0: Leading Agile Developers, Developing Agile Leaders, 1. Aufl., Boston: Pearson Education, Inc.

Appelo, Jurgen (2016): Managing for Happiness: Games, Tools, and Practices to Motivate Any Team, Hoboken: John Wiley & Sons, Inc.

Ariely, Dan (2008): Predictably Irrational: The Hidden Forces That Shape Our Decisions, New York: HarperCollins.

Ariely, Dan/Gneezy, Uri/Loewenstein, George/Mazar, Nina (2009): Large Stakes and Big Mistakes. In: Review of Economic Studies, 2009, 76, S. 451–469.

Baard, Paul P/Deci, Edward L./Ryan, Richard M. (2004): Intrinsic Need Satisfaction: A Motivational Basis for Performance and Well-Being in Two Settings. In: Journal of Applied Social Psychology, 2004, 34.

Becker, Tom/Ayton, Peter (2024): Effects of flight crew role assignment on aviation accidents and incidents: Evidence of a systemic safety issue. In: Safety Science, 2024, 170, 106352.

Bennett, Drak (2009): Happiness: A Buyer's Guide. In: Boston Globe, 23.08.2009.

Bleß, Marc/Wagner, Dennis (2023): Agile Spiele und Simulationen: Praxiserprobte Games für Agile Coaches und Scrum Master, Heidelberg: dpunkt.verlag GmbH.

Böhnlein, Joscha et al. (2020): Factors influencing the success of exposure therapy for specific phobia: A systematic review. In: Neuroscience & Biobehavioral Reviews, 2020, 108, S. 796–820.

Brady, Diane/McGregor, Jena (2009): Customer Service Champs. In: Business Week, 02.03.2009.

Bungay, Stephen (2011): The Art of Action: How Leaders Close the Gaps between Plans, Actions and Results, Boston: Nicholas Brealey Publishing.

Buurtzorg Deutschland Nachbarschaftspflege gGmbH (2023): Über Uns. https://buurtzorg-deutschland.de/ueber-uns/. Abrufdatum: 02.10.2025.

Campbell, Joseph (2008): The Hero With a Thousand Faces, 3. Aufl., Novato: New World Library.

Corporate Rebels (2021): How Buurtzorg Works – Video Animation. https://www.youtube.com/watch?v=61TT2_Vo32Y. Abrufdatum: 02.01.2025.

Csíkszentmihályi, Mihály (2000): Beyond Boredom and Anxiety: Experiencing Flow in Work and Play, Anniversary Edition, San Francisco: Jossey-Bass Inc.

Csíkszentmihályi, Mihály (2002): Flow: Das Geheimnis des Glücks, 10. Aufl., Stuttgart: J. G. Cotta'sche Buchhandlung Nachfolger GmbH.

Curry, Susan J./Wagner, Edward H./Grothaus, Louis C. (1990): Intrinsic and Extrinsic Motivation for Smoking Cessation. In: Journal of Consulting and Clinical Psychology, 1990, 58, S. 310–316.

Deci, Edward L. (1971): Effects of Externally Mediated Rewards on Intrinsic Motivation. In: Journal of Personality and Social Psychology, 1971, 18, S. 114.

Deci, Edward L. (1972): Intrinsic Motivation, Extrinsic Reinforcement, and Inequity. In: Journal of Personality and Social Psychology, 1972, 22, S. 119–120.

Deming, W. Edwards (2000): Out of the Crisis – 2nd Edition, London: The MIT Press.

Derby, Esther/Larsen, Diana (2018): Agile Retrospektiven: Übungen und Praktiken, die die Motivation und Produktivität von Teams deutlich steigern, München: Verlag Franz Vahlen GmbH.

Diehl, Andreas (2019): Dilts Pyramide – Das Modell der logischen Ebenen als Werkzeug für deine digitale Transformation. https://digitaleneuordnung.de/blog/dilts-pyramide. Abrufdatum: 30.12.2024.

Doerr, John (2018): Objectives & Key Results: Wie Sie Ziele, auf die es wirklich ankommt, entwickeln, messen und umsetzen, München: Verlag Franz Vahlen GmbH.

Dueck, Gunter (2010): Bildschirmrückseitenberatung als Internet-Ersatz. http://archiv.omnisophie.com/day_107.html. Abrufdatum: 23.12.2024.

Duhigg, Charles (2016): What Google Learned From Its Quest to Build the Perfect Team. https://www.nytimes.com/2016/02/28/magazine/what-google-learned-from-its-quest-to-build-the-perfect-team.html?smid=pl-share. Abrufdatum: 08.01.2025.

Dunn, Elizabeth W./Aknin, Lara B./Norton, Michael I. (2008): Spending Money on Others Promotes Happiness. In: Science, 2008, 319, S. 1687–1688.

Dweck, Carol S. (2016): Mindset: The New Psychology of Success: Updated Edition, New York: Penguin Random House LLC.

Eickenberg, Bernhard (2024): Neue Arbeit, Neues Führen: Kommunikationstool Change Story mit Bianca Prommer. https://open.spotify.com/episode/1TW7CgSp2yOJo3ONdFsPqi?si=54c39433dec9434b. Abrufdatum: 30.12.2024.

Fischer, Markus (2018): Wie mit Gewaltfreier Kommunikation alles schlimmer wird – und wie Sie das verhindern. https://www.youtube.com/watch?v=23tADywoXw0&t=445s. Abrufdatum: 03.01.2025.

Gallup Inc. (2023): Gallup Engagement Index Deutschland 2023. https://www.gallup.com/de/472028/bericht-zum-engagement-index-deutschland-2023.aspx. Abrufdatum: 30.12.2024.

Geisslreither, Kai (2024): Unterführung – zu wenig Führung schadet der Wertschöpfung. https://www.linkedin.com/posts/kai-geisslreither-062261109_unterf%C3%BChrung-zu-wenig-f%C3%BChrung-schadet-der-activity-7249454419975503872-5JyF?utm_source=share&utm_medium=member_desktop. Abrufdatum: 30.12.2024.

Graf, Nele/Edelkraut, Frank (2017): Mentoring: Das Praxisbuch für Personalverantwortliche und Unternehmer, 2. Aufl., Wiesbaden: Springer Fachmedien.

Graham, Paul (2009): Maker's Schedule, Manager's Schedule. https://paulgraham.com/makersschedule.html. Abrufdatum: 23.12.2024.

Groth, Alexander (2016): Führungsstark im Wandel, 4. Aufl., Frankfurt am Main: Campus Verlag GmbH.

Grove, Andrew S. (2015): High Output Management, New York: Penguin Random House LLC.

Kiefer, Tanja/Müller, Werner R./Eicken, Sabine (2001): Befindlichkeit in der chemischen Industrie. In: WWZ Forum, 2001, 59.

Klasing, Insa (2019): Der 2-Stunden-Chef: Mehr Zeit und Erfolg mit dem Autonomie-Prinzip, 1. Aufl., Frankfurt am Main: Campus Verlag GmbH.

Knapp, Jake (2016): Sprint: Wie man in nur fünf Tagen neue Ideen testet und Probleme löst, 1. Aufl., München: Redline Verlag.

Kniberg, Henrik (2019): Spotify Engineering Culture – Part 1 (aka the »Spotify Model«). https://www.youtube.com/watch?v=Yvfz4HGtoPc. Abrufdatum: 03.01.2025.

Knutson, Brian/Adams, Charles M./Fong, Grace W./Hommer, Daniel (2001): Anticipation of Increasing Monetary Reward Selectively Recruits Nucleus Accumbens. In: The Journal of Neuroscience, 2001, 21.

Kohn, Alfie (1999): Punished by Rewards: The Trouble with Gold Stars, Incentive Plans, A's, Praise and Other Bribes, Boston: Houghton Mifflin.

Kohne, Andreas/Wehmeier, Volker (2019): Hackathons: Von der Idee bis zur erfolgreichen Umsetzung, Wiesbaden: Springer Fachmedien.

Kruglanski, Arie W./Friedman, Irith/Zeevi, Gabriella (1971): The Effects of Extrinsic Incentive on Some Qualitative Aspects of Task Performance. In: Journal of Personality, 1971, 39, S. 606–617.

Kuhnen, Camelia M./Knutson, Brian (2005): The Neural Basis of Financial Risk Taking. In: Neuron, 2005, 47, S. 763–770.

Lee, Justin (2018): Talking Across The Divide, 1. Aufl., New York: Penguin Random House LLC.

Leopold, Klaus/Kaltenecker, Siegfried (2023): Flight Levels – Organisationen mit Business-Agilität führen, Heidelberg: dpunkt.verlag GmbH.

Lepper, Mark R./Greene, David (1973): Undermining Children's Intrinsic Interest With Extrinsic Reward: A Test Of The »Overjustification« Hypothesis. In: Journal of Personality and Social Psychology, 1973, 28(1), S. 129–137.

Little, Jason (2016): Lean Change Management, 1. Aufl., Wrocław: Happy Melly Express.

Lohmann, Detlef (2012): … Und Mittags Geh Ich Heim: Die völlig andere Art, ein Unternehmen zum Erfolg zu führen, Wien: Linde Verlag Wien.

Luerweg, Frank (31.05.2024): Angststörung, https://www.psychologie-heute.de/gesundheit/artikel-detailansicht/43454-angststoerung.html. Abrufdatum: 21.02.2025.

Mark, Gloria/Gudith, Daniela/Locke, Ulrich (2008): The cost of interrupted work: More speed and stress. In: Proceedings of the 2008 Conference on Human Factors in Computing Systems, 2008, Florence, Italy.

Marquet, David L. (2012): Turn The Ship Around! A True Story of of Turning Followers Into Leaders, 1. Aufl., New York: Penguin Random House LLC.

Mellström, Carl/Johannesson, Magnus (2008): Crowding Out in Blood Donation: Was Titmuss Right? In: Journal of the European Economic Association, 2008, 6(4), S. 845–863.

Miller, Louise B./Estes, Betsy W. (1961): Monetary Reward and Motivation in Discrimination Learning. In: Journal of Experimental Psychology, 1961, 61, S. 501–504.

Mohammed, Gona Sirwan/Wakil, Karzan/Narwoly, Sarkhell Sirwan (2018): The Effectiveness of Microlearning to Improve Students' Learning Ability. In: International Journal of Educational Research Review, 2018, 3(3), S. 32–38.

Musk, Elon (2006): The Secret Tesla Motors Master Plan (just between you and me). https://www.tesla.com/de_de/secret-master-plan. Abrufdatum: 03.01.2025.

Nayar, Vineet (2013): Zuerst der Mitarbeiter, dann der Kunde: Stellen Sie das konventionelle Management auf den Kopf, 1. Aufl., Weinheim: Wiley-VCH Verlag & Co. KGaA.

Neudeck, Peter/Wittchen, Hans-Ulrich (2012): Exposure Therapy: Rethinking the Model – Refining the Method, Heidelberg: Springer Science+Business Media.

Niemiec, Christopher P./Ryan, Richard M./Deci, Edward L (2009): The Path Taken: Consequences of Attaining Intrinsic and Extrinsic Aspirations. In: Journal of Research in Personality, 2009, 43, S. 291–306.

Olsen, Dan (2015): The Lean Product Playbook: How to Innovate with Minimum Viable Products and Rapid Customer Feedback, Hoboken: John Wiley & Sons, Inc.

Pfläging, Niels (2014): Organisation für Komplexität, 6. Aufl., München: Redline Verlag.

Pfläging, Niels/Hermann, Silke (2024): Zellstrukturdesign, 2. Aufl., München: Verlag Franz Vahlen GmbH.

Pink, Daniel H. (2020): Drive: Was Sie wirklich motiviert, 7. Aufl., Salzburg: Red Bull Media House GmbH.

Prosci (o. J.): The Prosci ADKAR Model. https://www.prosci.com/methodology/adkar. Abrufdatum: 09.01.2025.

Reichheld, Fred/Markey, Rob (2011): The Ultimate Question 2.0: How Net Promoter Companies Thrive in a Customer-Driven World, Boston: Harvard Business Review Press.

Rogers, Paul/Blenko, Marcia W. (2006): Who Has the D?: How Clear Decision Roles Enhance Organizational Performance. https://hbr.org/2006/01/who-has-the-d-how-clear-decision-roles-enhance-organizational-performance. Abrufdatum: 30.12.2024.

Rosenberg, Marshall B. (2016): Gewaltfreie Kommunikation: Eine Sprache des Lebens, Paderborn: Junfermann Verlag GmbH.

Rotenstein, John (2009): Atlassian's 20 % Time: A Year in Review. https://www.atlassian.com/blog/archives/atlassians_20_time_a_year_in_review. Abrufdatum: 07.01.2025.

Ryan, Richard M./Deci, Edward L. (2000): Self-Determination Theory and the Facilitation of Intrinsic Motivation, Social Development, and Well-Being. In: American Psychologist, 55(1), S. 68–78.

Sauermann, Henry/Cohen, Wesley M. (2008): What Makes Them Tick? Employee Motives and Firm Innovation. In: NBER Working Paper No. 14443.

Schein, Edgar H. (2013): Humbly Inquiry: The Gentle Art of Asking Instead of Telling, Oakland: Berrett-Koehler Publishers, Inc.

Scott, Kim (2017): Radical Candor: Be a Kick-Ass Boss Without Losing Your Humanity, New York: St. Martin's Press.

Seneca (62): Briefe über Ethik an Lucilius. https://www.projekt-gutenberg.org/schmidth/seneca/chap007.html. Abrufdatum: 08.01.2025.

Senge, Peter M. (2006): The Fifth Discipline: The Art & Practice of the Learning Organization, New York: Penguin Random House LLC.

Shanafeld, Tait et al. (2009): Career Fit and Burnout Among Academic Faculty. In: Archives of Internal Medicine, 2009, 169(10), S. 990–995.

Sorene, Paul (2016): The CIA's Simple Sabotage Field Manual: An Everyday Guide To »Purposeful Stupidity« (1944). https://flashbak.com/the-cias-simple-sabotage-field-manual-an-everyday-guide-to-purposeful-stupidity-1944-363031/. Abrufdatum: 30.12.2024.

Sprenger, Reinhard K. (2002): Mythos Motivation: Wege aus einer Sackgasse, 17. Aufl., Frankfurt am Main: Campus Verlag GmbH.

Sprenger, Reinhard K. (2007): Vertrauen führt: Worauf es im Unternehmen wirklich ankommt, 3. Aufl., Frankfurt am Main: Campus Verlag GmbH.

Strauch, Barbara/Reijmer, Annewiek (2018): Soziokratie: Kreisstrukturen als Organisationsprinzip zur Stärkung der Mitverantwortung des Einzelnen, München: Verlag Franz Vahlen.

Sutton, Robert I. (2008): Der Arschloch-Faktor: Vom geschickten Umgang mit Aufschneidern, Intriganten und Despoten im Unternehmen, 3. Aufl., München: Wilhelm Heyne Verlag.

Viesti, Carl R. (1971): Effect of Monetary Rewards on an Insight Learning Task. In: Psychonomic Science, 1971, 12, S. 181–183.

Werbach, Kevin/Hunter, Dan (2020): For The Win: The Power of Gamification and Game Thinking in Business, Education, Government, and Social Impact, Pennsylvania: Wharton School Press.

Wikipedia: Live for Now. https://en.wikipedia.org/wiki/Live_for_Now. Abrufdatum: 07.01.2025.

Wikipedia: Side project time. https://en.wikipedia.org/wiki/Side_project_time. Abrufdatum: 07.01.2025.

Wikipedia: Vasa (Schiff). https://de.wikipedia.org/wiki/Vasa_(Schiff). Abrufdatum: 08.01.2025.

Wikipedia: Tit for tat. https://en.wikipedia.org/wiki/Tit_for_tat. Abrufdatum: 08.01.2025.